国家社科基金
后期资助项目
GUOJIA SHEKE JIJIN HOUQI ZIZHU XIANGMU

财政分权、财政政策与需求结构失衡

Fiscal Decentralization, Fiscal Policies and
Demand Structure Unbalance

李永友　著

中国人民大学出版社
·北京·

前　言

　　自 1998 年东南亚金融危机至今，需求结构失衡问题一直备受关注。为了摆脱结构失衡困扰，实现经济平衡稳定增长，政府采取了以扩大财政支出为主的宏观调控策略。10 多年时间过去了，回过头对宏观调控成效作出理性评估，可以概括为增长效果显著，结构失衡严重。因为 1999—2010 年，虽然经历了两次危机，但经济依然保持年均近 10% 的增长速度，远高于发达国家和金砖四国中其他三国同期水平，所以就增长目标而言，不能不说效果显著。经济持续高速增长为缓解日益激化的社会矛盾提供了支撑。然而基于需求管理的调控策略成本也是巨大的。首先，需求结构失衡问题并没有得到有效改观，居民消费需求相对不足问题依然非常严重，在 1999—2010 年期间，居民消费率不仅没有企稳回升，反而呈持续下降态势，12 年下降超过 11 个百分点。其次，因居民消费需求相对不足，经济增长不得不依赖政府支出和投资需求，这在政府主导型经济增长模式和现有制度框架下，使粗放式增长的微观激励结构进一步强化。再次，以扩大支出为主的财政调控策略带有明显的集权色彩，为了提高调控能力，资源纵向集中日趋明显，这不仅使政府内部、公众与政府之间张力不断扩大，而且降低了资源配置效率，造成社会福利的巨大损失。最后，基于需求管理的宏观调控策略使经济系统的自我修复能力弱化，造成经济系统对宏观调控的过度依赖。宏观调控成本收益的上述分析表明，如果不考虑宏观调控的政治因素，仅从经济学意义上，基于需求管理的宏观调控策略如不适时转换，我们很难想象结构失衡问题会在"十二五"期间得到缓解。不仅如此，伴随着系统内部张力的不断扩大，经济很可能因外生冲击走入"中等收入"陷阱，社会矛盾将会因经济问题迅速积聚并链式爆发。

　　以扩大支出为主的需求管理缺乏适用基础

　　从某种意义上说，我国自 1998 年以来的宏观调控策略基本上依据的是凯恩斯需求管理理论。但我们在借用该理论时忽视了该理论的适用条件。首先，需求管理针对的是经济的短期表现。换句话说，经济短期内会偏离均衡增长路径，同时理性思维会使整个经济陷入协调失灵，从而造成经济难以在短期内走出困境。在这种情况下，政府应用需求管理可以重振市场信心。但在我国，需求不足并不是因外生冲击造成的短期现象。由于市场结构不同，我国与成熟市场经济的内部需求结构有很大差异，我国遭遇的需求冲击主要源于出口导向型发展战略，所以需求的短期不足最多也只能说是外需的急剧下降，而非需求的全面不足。在我国，经济系统的投资需求因投资冲动一直非常旺盛，年均 38％的投资率足以证明这一点。相对于投资需求，居民消费需求的确相对不足，但居民消费需求的相对不足并不是一个短期表现，而是一种常态。这种常态一方面源于我国的收入分配体系，另一方面源于我国转型过程中的大规模制度变迁给公众造成的不稳定心理预期。前者表现为想消费却没钱消费，后者表现为有钱消费但不愿消费。其次，需求管理之所以能使经济回复均衡增长路径，一个很重要的假定就是乘数效应，而乘数效应又根源于政府所能激发的公众消费意愿。但在我国，由于财政收入主要依赖于流转税，所以公众消费意愿对减税并不敏感，而长期的社会性政策缺失又使得财政支出对公众消费意愿的刺激效果难以显现。在这种情况下，需求管理只能依赖于政府需求替代居民需求、投资需求替代消费需求。这种需求管理的调控策略虽能收到短期效果，但成本非常巨大，并使经济系统的内在调节功能更加弱化。因为上述替代方式虽然减弱了居民消费需求不足的短板效应，却对居民消费形成更强挤压，造成居民消费能力和消费意愿的进一步下降。由于缺乏相应的消费意愿支撑，我国的需求管理陷入了一种非常尴尬的局面，整个经济系统对需求管理形成了严重依赖，经济运行呈现出明显的调控周期特征。

以扩大支出为主的需求管理因体制约束而难以为继

经济系统的轴心实际上是经济主体，即使在政府主导型经济中也不例外。所有的经济现象都是源于经济主体的经济决策及其相应的资源配置结果，而经济主体的经济决策又源于经济系统中内含的一系列激励结构和约束条件。这意味着，宏观调控尽管可以外生嵌入，但需要立足于经济系统的微观基础。在我国，分权型经济、关系型社会和集权型政治的三位一体结构构成了所有经济社会活动的治理框架，所有决策都内生于这个体制。在集权型政治结构下，所有调控决策都是中央政府作出，并在垂直的委托代理模式下被纵向贯彻执行，而分权型经济治理又赋予地方政府在执行调控政策时较大的自由裁量权。出于竞争需要，地方政府总是在上级政府需要和地方利益的权衡中选择性执行中央的调控政策，不仅如此，作为地方社会经济事务的总承包人，地方政府在现行的财政制度下与企业，尤其是大中型企业形成隐形战略联盟，同时在关系型社会治理模式下出于自身需要配置财政资源，其至整个社会资源。在上述体制环境下，需求管理较供给管理在我国总是更受青睐，因为需求管理在现行体制下与任期制非常切合。

　　但由于缺乏充分的微观基础，需求管理不仅被选择性实施，而且被不断强化。首先，在居民消费需求不足和社会性政策长期短缺的情况下，需求管理总是选择投资需求和政府支出为实现经济增长目标的主要途径，但由于缺乏必要的市场机制，投资需求又只能选择政府和国有企业作为主体，而这种形式的投资需求效率必然是低的。为了能够实现有限资源的最大使用效益，政府不是在投资效率上下工夫，而是根据增长需要选择性使用政府控制的资源，这一点在许多学者有关政府财政支出偏向的研究中得到充分佐证。政府资源的选择性使用不仅使财政分配丧失了应有的正义性，对社会道义形成了较大负外部性，而且扩大了社会裂痕，增加了社会的不稳定程度。尽管自 2002 年之后，在社会冲突的倒逼下，需求管理实行了某种策略性调整，但因缺乏必要的激励结构作基础，政府的真实意愿并没有被社会所接纳。其次，需求管理在分权型经济治理结构下激发了各级政府的投资冲动，这种投资冲动不仅使中央政府与地方政府之间的内在冲突加剧，而且使财政背负了巨大风险。在集权型政治体制框架内，由于任期制的内在约束，各级政府都有着巨大的投资冲动；由于政府可控资源毕竟是有限的，所以同级政府以及上下级政府之间形成了不同于西方联邦制下的政府间竞争。为了满足本地企业的竞争需要，下级政府总是选择性执行上级政府的调控政策，而上级政府总是选择集权式治理方式对下级政府实施纵向控制。从同级政府之间的竞争行为看，零和博弈式竞争关系相当普遍。虽然地区间也有合作共赢式竞争，但非常零星。由于资源被向上集中，所以在现行财政体制下，下级政府只能选择非财政手段筹集建设资金，并使竞争自上而下逐级增强。政府间上述竞争结果使得原本粗放式发展方式不仅难以转型，而且在经济低迷时期使发展方式转型容易中途夭折，重新走上粗放式发展之路。

需求管理转向供给管理的困境

需求管理是一项短期调控策略，不可能作为一项长期策略被使用。而我国经济的短期表现虽然总是源于外生冲击，却内生于经济系统的长期结构失衡。所以我国经济的所有问题都可以说成是一个长期问题，我们不可能指望通过应用需求管理予以解决。从根本上消除结构问题，不仅需要短期的需求管理，更需要长期的供给管理，尤其是在我国现行体制下，供给管理较需求管理更为重要。但我国现在应用供给管理还缺乏必要基础。从成熟市场经济体经验看，实施供给管理，首先需要相应财政制度，即财政收入制度以直接税为主，尤其是个人缴付部分，财政支出直接针对个人和家庭，前者筹集资金占整个财政收入比重超过80%，用于个人或家庭的开支占全部财政支出比重同样超过80%。而在我国，财政收入主要通过间接税筹集，直接税所占比重不到30%，财政支出主要以维持性和经济性项目为主，两者占比超过了50%。在这样的财政制度下，个人和家庭对财政调控的敏感性较低，所以供给管理的短期效应不会很明显。其次，实施供给管理缺乏必要的激励。在我国，各级政府的财政约束很弱，政府财政活动的自由裁量空间很大。对上级政府而言，可以根据需要实施纵向资源集中；对于基层政府而言，可以通过滥用行政权控制社会资源，所以实施支出扩张政策非常容易。财政的软约束为需求管理提供了激励，并使需求管理陷入了累积循环状态，即支出扩张需要税收支撑，税收超长增加使市场主体可支配收入下降和投资消费能力与意愿降低，这又使政府不得不更加依赖支出扩张。

当然，上述并不是供给管理在我国受阻的全部原因。但尽管如此，由需求管理转向供给管理是一种必然选择，只是在具体策略上可能需要考虑现行体制、制度等约束。总之，策略转换必然伴随着利益结构的调整，所以需要改革者的魄力和勇气，尤其在我国，有赖于决策者的主观意愿和执行者的主观自觉。

内容摘要

本项研究主要从财政角度分析需求结构失衡，尤其是其中的居民消费需求不足问题。之所以选择这一主题，主要源于居民消费需求不足是中国内外经济双重失衡的根源。居民消费需求不足问题不解决，中国内外失衡问题不可能有效解决。虽然自 20 世纪 90 年代末起，扩大内需，主要是居民消费需求，就一直是宏观调控的着力点和主要抓手，但收效甚微，因为在经验上，居民消费率一直呈下降趋势，到 2010 年已下降至 37％以下，这远远低于 50％的世界平均水平。为什么中国会出现居民消费需求不足？为什么宏观调控未能稳定并扩大居民消费需求？本项研究试图从财政分权、财政政策等财政角度对上述两个问题展开分析。应该说，居民消费需求不足的原因有很多，包括已有文献讨论的收入分配差距、国民收入分配结构、城乡二元治理等，但从财政角度研究的文献却很少。而实际上，在中国这种政府主导的经济增长模式下，居民消费需求受到挤压主要源于财政分权的制度安排，因为在现行的分权体制和制度结构下，政府与企业更容易形成隐形战略联盟，从而形成不利于居民的收入分配格局。同时，政府出于竞争压力和增长目的，更倾向于采取有偏的财政政策治理经济，而这些政策虽然在短期内对提振居民消费信心有一定作用，但从长期看，由于受工具性约束和制度性约束，对居民消费需求产生了显著的非凯恩斯效应，所以不仅未能稳定和提高居民边际消费倾向，反而使居民消费意愿进一步下降。

整个研究包含八个部分，这八个部分既相互独立，又有一定关联性，从不同角度分析居民消费需求不足的财政原因。

第一部分对我国需求结构失衡与否及其失衡程度作出判断，在钱纳里和赛奎因研究的基础上，通过构造需求结构变化与收入转换、市场规模和结构特征的关系等式，探究需求结构，主要是居民消费率变化的一般模式及其主要特征，并在此基础上，利用数据模拟结果对我国需求结构变化是否偏离其变化的一般模式作出判断。

第二部分给出从财政角度研究我国需求结构失衡的分析框架。首先分析财政分权体制、分权制度设计与分权体制下的财政政策选择对中国需求结构变化的影响，揭示前者引起后者的内在机理。在此基础上，进而对需求结构失衡的风险传递效应进行实证描述。接着对需求结构失衡中居民消费率持续下降可能的财政解决办法进行分析，构筑居民能消费、敢消费的财政体制与政策环境。最后对体制调整和政策选择过程中需要处理的一些重大问题进行简要分析。

第三至第五部分主要从财政分权角度考察居民消费需求不足的财政体制因素。其中，第三部分主要从体制演进视角研究财政分权策略与政府财政支出意愿的关系，重点解释公共品供给不足产生的原因。第四部分主要从地区间竞争视角研究分权体制下地方政府财政策略选择，重点解释竞争压力与政府财政收支决策的内在逻辑关系。第五部分主要从激励结构视角研究分权体制下的转移支付制度与地方政府财政收支的行为的关系，重点解释分权制度安排对公共品提供主体地方政府财政行为的影响。这三部分主要是对第二部分分权体制及其制度安排对需求结构主要是其中的居民消费需求影响分析的深化。分析遵循的逻辑是，居民消费需求不足源于公共品供给短缺，而公共品供给短缺又源于财政分权策略及其分权制度安排。

第六至第八部分主要从财政政策角度考察居民消费率下降的财政政策因素。其中，第六部分主要研究消费者信心与居民消费需求的关系，重点解释消费者信心对扩大居民消费需求的重要性。第七部分主要研究消费者信心与财政政策之间的相互作用关系，重点解释消费者信心在财政政策调控中扮演的重要角色和消费者信心非对称变化的财政政策因素。第八部分主要研究消费者消费意愿与财政政策关系，重点解释消费者消费意愿趋势变化特征及其财政原因。这三部分主要针对第二部分分权体制下的财政政策选择对居民消费需求影响分析的深化。分析遵循的逻辑是：居民消费需求高低是否除了受收入约束外还受信心约束？消费者信心与财政政策之间存在怎样的双向作用关系？消费者信心下降直接表现为消费者消费意愿的下降，在消费意愿下降过程中，财政政策又扮演了怎样的角色？

通过研究，获得了如下结论：

● 在经验上，我国需求结构自改革开放之初的 1978 年就开始进入失衡状态，其中水平偏低和下降速度过快是其主要特征。尽管失衡一直存在，但并不像人们想象得那么严重，尤其进入20世纪90年代中期之后，如果考虑水平偏低的历史因素，需求结构失衡程度依然在经济可以承受的范围之内，当前需求结构失衡在某种程度上可以说是高增长的必然结果。

● 我国分权体制下的财政制度安排是居民消费需求增长滞后于经济增长的重要财政原因。重新平衡需求结构，需要在现行体制框架内重构财政支出体系，构筑居民有钱消费、敢于消费的制度环境，同时确立以直接税为主的财政收入制度，构筑政府有效行政的激励结构和需求结构的内生平衡机制。

● 以中央政府为主导、财权划分为核心的财政分权策略是中国公共品供给相对短缺的根源。提高财政支出的公共性和政府公共品提供意愿，需要重塑财政体制的激励结构，从财权意识转向公共责任意识，而不是仅仅解决财政体制存在的收支不匹配问题。

● 在财政分权体制下，中国地区间竞争正在由单纯的粗放式税价竞争转向财政支出竞争，财政支出竞争的结果是社会事业领域的过度市场化，以及社会性支出增长严重滞后于经济增长。社会事业领域的过度市场化和社会性支出增长滞后，直接导致公共品供给相对不足。

● 分权体制下的转移支付制度设计对地方财政收支决策构成了不恰当激励，造成地方政府严重的预算软约束和有偏的支出倾向。转移支付下地方政府的道德风险和行为变异，直接导致转移支付资金难以充分转化为地方政府的公共品供给。

● 财政支出结构偏向导致的公共品供给不足，不仅使低收入群体难以充分参与经济增长成果分享，而且恶化了中等以上收入群体的消费支出预期，成为居民消费不足的主要财政根源。

● 积极财政政策对恢复消费者信心作用显著，但作用效果在不同政策工具之间差异明显。扩张偏向的财政支出政策虽在萧条时期对消费者信心有显著促进效果，但主要是通过增加社会性支出实现的；而快速膨胀的行政管理费却恶化了消费者信心，抑制了消费者的消费意愿。

● 中国居民消费率持续下降主要源于居民边际消费倾向下降，而居民边际消费倾向下降与财政政策调控策略密切相关。中国以扩大财政支出为主的内需扩张政策对居民边际消费倾向的影响呈显著非凯恩斯效应。虽然财政收入政策的作用效果表现为凯恩斯效应，但在过去10多年中，我国财政收入政策总体上却是紧缩的。

目　　录

第1章　我国需求结构失衡的经验判断

本章提要：探寻是否存在需求结构变化的一般模式，并依据这一模式对我国需求结构失衡与否作出判断。本章在钱纳里和赛奎因研究的基础上，基于跨国数据的比较和计量分析，试图探究这种一般模式的主要特征。研究表明，需求结构变化虽然不存在可以适用于所有经济体的一般变化模式，但从需求结构变化中的收入效应、规模效应和结构效应看，依然可以发现其中的一些规律，依据这些规律，我们构造了居民消费率变化与三类效应之间的关系等式。根据这一等式模拟的居民消费率变化趋势对我国需求结构失衡情况进行了评估。结论表明，尽管我国需求结构存在一定程度的失衡，但失衡主要发生在改革开放的前20年，近年来，这种失衡程度有所减弱。研究还表明，我国需求结构失衡与我国经济的增长模式密切相关，是经济高增长的必然结果。

一、基本事实

需求结构失衡问题在我国并不是一个新问题，早在20世纪90年代末，这一问题就被提出来，并被社会广泛关注。需求结构失衡问题一经提出，就形成社会普遍共识。一种为人们广泛接受的观点是：我国经济增长主要依赖要素投入，投资需求非常强烈，但消费需求，尤其是居民消费需求相对较弱。其主要表现就是投资需求占社会总需求比重逐年增加，2010年全社会投资率超过了45％；相反，消费需求，尤其是居民消费需求自20世纪90年代中期就开始呈总体下降趋势，2010年居民消费率已下降到35％以下。最近几年，一些学者和研究机构通过跨国数据比较，为上述需求结构失衡推断提供了更为充分的经验证据。也有学者根据社会最优积累率理论对我国投资率和居民消费率的适度水平作出估算，结论也在某种程度上支持了前述经验推断。然而，就在社会普遍认为我国存在严重需求结构失衡问题的同时，也有少数学者提出不同看法①，这部分学者认为，如果我国长时间存在严重需求结构失衡，经济持续高速增长是不可能的。过去 30 多年经济持续高速增长至少说明，我国即使存在需求结构失衡，也不会像统计数据反映的那么严重。虽然上述判断并没有充分证据支持，但这部分声音向我们提出了一个非常现实的问题，即我们需要建立一个需求结构失衡的判断依据，这个依据要能反映需求结构变化遵循的一般规律。本章的主要任务就是在已有文献基础上，从跨国证据中总结出需求结构变化的一般规律，并依据这一规律对我国需求结构失衡与否作出判断。

二、我国需求结构失衡了吗？基于已有文献的综合分析

从逻辑上说，判断需求结构是否失衡至少需要一个依据或者说至少有一个能被广泛接受的标准，这个依据或标准给出了最优需求结构的基本特征。所以探究这个依据或标准自然成为判断我国需求结构是否失衡的逻辑起点。那么这个依据或标准是什么呢？已有文献主要从两个角度给出答案，一部分文献通过数据的跨国比较建立需求结构变化的一般规律；另一部分文献则依据黄金率资本存量建立社会最优积累率，然后在一系列假定下反推社会最优消费率，从而建立社会最优需求结构。

在探究需求结构变化一般规律的文献中，最具代表性也最有影响力的研究来自库兹涅茨（1957）和钱纳里、赛奎因（1975），虽然这两项研究不是专门讨论需求结构问题，但在归纳不同总量指标的收入转换效应时提出了消费需求和资本积累、国民储蓄在不同收入水平下的数量关系。其中，库兹涅茨（1957）在《各国经济增长的数量方面》一书中，继承了克拉克有关国民收入分配的研究成果，通过 20 多个国家数据的对比分析，归纳出伴随人均收入水平提高发生增长结构形态变化的一般规律。

---

① 张军（2010）认为，假如世界消费占比的平均值是 70%，中国可以如此大幅度偏离这个均值而经济居然出不出问题？王庆（2009）同样认为我国投资过热和消费不足被夸大了。参见张军：《为什么消费不足可能是个伪命题》，载《经济观察报》，2010-01-29；王庆：《中国消费不足、投资过热现象被夸大》，载《华尔街日报》，2009-12-03。

然而，由于受到数据限制，库兹涅茨对各国经济结构定量分析采用的主要是横截面数据。正是由于这种数据限制，库兹涅茨的研究在应用于各国整个时期内经济结构变化分析时受到了很大约束。基于库兹涅茨研究，钱纳里和赛奎因（1975）作了进一步深化。在《发展的格局》一书中，两人不仅将样本数量扩展到 101 个国家，而且将研究时段扩展到 21 年，讨论 101 个国家在 1950—1970 年间，社会资源配置在收入转换过程中的变化特征。和库兹涅茨研究方法不同，后者不仅使用了比较分析方法，而且采用了计量方法对社会资源配置的收入效应和规模效应进行计量。根据人口规模，研究对大国和小国作了明确区分，给出了大国和小国投资率、私人消费率、储蓄率等结构指标在不同收入下的大致水平和一般趋势。根据钱纳里和赛奎因（1975）的研究，有两个结论对今天考察我国需求结构变化具有启发意义。一是资源配置在 1950—1970 年的总体变化规律，其中私人部门消费率呈整体下降趋势。二是社会资源在消费和储蓄之间的最优配置随收入变化而有所不同。

参照上述两项研究，一些文献通过跨国数据的对比分析对我国需求结构，主要是消费率的合理性作出判断。例如国家发展改革委综合司（2004）通过与世界平均水平、处于工业化阶段的国家、发展阶段相近国家、发达国家历史数据等的比较，指出我国消费率不仅在绝对水平上较低，在相对水平上也处于同一类国家的最低水平。王子先（2006）通过与国际平均水平的对比，认为我国消费率居于世界较低水平，明显偏离世界消费变化的一般趋势和标准结构。蔡跃洲、王玉霞（2009）在分析消费结构影响因素时，通过跨国数据的统计分析得我国合意投资率和消费率区间，并将这一区间与现实数据比较，认为我国投资消费结构明显失衡。晁钢令、王丽娟（2009）则完全基于钱纳里和赛奎因（1975）的研究，但针对其中的人口规模、人均收入和资源流入三项指标，结合我国实际作了相应调整，研究认为，我国消费率基本处于钱纳里和赛奎因模型可以解释的范围。类似研究还包括 Willem Buiter 和 Minggao Shen（2010）等。除了通过跨国比较获得需求结构失衡与否的判断依据，一些学者还通过不同发展模式下需求结构应该具有的特征分析，研究我国消费投资结构。例如李建伟（2003）通过对工业化进程关键特征的分析指出，在工业化进程中，随着收入水平的不断提高和产业结构提升，投资率会不断提高，消费率不断下降，但随着工业化进程结束，投资率、消费率会逐步趋于稳定。我国正处于工业化进程的中期阶段，投资率、消费率的这种结构性变化是一个自然演化过程。曾铮（2011）在比较典型国家和地区经济发展方式时也指出，经济发展模式不同，相应的经济发展动力、发展机制和发展特征会存在明显区别。我国现阶段投资消费结构基本与其提到的四类经济发展模式相吻合。

　　根据上述文献，关于我国投资消费结构是否失衡，结论是模糊的。实际上，一个经济体应该具有什么样的投资率和消费率，与这个经济体内在结构特征有很大关系。同处一个发展阶段的两个经济体，可能因为其内部结构差异，投资率和消费率就可能不同。所以，从理论上说，需求结构具有明显国别特征和阶段特征。正是由于需求结构的这一特性，一些学者对跨国比较的可靠性提出了质疑。例如刘立峰（2004）认为通过国际比较很难为消费率定一个合理标准，合理的消费投资关系必须视经济发展阶段和国情而定。许永兵、南振兴（2005）也指出，仅靠简单的国际对比就认定我国消费率严重偏低有误导之嫌。郭兴方（2007）同样对通过跨国比较建立全球统一的消费率标准提出疑义，他认为，翻阅世界各国经济发展的历史长卷，很难为消费率找到一个统一合理的标准。然而，尽管跨国比较的经验标准可能存在问题，但不失为一种方法和尝试。问题的关键是，在进行跨国分析时，需要更加细致，尽可能考虑不同国家内部的结构特征。

　　跨国经验除了存在上述局限外，还存在另一个问题，即跨国经验只是通过数据比较和一般统计分析，得出的消费投资结构只是反映需求结构和各种经济总量间的某种数量关系。这种关系只能反映数据变化的某种共同趋势，并不表示一种社会最优结构。跨国经验的这一内在不足促使人们探寻社会最优需求结构。实际上，对于是否存在某种最优投资率和消费率，学术界还存在较大争议。不过这并没有阻碍人们试图建立某种社会最优标准的努力。实际上，早在20世纪60年代，经济学家在拉姆齐（1927）研究基础上就开始探究最优社会积累率。例如1961年经济学家费尔普斯根据索洛增长模型提出了著名的黄金律法则。根据该法则，在一个经济体内，如果资本边际生产率恰好等于人口增长率与劳动生产率增长率之和时，该经济体的资本存量就处于最优水平。黄金律法则意味着，在假定储蓄能够转换为投资的情况下，社会最优资本存量水平一旦确定，社会最优储蓄率和消费率也就相应被确定。尽管后来一些经济学家在费尔普斯（1961）基础上，对黄金律法则作了不同修正，但这一法则确定的基本数量关系依然成为判断经济动态效率的关键依据。根据费尔普斯（1961）的黄金律规则，1989 年，Abel 等将不确定性引入代际交叠模型，提出了一个更简便的经济最优资本积累率判断标准，即资本净收益大于总投资的 AMSZ 准则。

AMSZ 准则的提出不仅拓宽了黄金律法则的应用，而且使研究结论更加精确。后续有关经济动态效率和最优资源配置结构的研究基本上是在应用这一准则。自 21 世纪初，AMSZ 准则也被广泛应用于我国经济动态效率的判断。例如 Leonard 和 Prinzinger（2001）通过使用 AMSZ 准则，计算出 1980—1996 年间我国净现金流为负。史永东、杜两省（2001）在讨论资产定价泡沫对经济的影响时，也曾利用 AMSZ 准则判断过我国资本积累的动态效率。利用这一准则的文献还包括史永东、齐鹰飞（2002），袁志刚、何樟勇（2003），刘宪（2004），王晓芳、王维华（2007），项本武（2008），吕冰洋（2008），黄飞鸣（2010）等。然而上述研究在讨论经济动态效率时并没有给出我国经济需求结构失衡与否的直接判断依据，虽然这些文献关于资本积累是否过度的结论在某种程度上暗含了消费率合理与否的判断，但对市场化程度相对较低的我国，这种推论显然缺乏足够的说服力。为了借助黄金律法则，一些学者在最优积累率基础上继续分析最优消费率应满足的条件。例如孙烽、寿伟光（2001）借助拉姆齐模型和数值模拟方法，对我国最优消费路径进行了估算。顾六宝、肖红叶（2005）基于消费者跨期选择推导出最优消费路径的条件等式，并通过数值模拟测算出我国最优消费率的大致范围。谭小芳等（2006）同样在最优增长框架下讨论了投资和消费的合理结构。吴忠群、张群群（2011）综合费尔普斯等人关于黄金律法则的论述，建立了最优消费率应满足的条件，并给出我国最优消费率的估算水平。

相比较跨国经验，基于黄金律法则的最优结构分析更具经济合理性，但问题同样非常严重。一是依据黄金律法则推导社会最优资本配置结构需要一系列严格假定，这些假定在现实中是否得到满足需要值得怀疑。二是依据 AMSZ 法则建立最优资本积累率判断如何克服市场缺陷产生的影响。即使不考虑上述两个方面问题，还有一点同样令人怀疑这种方法的可靠性，就是利用这一方法估算的我国最优消费率，不同文献存在很大差异。两种方法的比较结果表明，两种方法都有其局限性，所以很难说一种方法较另一种方法为优。除了上述两种方法，近年来，一些文献试图根据我国经济结构特征建立最优需求结构判断标准。例如贺铿

（2006）考虑到我国劳动力剩余这一客观现实，通过历史数据比较，建立我国投资率和消费率的合理变动区间。周泳宏、唐志军（2009）则结合我国地区间巨大差异这一现实基础，利用省级面板数据统计分析给出了我国投资率的门限特征。许月丽等（2010）针对我国不同部门投资特征差异，借助一般均衡模型建立存在异质投资下的最优投资等式。然而，和前述两种方法一样，虽然这些文献考虑了我国某一方面的结构特征，但还是存在较大片面性。不过，尽管如此，已有文献无疑为我们观察我国需求结构提供了某种依据。

综合已有理论和经验证据，关于我国需求结构失衡与否，结论还比较模糊，但通过这些文献，我们至少可以获得如下两点直观判断。一是需求结构并不是一个静态概念，也不具有一般可以遵循的模式，对我国需求结构作出科学判断需要尽可能考虑经济内部结构特征。二是我国需求结构尽管在失衡与否上还存在一定争议，但并不表示需求结构没有一个合适区间。上述两点意味着，对我国需求结构失衡与否作出判断需要有更为充分的证据。

三、需求结构变化的一般模式：跨国经验

前述跨国证据虽然表明，没有一个适用于所有国家的所有时期的需求结构变化一般模式，但这并不表明需求结构变化没有规律。实际上，无论是早期的钱纳里和赛奎因研究，还是近期的跨国比较分析，消费率变化与人均收入水平上升都有很强相关性，消费率高低与经济增长率同样高度相关。本节遵循钱纳里和赛奎因的研究思路，依然通过跨国数据的比较分析获得需求结构在各经济体变化的共同特征。但与前者不同的是，本节并没有包括那么多国家样本，而是在前者国家样本基础上做了一定删减，剔除所有发生过内战的国家、面积较小的岛国以及数据缺失严重的国家，最后的样本国家数量是 43 个。除此之外，考察的时间段也存在明显差异，可以说本书所考察时间段是前者 1950—1970 年的一个自然延续，即 1971—2009 年。考虑到钱纳里和赛奎因研究仅考虑收入转换效应和规模效应的内在缺陷，本书在收入效应和规模效应基础上，将反映经济内部结构变量纳入计量分析模

型，以尽可能反映内部结构差异对需求结构的影响。①

　　图 1—1 至图 1—3 从直观上刻画了不同国民收入水平下居民消费率和固定资产投资率变化的一般特征。② 从中看出，无论混合样本还是分类样本，居民消费率总体上均随收入水平变化呈下降趋势；相对于居民消费率，投资率变化则比较稳定。除此之外，还有一个特征也非常明显，即在收入水平达到 2 000 美元之前，消费率与投资率间的界限非常清晰，消费率显著高于投资率；当人均收入超过 5 000 美元后，尽管消费率处于一个相对较低水平，但与投资率之间的界限同样明显。但在 2 000～5 000 美元这个区间，消费率和投资率之间的界限非常模糊，消费率和投资率差异较小，有相当部分国家居民消费率低于 40，但投资率超过 40 的国家依然很零星。上述特征与人口规模变化没有明显关系。如果按照这个规律，尽管我国居民消费率下降到 40％以下，但并没有超出收入转换效应可以解释的范围。和居民消费率相比，我国近年来 40％以上的投资率偏离了收入转换效应所反映的投资率变化一般模式。

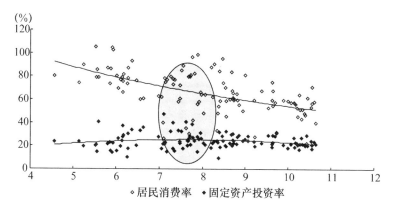

图 1—1　混合样本投资率消费率与人均国民收入对数散点图

　① 本节所有数据都是根据世界银行 WDI 数据库和 OECD 数据库相关数据计算得到。其中绝对数据都采用了 GDP 缩减指数缩减为以 2000 年为基期的真实值。钱纳里和赛奎因的研究则是以 1964 年为基期。

　② 图 1—1 至图 1—3 是基于 2008 年数据的横截面比较，所有国家 2008 年名义值都缩减为以 2000 年为基期的真实美元值。为了尽可能扩大样本数量，图中包括了 WDI 数据库中剔除 2008 年缺失数据的所有国家样本。另外，大国和小国的区分根据人口规模，以 5 000 万人口为分界线，5 000 万人口以上为大国，5 000 万人口以下为小国。三个图中的横轴为 GNP 对数。

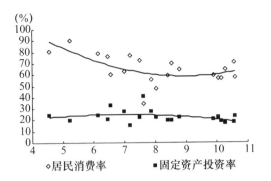

图1—2　大国收入变化与需求结构变换

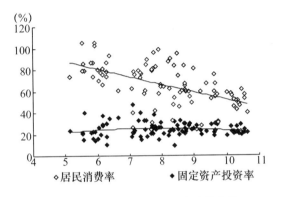

图1—3　小国收入变化与需求结构变换

上述截面数据分析说明,居民消费率变化具有显著收入转换效应,但不具有规模效应。接下来,我们考察相同收入水平国家需求结构随时间变化的一般特征。图1—4描述了与我国国民收入水平较为接近的中等收入国家和中上等收入国家需求结构变化的一般特征。从中可以看出,居民消费率变化的收入转换效应同样非常明显,但和截面数据反映的情况不同;投资率变化总体上呈上升趋势;相比较而言,政府消费占比在20世纪80年代后基本保持稳定。和上述时间序列数据反映的一般特征相对照,除了政府消费变化模式基本一致外,居民消费率和投资率变化模式明显存在偏离。图1—4显示,在1978年改革开放之前,我国居民消费率基本上遵循居民消费率变化的一般模式,但在经历了跳跃性下降后,开始偏离。不过如果剔除这次跳跃性下降因素,在2000年之前,我国居民消费率在变化趋势上与一般模式基本一致,只是2000年以后,我国居民消费率开始偏离这一模式,但程度有限。相比较而言,我国投资率变化却早在20世纪60年代末就偏离投资率变化的一般模式,不仅水平更高，而且上升速度更快。表 1—1 对上述变化模式和偏离情况作了一个总结。从中可以看到，在同一个发展水平上，我国需求结构偏离程度是非常明显的。投资率不仅初始水平较高，而且上升速度几乎是一般模式中投资率变化的 2 倍。和投资率相比，虽然居民消费率下降速度超过一般模式的程度更高，但如果别除 1978 年的跳跃性下降因素，居民消费率偏离的程度要小得多，并且偏离主要发生在 90 年代末期之后。

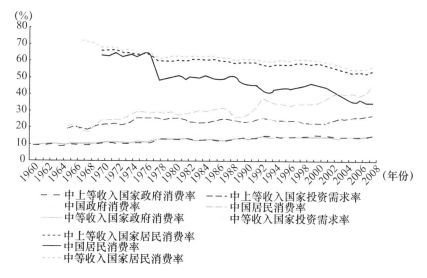

图 1—4　相近收入国家需求结构随时间变化的一般模式

表 1—1　　　　　我国需求结构变化与相同发展水平的一般模式对比情况

	投资需求		居民消费需求		经济增长率（%）
	初始水平	年均变化率(%)	初始水平	年均变化率(%)	
中等收入国家	20.40	0.93	62.56	−0.29	4.5
中上等收入国家	21.76	0.80	60.18	−0.30	4.5
中国	24.85	1.82	63.28	−1.08	9.1

说明：表中初始水平为 1971 年数据。增长率为真实增长率。

　　上述从不同收入水平国家截面数据和相同发展水平国家时间序列数据开展的分析虽然描绘了需求结构变化的收入转换效应和时间趋势特征，但由于忽视了国家间存在的巨大差异，所刻画的需求结构变化一般模式并不具有普遍性。所以在上述分析基础上，下面通过对国家作更进一步细致分类，考察需求结构变化一般模式在不同分类地区间是否存在某种共同特征。图 1—5 刻画了不同地区需求结构变化的一般模式，纵轴度量居民消费率与投资率之商，横轴表示时间。从图中看，分地区比较与混合分析存在非常明显的差异,尽管居民消费率整体呈下降趋势,但这种特征在不同地区并不是普遍的。其中北美地区居民消费率是整体上升的,所以需求结构表现出偏居民消费率特征非常明显。和北美地区一样,拉丁美洲地区需求结构也是整体表现为偏居民消费率。为何两个收入差距如此悬殊的地区会有基本相同的需求结构变化模式? 通过进一步分析,我们发现实际上两个地区需求结构的内部变化存在较大差异,这种差异也塑造了两种不同的经济增长表现。北美地区,主要是美国,偏向居民消费率的需求结构表现为投资率下降和居民消费率上升,经济增长最终遭遇金融危机。拉丁美洲地区,偏向居民消费率的需求结构表现为投资率和居民消费率都上升,但前者上升幅度小于后者,经济增长最终遭遇中等收入陷阱。对于这两种需求结构变化模式,我们可以将前者称为消费过度型,将后者称为消费早熟型,两种模式都遇到一定问题。相比较而言,欧元区需求结构虽然也表现出一定的居民消费率偏向型,但这种偏向型主要因为投资率的快速下降。这种需求结构变化模式的增长表现是经济增长比较平稳,但速度较低。最后再看东南亚地区,该地区需求结构变化总体表现为偏投资型,1997 年之前,投资率上升较快,居民消费率也下降。但 2000 年之后,这种状况有所改变,投资率略有下降,居民消费率由下降逐步转为上升,尽管幅度较小。两者的综合效应使得 1997 年之后东南亚地区的需求结构逐步从投资型偏向转向居民消费型偏向。这种需求结构变化模式遭遇的增长问题是,增长率在需求结构转换过程中出现较大波动。和上述四种模式相比,我国需求结构变化模式比较接近东南亚地区,但在 20 世纪 90 年代末,东南亚模式开始偏离其原先轨迹,我国则继续保持投资型偏向的需求结构变化模式。两种变化模式在增长上的差异也很明显,我国经济在 1998 年之后继续保持高速增长。上述分析在表 1—2 中得到更为直观的说明。

表 1—2   不同地区需求结构变化模式及其增长绩效

	投资需求		居民消费需求		经济增长率（%）
	初始水平	年均变化率%	初始水平	年均变化率（%）	
欧元区	25.93	−0.68	58.44	0.00	2.3
拉丁美洲地区	19.90	0.18	66.89	0.19	3.3
北美地区	18.60	−0.30	62.82	0.43	2.9
东南亚地区	23.74	0.58	60.15	−0.36	6.3
中国	24.85	1.82	50.28	−1.08	9.1

说明:表中投资率初始水平为 1971 年数据。

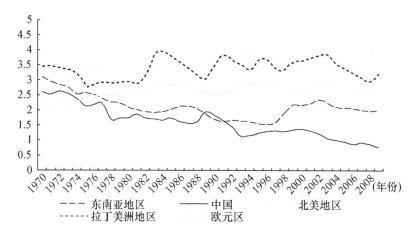

图 1—5　分地区需求结构变化的一般模式比较

　　前述分析表明，需求结构变化存在明显的收入转换效应，但其变化模式在地区间存在显著差异。为将这两种情况结合在一起考察，我们比较了 1 000～4 000 美元之间不同地区需求结构变化是否具有某种规律。从表 1—3 数据反映的情况看，有两个现象非常值得关注，一是居民消费率年均变化率与经济增长率关系，二是投资率平均水平与经济增长率关系。前者呈明显反向关系，即居民消费率年均变化越低，经济增长率越高；后者呈现出显著正向关系，投资率平均水平越高，经济增长率越高。从数据反映的需求结构区间特征看，地区间没有某种一般模式可循。从规模因素看，表 1—4 显示，无论是大国还是小国，需求结构在 1 000～4 000美元期间都呈现出一定程度的投资型偏向，这种需求结构偏向的增长效应虽然不是很大，但还是较为显著的。

表 1—3　　　　　　　　1 000～4 000 美元期间分地区需求结构特征比较

	投资需求		居民消费需求		经济增长率
	平均水平	年均变化率（%）	平均水平	年均变化率（%）	（%）
发达经济体	25.2	0.232 038	60.7	−0.506 62	4.6
东欧转型国家	19.3	1.063 44	59.8	1.231 152	0.2
拉丁美洲国家	20.4	0.942 672	65.1	0.034 316	3.2
东南亚国家	29.9	1.654 088	55.7	−0.297 11	6.4
韩国与日本	31.7	1.089 286	56.1	−1.013 58	7.9
中国	39.2	3.383 189	39.7	−3.150 96	10.3

　　说明：发达经济体包括欧元区和北美地区国家样本。

表 1—4　　　　　 1 000～4 000 美元期间大国和小国需求结构特征比较

		投资需求		居民消费需求		经济增长率（%）
		平均水平	年均变化率（%）	平均水平	年均变化率（%）	
大国	1960—2009 年期间	21.8	0.05	61.9	−0.02	3.5
	1 000～4 000 美元	23.3	0.12	62.1	−0.08	3.8
小国	1960—2009 年期间	22.8	0.66	59.1	−0.09	3.4
	1 000～4 000 美元	22.3	1.06	61.85	−0.16	3.7

说明：大国中不包括中国。

四、我国需求结构失衡测度：基于统计分析的结果

上一节主要是通过典型事实的对比分析探究需求结构变化的一般模式，结果表明，虽然需求结构变化存在某种收入转换效应，但整体上我们还很难通过简单的数据分析获得需求结构变化的一般规律或特征。理论上，投资率和居民消费率变化在不同经济体之间应该具有某种共性的特征，比如投资有利于增长，消费从短期看不利于增长，所以经济增长较快时期，投资率应该相对较高，居民消费率相对较低。现实数据反映出的模糊结果主要源于国家间内部结构特征的巨大差异。由于投资率和居民消费率的具体影响因素存在较大差异，为节省篇幅，在接下来的分析中，我们仅针对居民消费率展开讨论，分析可能影响居民消费率的各种因素影响居民消费率的方向和程度。表 1—5 总结了一些可能因素与居民消费率之间的相关程度，从中可以看出，经济内部结构影响非常显著。

表 1—5　　　 各种可能影响居民消费率的指标与居民消费率的相关性分析

指标	相关系数	指标	相关系数	指标	相关系数	指标	相关系数
增长率	−0.16	服务业增加值比重	−0.23	净出口率	−0.52	劳动参与率	−0.17
	−0.00		−0.00		0.00		0.00
政府消费	−0.36	服务业就业占比	−0.05	农业增加值比重	0.07	固定资产投资率	−0.29
	0.00		0.18		0.07		0.00
储蓄率	−0.68	工业就业占比	−0.07	工业增加值比重	−0.43	劳动力人口比重	−0.17
	0.00		0.06		0.00		0.00
城市化率	−0.06	人口增长率	0.11				
	0.12		0.00				

说明：每个指标第二行为 p 值，表中包含的国家为全样本。

从这个表中，我们也发现一些需求结构变化的结构规律。比如高增长率可能意味着有相对较低的居民消费率，或者说，获得高增长率需要忍受低居民消费率的痛苦。再比如劳动力人口比重越高，意味着赡养率越低，赡养率低意味着消费性支出占比相对较低。

然而表1—5只是反映了变量间的相关程度，无法揭示这些结构因素对居民消费率的真实影响。为此，我们遵循钱纳里和赛奎因的研究方法，利用统计方法对不同因素作用于居民消费率的方向和程度作计量分析。为了能与钱纳里和赛奎因的研究保持一定的可比性，我们选择了前者的计量模型，即不仅考虑收入转换和规模的水平效应，也考虑其二次项效应。同时在前者模型基础上，我们还增加了结构因素水平效应的考察。表1—6报告了估计结果。需要说明的是，表1—6仅报告了大国估计结果。

表1—6　　　居民消费率变化的收入效应、规模效应与结构效应估计

	收入效应、规模效应		结构效应	
	大国	全样本	大国	全样本
常数项	0.805 (11.716)	0.772 (7.814)	0.399 (5.620)	0.018 (0.166)
国民收入对数	−0.008 (−0.476)	−0.110 (−7.393)	0.054 (3.343)	−0.020 (−1.229)
国民收入对数平方	−0.001 (−1.033)	0.005 (5.649)	−0.004 (−4.367)	0.000 (0.200)
人口对数	0.033 (6.886)	0.227 (7.580)	0.037 (7.859)	0.255 (10.740)
人口对数平方	−0.007 (−9.921)	−0.026 (−9.333)	−0.006 (−9.460)	−0.025 (−11.452)
出口占GDP比重	−0.542 (−20.882)	−1.017 (−15.680)	−0.542 (−17.240)	−0.663 (−11.722)
进口占GDP比重	0.336 (11.610)	0.777 (10.319)	0.370 (10.580)	0.670 (10.936)
工业增加值占比		−0.200 (−7.919)	−0.370 (−10.300)	
城市比率		−0.031 (−3.097)	0.055 (2.956)	
服务业就业占比		0.472 (9.398)	0.628 (8.784)	
经济增长率		−0.001 (−4.012)	−0.002 (−3.394)	
T1	−0.042 (−8.811)	−0.074 (−8.116)	−0.053 (−9.236)	−0.027 (−3.421)
T2	−0.028 (−6.287)	−0.054 (−7.054)	−0.034 (−7.160)	−0.014 (−2.173)
T3	−0.019 (−4.430)	−0.037 (−5.684)	−0.018 (−4.575)	−0.016 (−2.953)
AD-R	0.445	0.542	0.557	0.725
SD	0.057	0.051	0.052	0.040
F	131.200	71.899	2131.117	978.141

说明：表中国民收入指2000年为基期的人均美元数，人口以百万为单位。$T1$、$T2$、$T3$分别表示时间变量，以消除时间因素的影响，其中当时间为1971—1980年时$T1$取1，否则取0；当时间为1981—1990年时，$T2$取1，否则取0；当时间为1991—2000年时，$T3$取1，否则取0。

由于我国人口规模过大，所以为尽可能消除单个样本奇异数据对估计结果的影响，全样本和大国中排除了我国。另外，由于在表1—5中报告的变量之间，有些存在高度相关性，所以为避免解释变量之间的相关性影响，在结构因素中只选择了经济结构、人口结构、就业结构、城乡结构四个方面加以考察。

从估计结果看，绝大部分变量的影响非常显著。除了极个别变量符号在全样本模型和大国模型间存在差异外，大部分变化都不是很大，这在一个方面也说明模型结构基本上是正确的。从各变量估计系数看，收入水平效应为负，但二次项效应在全样本和大国之间存在差异，全样本的估计系数为负，但不显著，而大国模型的估计结果显著为正。这说明收入水平对居民消费率影响是非线性的。再看规模效应，估计结果显示，人口增加会提高居民消费率，但当人口规模达到一个水平后，居民消费率反而会随人口增加而下降。根据钱纳里和赛奎因的研究，资源流入流出也会影响一个经济体内部资源配置。为此，模型中将这一因素考虑进去，获得的估计结果与前者基本一致，资源流出会使居民消费率下降。最后看各种结构因素的影响。估计结果显示，考虑结构因素明显改善了模型的拟合效果，尤其对大国而言。从估计系数看，工业化并不利于居民消费率的提高。出现这一情况，主要有两个原因：一是工业化程度越高，就业比例可能越低；二是工业生产中劳动者报酬所占比例相对较低。服务业就业比重高，对居民消费率的影响是有利的。城市化对居民消费率的影响比较特殊，在全样本模型中，估计系数符号为负，而在大国模型中却显著为正。为何城市化对居民消费率的影响会有如此大的差异，可能与城市化发展模式有一定关系。从经济增长率与居民消费率的关系看，较高增长率需要较低居民消费率予以支撑，这一结论与前述的一系列数据分析基本一致。

根据表1—6的估计结果，我们基本上可以建立起居民消费率与收入效应、规模效应与结构效应的关系等式，这个等式实际上暗含了居民消费率变化的一般模式，至少反映出在不同收入水平、人口规模和结构状态下，居民消费率的变化规律。如果一国居民消费率变化在这个等式拟合的范围之内，说明该国居民消费率变化基本遵循这个一般模式；如果一国居民消费率与等式拟合结果不同，说明该国居民消费率偏离了等式所刻画的一般模式，两者的差距越大，说明偏离越严重。所以我们遵循钱纳里和赛奎因的方法，将我国实际数据代入这个等式。图1—6描述了

各种情形等式的拟合值和实际值差距。从图中看,大国样本的拟合效果
要比全样本拟合效果好,考虑结构效应的拟合效果要好于未考虑结构效
应的拟合效果。这种差异说明,单纯参照钱纳里和赛奎因估计方法,忽
视结构因素,可能无法刻画一国需求结构的真实变化规律。通过对比拟
合结果与实际值,我们发现,从一个较长时期考察,无论是全样本模型
还是大国模型,我国居民消费率都存在一定程度的偏离。就这点而言,
我们可以认为我国需求结构有失衡表现。但当我们对比需求结构变化的
时间路径时,可以发现两个非常显著的特征:一是我国需求结构失衡主
要发生在改革开放后的前 20 年,偏离程度大约在 10% 左右;二是近年来
虽然居民消费率依然低于模型的拟合值,但偏离程度有所减弱,如果不
考虑 1978 年改革开放居民消费率出现的跳跃性下降因素,仅就变动趋势
而言,偏离程度更小,并主要表现为斜率上的差异。

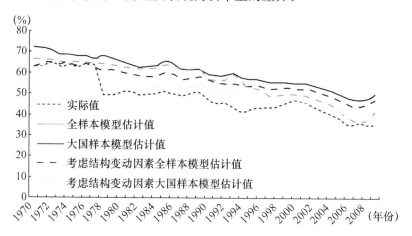

图 1—6　我国居民消费率偏离一般模式的变化路径

五、本章小结

对于任何经济体而言,经济发展不仅表现为总量不断扩张,也表现
为内部结构的不断改善。我国自 1978 年改革开放以来,经济的高速发展
增强了国家实力,但依赖投资推动的增长模式让人们对增长的可持续性
产生了质疑,同时投资对居民消费的挤压也让人们对经济增长质量和不
断累积的社会矛盾提出了担忧。如何实现增长结构的再平衡,成了讨论

这个问题的关键。然而尽管人们普遍认为我国需求结构存在严重失衡，却很少有研究给出合理需求结构形态。而本章的研究表明，无论从横截面数据看，还是从时间序列数据看，要想能够从中找出需求结构变化的一般模式似乎很难，因为国家之间的内部结构差异非常大，巨大的国家间差异模糊了需求结构变化所体现的一些关键特征。所以希望通过建立需求结构变化的一般模式为我国需求结构失衡与否建立某种标准似乎是徒劳的。但尽管如此，在综合考虑了各种因素的基础上，我们还是可以发现需求结构变化所具有的某种规律性。这其中包括需求结构变化的收入效应和结构效应。正是基于这种规律性的发现，我们在钱纳里和赛奎因研究基础上建立了需求结构与收入效应、规模效应以及结构效应之间的某种关系等式，并依据这一等式所体现的需求结构变化所具有的一般规律，对我国需求结构失衡与否及其程度进行了测度。研究结果表明，我国需求结构一定程度上偏离了上述规律，但严重性并不像人们想象得那么大。不仅如此，其偏离现象进入 21 世纪以来有好转的迹象。如果剔除其中的水平因素，近年来的居民消费率偏离主要表现为居民消费率曲线斜率的差异。本书的研究结论意味着，我国需求结构之所以与世界其他国家差异很大，可能是源于我国高增长的经济发展阶段。所以对这种看似失衡的需求结构表现，我们可以认为它是经济高增长必然付出的代价，也是与高增长相匹配的结构模式。

第2章　需求结构失衡的财政因素：
一个分析框架

本章提要：实现后危机时代经济平稳增长，中国需要调整失衡的增长结构，实现消费投资的再平衡。然而在集权型政治结构和关系型社会结构下，以企业为主的财政收入制度却挤压了居民消费能力，以企业为本的财政支出安排恶化了居民消费倾向。面对新一轮全球经济动态调整和国内不断丛生的公共风险，中国需要在现行体制框架内重构财政制度，建立以人为本的财政支出体系，以构筑居民有钱消费、敢于消费的制度环境；建立以人为主的财政收入制度，以构筑政府有效行政的激励结构和经济社会的内生平衡机制。通过财政收支的有序调整，从根本上消除投资消费失衡的财政因素。

一、导出问题

需求结构失衡是中国经济增长面对的一个基本问题。失衡的需求结构一方面使经济运行暴露于外部冲击的风险增加，降低了经济运行的内在稳定性；另一方面，居民消费需求占 GDP 比重的持续走低与中国经济高速增长也不相协调，与社会发展的福祉要义不相一致。尽管早在 2002 年《政府工作报告》中，"培育和提高居民的购买力"就被列为政府扩大内需的首要任务，并自 2002 年之后成为历年政府经济工作的基本方针，但需求结构失衡问题在宏观上并没有得到有效解决，反而在经历了 1998—2001 年短暂好转后逐步恶化。出现这种现象的原因肯定有很多，其中一个不容忽视的因素就是财政。一方面，中国政府解决居民消费需求问题的主要政策工具是财政；另一方面，作为一种宏观经济现象，需求结构失衡无疑是中国体制制度变革的内生产物，而财政作为一种特殊分配关系，又是这一系列体制制度变革的关键组成部分。正是基于财政的上述重要性，本章将通过对财政分权体制、财政制度以及财政政策的深入分析，推断中国需求结构失衡的财政原因，试图从中获取有利于中国需求结构再平衡的财政制度供给和财政政策选择。研究主要回答三个问题：一是作为中国式治理模式下的重要利益分享机制，财政分权体制的制度安排是如何促成和强化中国失衡增长的？二是作为政府宏观调控的重要政策工具，财政政策又是如何被选择执行的，财政政策的选择性执行又如何迟滞需求结构失衡的调整步伐？三是实现经济平衡、公平与可持续增长，中国需要如何优化财政收支体系及其目标模式与路径？

二、需求结构失衡：由投资型增长模式而起

按照国民经济恒等式，对一个开放经济而言，经济总量是由消费、投资和进出口贸易构成。按照经济增长动力结构，经济增长则取决于要素投入、制度和技术。虽然两者分析视角不尽相同，但都是描述一国经济增长的结构特征，并且相互间存在一定逻辑关系。在一个不确定制度的环境或不适宜制度的结构下，社会技术创新意愿往往较低，经济增长不得不更多依赖要素投入。所以非技术驱动型增长往往和投资型增长相伴而生。鉴于上述原因，本节仅对中国投资型增长结构特征展开分析。从投资型增长的逻辑结构看，投资总归会形成产出。根据两部门均衡关系，产出需要得到消费响应，经济才能有序运转，但在消费受到挤压的情况下，高投入形成的产出无法在国内寻找到足够匹配的消费。所以在一个封闭经济体，投资型增长总会具有内在通缩倾向；在一个开放经济体则可通过对外出口消除国内过剩产能，所以投资型增长往往与较高贸易依存度和外部失衡相联系。而在互联型全球贸易体系下，外部失衡和内部失衡总是共生的。在缺乏外生性结构调整的情况下，两者还具有相互强化的倾向，从而使投资型增长陷入结构锁定状态，并导致经济骤冷骤热和恶劣的国际贸易环境。[1]

---

[1]　据商务部统计的数据，中国已连续十多年成为世界上遭遇反倾销调查和被实施反倾销措施数量最多的国家，并呈现出不断上升趋势。其中 2009 年 1—8 月份中国就遭遇反倾销调查 79 起，同比增长超过了 16%。

　　基于上述逻辑框架和跨国比较，审视中国投资型增长的结构特征。从表 2—1 看出，中国资本形成率不仅远高于不同收入组别国家的平均水平，也高于金砖四国中的印度、俄罗斯和巴西。但和东亚国家相比，虽然中国平均水平还是相对较高，但差距并不很大，如果按照 Krugman（1994）对东亚经济奇迹的分析结论，中国奇迹并没有特别之处（Young，2000）。为了进一步说明这个问题，我们将中国与 20 世纪 60 年代高速增长的日本，以及 1997 年之前持续高速增长的韩国进行比较。结果表明，1961—1973 年，日本经济平均增长率为 10.44%，同期资本形成率平均为 35.33%。1963—1996 年，韩国经济平均增长率为 8.60%，同期资本形成率为 29.63%。这些数据虽然和中国过去 30 年数据有一点差距，但程度更小，尤其是日本。比较结果说明，高资本形成率始终是经济增长的力量之源。①

表 2—1　　　　　　　　　　资本形成率跨国比较（%）

	1978—1988 年	1989—1999 年	2000—2008 年	1978—2008 年
中国	**36.00**	**38.73**	**40.89**	**38.39**
低收入国家	16.67	18.64	23.13	20.00
中低收入国家	25.45	25.91	26.33	25.87
中上收入国家	22.27	21.73	20.56	21.58
高收入国家	23.09	21.73	20.71	22.00
泰国	28.64	36.18	26.75	21.97
韩国	30.82	35.36	29.89	30.90
日本	30.18	29.36	23.75	32.16
东亚及太平洋国家	33.36	36.09	36.00	28.17
俄罗斯	—	26.27	21.56	35.10
印度	21.45	23.73	31.22	24.15
巴西	20.82	19.45	17.22	25.10

　　说明：本表数据根据世界银行 WDI 数据库计算所得。

　　伴随经济规模和投资规模不断增加，单位产出投资需求也不断上升。根据《中国证券报》数据，在过去 15 年中，中国增量资本产出率平均超过了 4%，尤其进入 21 世纪后，该指标平均超过了 5%，2009 年更是高

---

①　实际上，一些研究也从经验上认为，在经济高速持续增长期，资本积累的作用一般都非常高。例如 Jorgenson，Gollop 和 Fraumeni（1987）在计算美国全要素生产率时发现，在美国经济高速增长期，资本积累的贡献是第一位的。

达 9.5%（国家信息中心宏观政策动向课题组，2009）。而同期的印度、巴西平均约为 3%，日本仅为 1.2%，美国、德国等发达国家基本上保持在 1%～2% 的水平。[①] 数据比较说明，中国单位产出投资需求不仅相对较高，而且不断增加。除了高投入支撑，增长对能源需求也非常高。表2—2 数据表明，中国单位产出能源需求虽然低于低收入国家，但明显高于中低收入及其以上国家，不仅高于东亚国家平均值，也远远高于韩国和日本，甚至还高于能源较为充裕的俄罗斯，更是高于金砖四国中的印度和巴西。高投资必然伴随低消费，从而需要有强劲出口需求得以平衡。实际上，自进入 21 世纪以来，中国外贸依存度年均超过了 60%，其中2006 年达到了 72%。虽然相比较，这一比例并不算太高，尤其和东亚其他经济体比较，但相对于金砖四国中的印度、巴西以及日本要高得多，后三个国家自 1979 年以来平均都保持在 30% 以下。不仅如此，中国外贸依存度一直处于上升趋势，而且上升速度不断加快。

表 2—2　　　　　　　　　单位 GDP 能源需求跨国比较　　　　单位：吨标准油/万美元

	1971 年	1980 年	1990 年	2000 年	2006 年
中国	**39.7**	**31.6**	**24.2**	**9.2**	**7.1**
低收入	—	—	15.2	13.4	9.5
中低收入	28.8	12.1	11.2	7.5	5.0
中上收入国家	—	—	8.6	5.5	3.4
高收入国家	13.2	4.7	2.5	2.1	1.5
泰国	19.1	7.1	5.1	6.1	5.2
韩国	17.2	6.5	3.5	3.6	2.3
日本	11.7	3.3	1.5	1.1	1.2
东亚及太平洋国家	37.8	20.5	17.0	5.0	6.6
俄罗斯	—	—	17.0	23.7	6.8
印度	23.7	11.4	10.1	10.0	6.2
巴西	14.1	4.8	3.0	2.9	2.1

说明：本表数据根据世界银行 WDI 数据库数据计算所得。

　　为了更清楚地说明中国投资型增长结构特征，我们采用了统计年鉴中公布的国内生产总值贡献率进行分析。在 1978—1990 年期间，中国投资需求产出贡献平均为 30.3%，1991—2000 年升至 36.1%，2001—2007年则进一步升至 48.36%，其中 2007 年达到了 50.3%，2008 年为

---

　　① 相关数据根据世界银行 WDI 数据计算得到。

52.6％，2009 年上半年则升至 87.6％。① 相比较，这一比例虽然在 2007 年之前要高于美国、日本以及欧盟等一些发达国家和地区，但从 2007 年开始，中国数据并不显得更为特别。这也进一步说明，投资创造增长并不是中国特有的，而是一种普遍方式，尤其是在经济低迷时期。再从进出口需求产出贡献率看，《国际统计年鉴》数据表明，2004—2007 年，进出口需求对产出贡献率平均为 31.6％②，也就是说，中国在 2004—2007 年经济高速增长期，有近 1/3 的增长是进出口需求贡献的。2008 年，因为出口需求萎缩，进出口需求对产出增长的贡献下降到不足 10％，出口需求下降直接导致 2008 年经济增速回落。而同期增长速度同样较高的金砖四国中的印度、巴西以及俄罗斯进出口需求对产出贡献率分别仅为 −3.9％、3.7％和 −72.9％。虽然中国产出增长对进出口需求的依赖不及泰国的 50％，但要比韩国、日本等东亚发达经济体的平均水平要高。从国内消费需求贡献率看，根据《国际统计年鉴》数据，2000—2008 年，中国消费需求的产出贡献率基本上呈下降趋势，2000 年约为 46.35％，到 2004 年下降到 13％左右，2005 年则进一步下降为负数，2007 年有一定幅度上升，达到 10％。③ 而同期印度、巴西消费需求产出贡献率平均分别为 55.5％和 66.2％，虽然俄罗斯 2007 年消费需求产出贡献率仅为 34％左右，但在 2007 年之前都基本上保持在 70％以上。和同期的日本、韩国相比，中国不断下降的消费需求产出贡献率也非常明显，更别说和美国、欧盟国家 70％的消费需求产出贡献率相比；即使和东亚的印尼、泰国、马来西亚等相比，也处于相对较低水平，后者基本上保持在 40％以上。

　　基于上述跨国比较，可以看出中国经济增长的投资型结构特征非常明显，尤其是进入 21 世纪后，国内消费需求贡献相对更低。根据"三驾马车"需求结构理论，中国经济增长的"三驾马车"出现了严重失衡。④

---

① 2009 年数据来源于 http://news.163.com/special/00013HH7/0902economic_dataindex.html。

② 为了便于跨国比较，本章数据根据《国际统计年鉴》数据计算所得，这一结果与 2009 年《中国统计年鉴》公布的数据有相当差距。由于《国际统计年鉴》中还没有 2007 年以后的数据，所以 2007 年以后的数据采自 2009 年《中国统计年鉴》。卫战胜（2009）测算了中国 2002—2007 年出口需求对产出的贡献率，6 年均值为 28.6％。

③ 这里引用的《国际统计年鉴》数据与《中国统计年鉴》数据有较大出入，原因在于《国际统计年鉴》数据来源于《世界数据表》和世界银行 WDI 数据库，经查实，这些数据是按照统一口径对各国数据进行了调整。

④ 根据项俊波（2008）关于中国经济结构失衡的测算结果，中国经济增长的需求结构失衡呈不断严重趋势。

投资需求对经济增长的贡献在现行体制政策框架下促成了经济增长对投资的过度依赖。而对投资过度依赖的一个必然后果就是投资需求对消费需求的挤压。为满足持续攀升的投资需求，在政府主导型增长模式下，政府财政收支行为发生了扭曲，财政政策被选择性执行。上述情况又进一步抑制消费需求，尤其是居民消费需求，进而使经济增长对投资需求的依赖继续上升，导致整个经济陷入居民消费需求不足与投资需求不断上升的累计循环状态。

三、财政分权、公共品供给短缺与居民消费需求抑制

大量研究表明，中国经济增长成就得益于财政分权体制，因为这种体制在中国式治理模式下为地方政府推动经济增长提供了有效激励。然而，伴随着经济高速增长，中国在公共事业领域过度市场化导致的公共品供给短缺问题也变得越来越突出，甚至成为各种社会问题频发的主要根源。公共事业领域的过度市场化使得原本由政府负责的支出义务在市场化过程中被推向了市场。例如，在医疗卫生领域，自 1985 年开始，居民个人承担的医疗费用承继 1978 年之后的趋势加速上升，1991 年个人承担部分不到 40%，1996 年就升至 50% 以上，2001 年超过了 60%，虽然自 2002 年之后，政府加大了医疗卫生支出，但到 2008 年，个人承担部分占全社会卫生总费用依然在 40% 以上，这一比例和世界上最不发达国家 2000 年居民个人卫生支出负担相当。和个人卫生支出负担变化相反，中国政府在医疗卫生方面的投入从 20 世纪 80 年代的超过 30% 下降到 2000年的 15% 左右，虽然从 2002 年开始有所上升，但到 2008 年也不足 25%。这一比例不仅远低于澳大利亚、日本、美国、西欧，也低于巴西和俄罗斯，甚至连 59% 的世界平均水平的一半也不到。从公共卫生支出占财政支出的比重看，中国政府卫生费支出占财政支出的比重 2008 年仅为 4.4%，而同期的美国、日本等这一比重都在 15% 以上；即使和巴西、俄罗斯相比，也分别落后 8 和 5 个百分点。

在教育领域，虽然 1993 年《中国教育改革和发展纲要》明确将政府教育投入占 GDP4% 定为政府法定义务，但 17 年过去了，这一目标依然没有实现。根据中央教育科学研究所《中国教育竞争力报告》数据，2006 年中国政府教育投入占 GDP 比重仅为 2.41%，不仅远低于美国、

日本和西欧，也低于巴西和俄罗斯，甚至还低于印度，直到 2008 年这一比重也仅为 3.48%，依然低于发展中国家 4.4%～4.9% 的平均投入水平。从人均公共教育支出看，中国教育投入不足问题更为明显。2006 年美国、英国、法国人均公共教育经费都在 2 000 美元以上，日本和德国稍低，大约在 1 500 美元左右，即使是俄罗斯和巴西，人均公共教育经费也超过了 200 美元，而中国仅有 42 美元。① 在社会保障领域，中国全口径社会保障支出约占 GDP4.6%，这不仅低于发达国家约 25% 的平均水平，也低于亚洲国家 5% 的平均值。② 而政府在社会保障方面的投入自 1998 年以来基本保持在 11%，同期发达国家平均保持在 35%～45%，其中德国、法国等甚至超过 55%，即使是发展中国家，平均水平也基本维持在 25% 以上。低水平社会保障投入使得大部分居民难以获得社会保障。2009 年，全国从业人员中，医疗保险覆盖范围为 51.5%，养老保险覆盖范围为 30.1%，失业保险覆盖范围更小，仅为 16% 左右，如果考虑全国人口，比率会更低。③ 上述社会保障中还不包括住房保障，如果将住房保障纳入统计范围，中国在社会保障领域的投入更显短缺。

　　由于公共事业领域过度市场化和政府投入不足，使原本的单位保障和国家保障变成了社会保障，从而导致居民个人不得不承担许多本应由政府承担的支出项目。由于这些支出项目对居民个人而言基本上都是不可避免的当期或未来支付，所以为这些支出项目积累必要资金成了居民个人在消费决策上不得不考虑的问题。方福前（2009）等的一些研究表明，公共品供给短缺显著抑制了居民消费倾向，是居民消费需求不足的重要原因之一。那么为何在中国，政府对社会事业投入相对较低，并曾一度呈逐步下降趋势？根据传统财政分权理论，分权应该更能促进上述这些公共品的有效供给。造成这一现象的原因主要与中国财政分权策略有关。梳理中国财政分权过程，一个不容忽视的现象是，财政体制无论是从 20 世纪 70 年代之前的统收统支到 80 年代初的分灶吃饭，还是从 80 年中后期的承包制到 90 年代中期的分税制，甚至延续到 21 世纪初的所得税分成，历次财政体制调整都是中央出于财政需要发起，分权体制安排都是围绕重构财政收入分享机制而展开，在体制调整过程中，有关公共

① 参见中央教育科学研究所：《中国教育竞争力报告》，2009。
② 参见马来西亚经济研究院、亚洲开发银行：《再平衡以达到永久性成长：亚洲在后危机时代的挑战》，2010。
③ 根据 2009 年《人力资源和社会保障事业发展统计公报》相关数据计算得到。

支出责任的制度安排都被置于次要地位，并呈现出自上而下的支出责任转移。这种以"分钱"为主要特征的财政分权策略带来了两个必然后果：一是各级政府都会将主要精力放在财政收入一方，尽可能地扩大财政收入成为各级政府的主要行动目标。二是各级政府为尽可能降低本级政府支出义务，将有限财政资金投到财政创收项目上，纷纷向社会和居民个人推卸支出包袱，极力推动该领域市场化改革。由于在分权制度安排上没有对各级政府支出责任作出明确而又具法律效力的规定，所以推卸这些社会包袱也较为容易。上述两个后果的最主要表现就是，财政经济性支出挤压非经济型支出，财政支出结构呈明显偏向。这一点已得到大量文献证实。

　　当然，"分钱"并不是中国财政分权体制的唯一特征，实际上，纵观中国财政体制演进过程，另一个特征也非常明显，就是"多变"与"非对称"。"多变"即体制在调整过程中不断变化，而"非对称"则指历次体制调整都体现中央政府意志，地方政府缺乏对等的谈判权。多变的财政体制在中国干部任用制和任期制下，促成地方政府更容易采取短期化行动，所以更具显性、又能在短期内获得收益的经济性支出项目得到政府青睐，而那些难以识别、又很难在短期内体现收益的非经济性（或者说社会性）支出项目往往被置于次要地位。而非对称的体制变迁造成了支出责任边界模糊，上行下效成为中国上下级政府执政的普遍特征。由于上级政府，主要是中央政府在体制调整过程中，不是遵循对等权，而是凭借其垂直任命权的垄断地位更改上下级政府财政契约，所以契约中留下了很多妥协的痕迹和对既得利益的考虑。这一方面使各级财政并没有因分权而强化约束，另一方面也降低了下级政府公共品提供意愿。综合上述分析，我们可以在财政分权与居民消费需求相对不足之间推出这样一个逻辑关系，即财政分权体制将主要公共品提供义务赋予地方政府，而财政分权策略又严重扭曲了地方政府的公共品供给意愿，两者结合，造成居民个人和社会承担许多本应由政府承担的支出义务，从而导致居民谨慎性消费动机的增强，进而抑制了当期消费需求。

四、财政制度安排与需求结构失衡的强化机制

　　前述分析说明，中国财政分权策略在某种程度上增强居民谨慎性消

费动机，从而导致居民当期消费需求不足。但居民消费需求不足还不仅是由于分权策略，因为分权体制下的财政制度安排也对居民消费能力和消费倾向产生了不利影响，从而造成内需结构失衡的进一步加剧。对照中国历次分权体制下的财政收入制度，我们会发现，只有 1994 年分税制确定的财政收入制度相对最为彻底，对各级政府的预算约束最强。但这一次确定的财政收入制度不仅没有改变中国以流转税为主的财政收入结构，而且因更加硬化的收入分成办法强化了政府对流转税的依赖程度。而流转税主要是针对商品交易课征的税收，虽然流转税具有税负转嫁的可能，但在法定上，企业是流转税的直接纳税人。这意味着中国各级政府的财政收入主要以企业交纳的流转税为主。这种财政收入制度安排产生了两个必然而又符合经济逻辑的结果。一是在垂直权力结构和考核机制下，中国各级政府将会与企业形成隐形战略联盟，因为只有与企业合作才能获得更多财政收入。二是为迎合企业需要，政府会动用行政权力为企业提供尽可能充分的经济服务，甚至包括利用财政资金为企业提供"特定的公共服务"。为了能从经验上说明上述情况，我们根据跨国数据作了一个分析，主要考察不同的财政收入来源结构与财政支出结构是否存在某种对应关系。图 2—1 根据 WDI 数据库计算了不同国家政府收入来源结构。从中可以看出，中国政府收入中有近 60% 来源于企业，只有 20% 来源于个人，如果根据中国社会保障资金管理办法对个人部分进行分解，能够真正算得上政府可动用的部分更低，只有 4.9%。相比较发达国家，这一比例非常低，即使和印度、俄罗斯、泰国相比，也处于较低水平。这样的收入结构，按照经济学"谁出钱谁受益"原则，政府也会将大部分财政收入用于服务企业，因为企业对财政收入贡献最大。由于财政支出项目之间存在此消彼长的竞争关系，所以用于经济性项目多了，用于社会性项目的财政资金必然就少了。这一点在图 2—2 中表现最为直接，政府收入来源于个人的比重越小，财政用于社会性项目的支出就越小。[1]

---

[1] 图 2—1 和图 2—2 数据根据 IMF2008 年 *Government Finance Statistic* 相关数据和中国 2008 年决算报告以及 2008 年《劳动与社会保障事业公报》计算所得，中国数据是 2008 年的情况，其他国家数据为 2007 年情况。来源于个人的收入包括个人所得税、社会保障缴款，来源于企业的收入包括企业所得税、商品劳务课税、关税。两项加总小于 100%。对个人的支付主要包括各种福利与转移性支出、社会保障收益等。

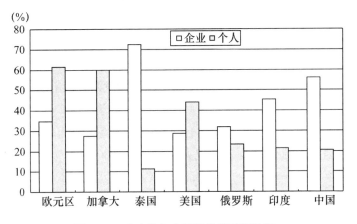

图 2—1　政府收入来源结构的跨国比较

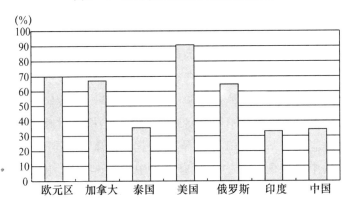

图 2—2　政府收入用于个人发展与福利支出占总支出比重

当然，以流转税为主的财政收入制度还不能充分说明需求结构失衡的强化机制。但当我们进一步考虑1994年分税制确定的政府间转移支付制度时，上述情况就会更加清晰。为了减少改革阻力，1994年的分税制确立了中央对地方的转移支付制度，该制度的最大特征是重构地方政府收入结构，使转移支付成了地方政府财政资源的重要组成部分。自1994年以来，转移支付基本上占到了地方财政收入的一半，有些地方甚至超过了80%，成为地方财政支出的主要源泉。由于转移支付实行的是以增值税为主的边际增收激励，使得原本就通过工业发展扩大税基增加财政收入的地方政府，对工业发展更加青睐。因为工业发展了，不仅可以直接获得分成收入，而且还能获得增长奖励。然而在现行的干部任期制和考核机制下，政治资源的稀缺性又促成地方政府更倾向于采用粗放方式发展工业，即以外延式的投资为主，因为外延式投资扩张不仅可以在短期扩大税基，而且也可直接增加 GDP 等显性经济指标。虽然随着中央不断改变转移支付办法，使转移支付由税收返还及增长奖励为主逐步转向以专项补助为主，但并没有改变地方政府以投资扩张为主的经济发展模式，反而进一步扭曲了地方政府行为。由于专项拨款在现行制度下主要通过立项获得，所以为了获得立项，争取中央资源，地方政府大干快上的冲动更加强烈。所有这些制度安排都增强了经济发展对投资需求的依赖，从而无疑挤压了居民消费需求。

当然，中国政府财政收入制度安排对需求结构和居民消费需求的影响还不仅如此，因为这种收入结构还导致了居民，尤其是低收入群体消费能力的相对下降。理论上，政府在公共行政时，应该无差异地向所有市场主体提供公共服务。然而，在关系型社会结构下，以企业为主的财政收入结构改变了政府行政的公共化倾向，社会资源分配向对税收贡献大的特定群体倾斜。表 2—3 通过数据对比对这种情况作了说明，从企业性质看，相比较就业效应强的个体和私营企业、国有企业、上市公司以及外资企业是政府财政收入的主要贡献者。从企业规模看，大中型工业企业的税收贡献超过 40%。如果比较单个企业税收贡献，这种情况更为严重。在这种收入结构下，政府不仅更愿意为这些税收贡献大的部门提供服务，而且会动用行政权力干涉社会资源分配，使其更多流向税收贡献大的部门。政府执政行为的偏向和公共服务结构的扭曲造成了小企业、个体私营企业经营环境异常艰难。由于缺乏足够资金支持，小企业的技术创新能力和职工人力资本难有提升机会，所以不得不靠挤压劳动者报酬获得相对竞争优势。表 2—3 数据表明，自 1995 年以来，个体和私营企业一直是中国就业的主力军，几乎接纳了近 1/3 的城镇就业人员，但工资增长却是最低的，并呈相对下降趋势。工资增长的相对下降必然导致低收入阶层始终处于消费能力严重不足的状态。

表 2—3　　　　　　　　不同登记注册类型企业的相关指标比较

	税收份额（%）	就业人员占比（%）	平均工资增长倍数	1995 年相对工资水平	2008 年相对工资水平
国有企业	19.87	21.34	5.45	1	1
股份公司	38.257	10.04	3.85	1.05	1.12
外资企业	20.537	5.37	3.88	1.49	1.13
个体和私营	13.87	28.91	3.02	1.17	0.65
大型工业企业	37.49	15.76	—	—	—

说明：表内数据根据 2009 年《中国统计年鉴》和 2008 年《中国税务年鉴》相关数据计算所得，其中平均工资增长倍数为 2008 年职工平均工资除以 1995 年职工平均工资。

　　通过上述分析，我们可以在财政制度安排与需求结构失衡之间建立其中的内在联系。以增值税为主的财政收入制度强化了地方政府投资型发展动机，密切了政府与特定部门的关系，扭曲了整个社会资源配置，使财政支出结构和社会资源偏向于税收贡献较大的部门，导致不同阶层收入增长出现分化。

五、财政政策失衡与需求结构失衡的循环累积

　　为解决长期困扰的居民消费需求不足问题，财政政策自 20 世纪末就进入了中国宏观调控的主阵地，成为政府解决需求结构失衡的主要工具。然而，在中国式分权策略和财政制度安排下，财政政策受到了明显的工具性约束，并表现出政策的选择失衡。而不断下降的居民边际消费倾向又使财政政策无法充分实现预期调控效果，为了尽快解决因外部冲击导致的经济供需失衡，中央政府不得不重复启用见效快的财政投资支出。而每次启用财政投资扩张政策又会降低居民消费倾向，从而进一步弱化消费需求扩张型财政政策效果。所以纵观中国财政政策调控与需求结构失衡，我们会看到一个不断僵化的失衡陷阱，即财政政策工具约束导致财政政策选择失衡，财政政策选择失衡又导致需求结构进一步失衡，需求结构失衡又导致财政扩张消费需求效果不显著，从而使财政政策应对需求冲击不得不重复依赖投资扩张。

　　中国的财政政策存在工具性约束，主要还是源于中国的财政制度。从中国 1994 年分税体制改革以来的经济运行情况看，虽然在经济的短期波动方面明显好于 1994 年之前，但经济遭受外部冲击的次数多，程度也比 1994 年之前大得多。整个经济运行不仅面临长期存在的内部失衡，而且也面临新的外部失衡。双重失衡的出现增加了财政政策调控的难度，因为财政政策不仅需要解决业已存在的结构问题，还要应对短期出现的需求冲击。根据经典财政理论和西方国家的调控经验，面对短期因素和长期因素相互交织的复杂环境，财政政策选择既应包括结构性政策也应包括总量性政策，其中后者主要应对短期需求冲击。在总量性政策方面，收入政策的应用在西方国家比较多见，支出政策的应用相对谨慎，因为大部分研究证实，支出政策往往会对私人部门产生某种程度的挤出效应，并恶化居民预期。然而在中国，由于财政收入并不是以直接税为主，而是以流转税为主，所以通过财政收入制度应对短期需求冲击不仅时滞较长，而且充

满了不确定性，因为在以流转税为主的财政收入制度下，居民对财政政策的敏感度较低。这就意味着，中国要想采用西方国家的方法应对短期需求冲击，不会收到理想效果，即使会，也需要较长时间。所以在中国选择财政收入政策通过调控居民消费需求应对短期需求冲击存在一定障碍。不仅如此，由于社会事业领域的过度市场化，所以在中国，居民消费需求并不是一个短期因素。在这种情况下，一方面，中央政府不得不选择调控投资需求和外部需求以解决经济遭遇的短期需求冲击；另一方面，由于居民部门调控受阻，所以不得不选择企业部门作为调控对象。

上述情况在中国 1997 年以来的历次财政调控中得到了充分证据支持。以中国两次应对外部需求冲击的财政调控策略为例，两次都是启用积极财政政策，虽然两次积极财政政策内容有所不同，但主要特征基本一致，即在工具选择上，主要采用支出扩张政策，而在支出扩张方面主要增加投资类项目；收入政策方面，主要针对出口企业实施相机出口退税政策。图 2—3 描述了全社会固定资产投增速与出口需求增速的变化，从中可以看出，在 1999 年和 2009 年年初，财政投资增速都出现了跳跃性增长，从 1998—2000 年的财政支出结构看，财政基建支出在 2000 年月度增速平均高达 126.8%，远远高于同期科教文卫等社会性支出，财政支出的投资偏向非常明显。而出口需求在经历了前期的持续下降后也开始快速回升。2009 年的情况也是如此。出口需求的变化则主要是 1998 年和 2008 年大幅度提高出口退税率的缘故。由于缺乏适当工具扩大居民消费需求，所以在历次财政政策应用上，很少有直接针对居民部门的财政政策。

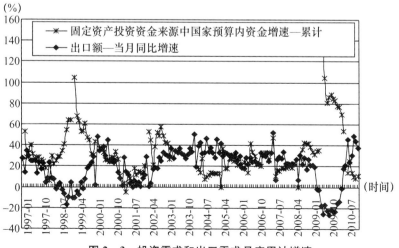

图 2—3 投资需求和出口需求月度累计增速

　　由于在面临外部冲击时，政府主要采取支出政策调控投资需求和出口需求，所以必然会挤压促进居民消费需求的财政投入。更为重要的是，在中国式治理模式下，无论是地方政府还是国有企业，本身都具有很强的扩张冲动，这种扩张冲动在中央政府投资扩张政策下得到了释放，从而无限放大了中央政府宏观调控政策对投资需求的扩张效应。投资的扩张产生了两个效应：一是对消费能力，尤其是居民消费能力形成进一步挤压；二是形成更大规模的未来产能。由于国内消费需求受到挤压，所以不得不依赖出口输出过剩产能。两方面相互作用，使中国财政政策选择失衡陷入了恶性循环。当然，面对财政政策困境，决策者并不是没有选择，但是在中国集权型政治结构和考核机制下，任期制的约束使各级政府都不会主动打破这种循环机制，因为要打破这种循环，扩大居民消费需求，替代投资需求，提高内需水平，必须具备两个条件：一是居民要有较高的边际消费倾向，二是居民必须对政府收入政策有较高敏感性。然而在财政收入结构短期内难以转换的情况下，政府不可能主动进入社会事业领域，增加社会性政策供给。财政政策选择失衡与需求结构失衡的循环累积还会应支出压力进一步强化。由于财政政策是以投资支出为主，而投资支出具有边际效应递减特征，这样，为实现既定调控效果，财政需要的投资就会不断上升，再加上居民边际消费倾向较低，财政投资的调控效果就更糟。为了应对不断上升的支出压力，政府不得不强化收

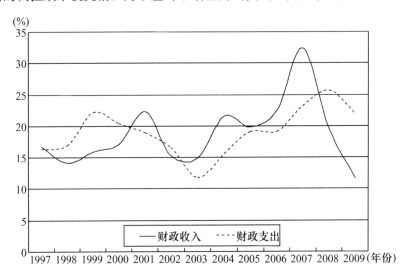

图2—4　财政收支增长率走势

入功能。所以在中国，财政收入政策有被支出政策绑架的倾向，自 1997 年以来，财政收入政策总体上呈紧缩特征，这一点在图 2—4 中可见一斑。而最近有研究表明，紧缩的财政收入政策很大程度上增加了居民的财政负担，因为以流转税为主的收入结构将税收负担的大部分转嫁给了劳动者和消费者。

六、需求结构失衡的风险传递效应

在一个开放经济中，GDP 统计包括国内消费、投资和进出口需求净额，三个变量中任何一个增加都会促成 GDP 增加。① 然而，三个变量的不同特性使三者对 GDP 增长作用存在时滞和程度上差异，消费和进出口对 GDP 的影响由于受消费与交易习惯等影响需要一系列传导机制，所以具有较大不确定性。而投资对 GDP 作用是直接的，时滞极短，不仅如此，根据萨缪尔森乘数—加速度原理，投资对 GDP 还具有较大乘数作用。② 正是因为上述差异，即使我们不考虑经济社会治理结构下的激励问题，当经济遭遇外生冲击时，利用投资调控经济也是符合经济规律的，更何况投资较短的作用时滞对重振市场信心至关重要。就此而言，中国两次应对外部冲击采用增加投资方法是有其合理性的，而中国在两次危机中都能较早走出危机阴影，投资型增长模式不能不说起到了重要作用。然而，投资和消费不同，投资处于经济系统的中间环节，向前需要大量投入，向后形成生产能力。不仅如此，受边际产出率递减规律约束，投资型增长模式还具有自增强效应。

投资的上述特性，使得投资型增长结构具有许多潜在风险，这些风险既可向前传递也可向后传递。首先，我们采用逆推法分析投资型增长向后传递的系统风险。众所周知，无论是市场分散决策，还是政府计划配置，投资首先需要解决资金问题。而在中国，无论是企业还是政府，都有一种内在扩张冲动（郭庆旺、贾俊雪，2006）。但由于政府部门的特殊性，政府投资冲动主要通过企业得以实施。所以为满足投资冲动的资

---

① GDP 核算恒等式在以 GDP 为考核指标的干部任命机制下也为投资偏好的调控策略提供了解释，因为哪种方法能最快、最直接增加 GDP，哪种方法就被钟爱，在某种程度上，这是改革开放之初改革思潮对政策的影响。

② 这里仅为简略起见，忽略一系列条件因素对投资的产出效应产生的复杂影响。

金需求，政府和企业往往形成战略联盟，战略联盟的任务是尽可能增加企业留存，以及为企业外部融资构筑条件。根据财务核算，企业留存是企业税后经营所得，为增加留存，企业需要尽量降低生产经营成本、各项税收以及支付居民部门的财产性收入。但在这三类支出中，企业和政府主要是控制联盟外劳动者报酬和财产性收入支付，虽然经营费用也是可以控制的，但对政府与企业而言，控制经营费用的能力和意愿较低。而新中国成立之初为赶超战略实施的低工资、高积累发展策略也为尽量降低劳动者报酬提供了制度和舆论支持，再加上中国充足的劳动力供给，更是为此提供了可能。①

由于可以通过控制工资获取"廉价劳动力"比较优势，所以企业创新动力普遍不足②，投资冲动主要通过不断挤压联盟外收入得以满足。在图 2—5 中，2000 年之前，劳动者报酬占 GDP 比重都一直保持在 50% 以上，和许多发达国家较为接近，但从 2002 年开始，这一比例直线下降，下降速度之快令人惊叹，到 2008 年，这一比例已下降到 33% 左右。从非金融企业的劳动者报酬占其增加值比重看，整体上也呈下降趋势。除了挤压劳动者报酬外，较低分红水平在中国也非常突出，一些大型国有企业，多少年来一直未分过红。③ 这一点在图 2—6 企业持续上升的可支配收入与储蓄中可见一斑。作为居民部门的主要收入来源，不断下降的劳动者报酬和较低财产性收入直接导致了投资型增长模式下的低消费。④ 上述分析表明，投资型增长必然会遭遇低消费和内部经济失衡风险。

然而，即使在"廉价劳动力"优势下，中国企业的盈利能力依然较低。

---

① 从某种程度上，廉价劳动力比较优势也是为中国维持低工资水平提供了舆论上的支持。中国之所以出现经济发展成果不能为全民分享的情况，很大程度上与这一舆论有关。

② 参见江小涓：《提高自主创新能力　推进结构优化升级》，载《人民日报》，2005-03-28。

③ 参见樊纲：《中国消费不足源自企业不分红》，见人民网，2009-01-07。魏明海、柳建华（2007）在研究中国国有企业分红与过度投资之间的关系时发现，上市公司的低现金股利政策促进了企业的过度投资。

④ 李扬、殷剑峰（2007）利用资金流量表研究中国高储蓄率时也指出企业高储蓄主要是对劳动者报酬和财产性支付的下降。类似证据也出现在白重恩、钱震杰（2009）的研究中。关于廉价劳动力的比较优势，Lett 和 Banister（2009）的研究更具针对性，根据调查，2006 年中国制造业的平均小时工资仅为 0.81 美元，不到美国、日本和欧洲的 3%。新兴工业经济体的 10%，巴西的 25%。根据中国人民银行 2009 年 5 月 27 日发布的《2008 中国区域金融运行报告》，15 年东莞农民工工资增速不足 5%。

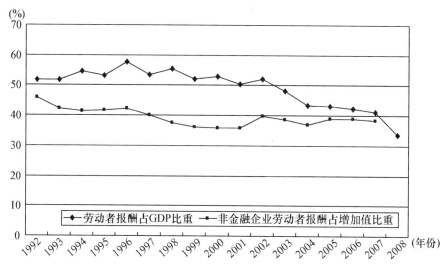

图 2—5　劳动者报酬占比变化

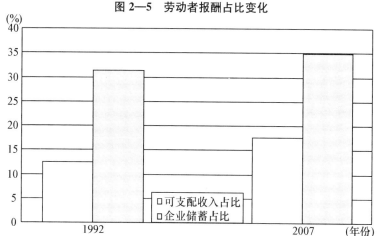

图 2—6　非金融企业可支配收入与储蓄占比变化

即便是一些依靠垄断势力盈利的大企业，其能力也相对较弱（顾保国，2008）。为了弥补自有资金不足，企业投资主要通过直接和间接融资。相对于间接融资，直接融资虽然具有较高市场风险，但无须还款和支付利息，所以企业更偏好直接融资（黄少安、张岗，2001；肖泽忠、邹宏，2008）。而企业资金需求往往能得到联盟内地方政府的有效配合。实际上，地方政府也将企业上市当成经济发展平台①，这一点可以通过各种企

---

① 有些地方政府为了促成企业上市，不仅出现政府跑关系，而且还出台政策对上市企业进行奖励。

业包装上市等报道得以证实。由于这些上市企业缺乏真正意义上的市场竞争力，所以通过包装上市后增加了市场有效配置资源的噪音，破坏了市场投资信心和市场资源配置效力。所以投资型增长在政府主导型发展模式下容易导致直接融资市场扭曲和社会信用危机。

　　当然，能够在股票市场进行直接融资的企业毕竟是少数，大部分企业还是需要通过银行进行融资。在以国有银行或国有控股银行为主的金融结构下，企业和地方政府的融资需求很容易得到满足，而中国持续走高的社会储蓄和银行过剩流动性也为信贷扩张提供了可能。根据中国固定资产和金融部门本外币贷款业务数据，自 20 世纪 90 年代以来，中国固定资产投资中至少有 20％的资金来源于银行信贷，非金融类企业的中长期贷款占金融机构本外币信贷比重持续上升，2009 年这一比重已上升至 39％。[1] 企业和地方政府的投资冲动不仅直接带来了持续信贷扩张和金融风险以及信贷风险的财政化倾向，而且造成中国经济陷入"一放就乱，一收就死的"的两难境地。[2] 图 2—7 描述了固定资产新建累计增速与 GDP 增速之间相位图，可以看出两者趋势基本一致，相关系数高达 0.59。图 2—8 描述了固定资产投资来源于银行信贷的比例与固定资产新建累计增速相位图，两者一致趋势更明显，相关系数更是高达 0.70。[3] 上述分析表明，投资型增长模

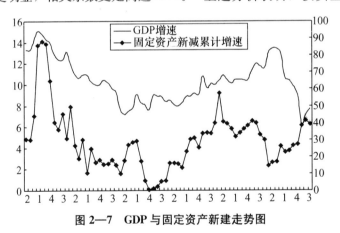

图 2—7　GDP 与固定资产新建走势图

---

① 由于数据缺乏，我们用中国人民银行按部门统计的非金融类企业中长期贷款表示非金融
　类企业的投资资金需求。数据来源于中国人民银行网站。

② 两难境地主要源于地方政府与企业内在扩张冲动和中央政府的信贷调控政策之间的矛盾。
　由于信贷是投资的重要来源，所以信贷的宽紧直接决定了投资的规模和速度，进而直接
　决定了投资型增长的冷热。

③ 图 2—7 和图 2—8 的横轴代表的时间分别是 1992 年第 2 季度至 2009 年第 3 季度、1997 年
　第 1 季度至 2009 年第 3 季度。数据来源中经网宏观月度数据库。

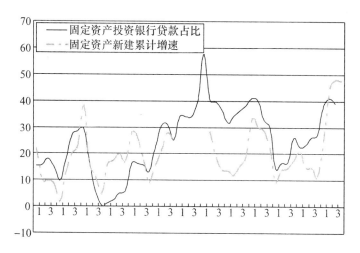

图 2—8　固定资产新建与固定资产投资银行贷款走势图

式必然会导致经济波动风险，在软化的预算约束和风险大锅饭体制下，还可能衍生出金融和财政风险。实际上，中国各级地方政府为投资搭建的融资平台超过了 8 000 家，各类贷款余额近 6 万亿元（郭立场，2009），背负的各种债务超万亿，地方政府巨额债务正在成为中国经济社会稳定的头号杀手。

　　投资型增长模式除了向后传递风险外，也会通过经济链条向前传递风险。作为一个人口大国，就业问题总是一个关乎社会稳定的大问题，所以发展劳动密集型产业总被认为是一种理性选择。然而在投资型增长模式下，产业结构必然是资本密集型产业占主导，尤其是重化工产业。所以投资型增长不仅会形成扭曲的产业结构，而且总会潜藏巨大就业风险。实际上，中国始终存在产业结构畸形发展困境，整个经济发展过度依赖第二产业。《国际统计年鉴》数据表明，自 2000 年以来，中国经济增长不仅严重依赖第二产业，而且依赖程度不断上升。而同期发展水平相近的金砖四国和发达经济体，第二产业产出贡献率不仅远低于中国 55% 水平，而且大部分呈下降趋势。相反，第三产业在这些国家的产出贡献率却普遍较高，其中金砖四国中的印度超过 60%，巴西超过 70%，俄罗斯为 57%。扭曲的产业结构也可在中国城镇化与工业化严重失衡中得到证实[1]，应该说，严重失衡不是城市化太慢，而是工业化过度。对第二产业的过度依赖不仅造成了城乡日益扩大的二元发展格局，也造成了

---

　　① 参见李恩平：《"居者有其屋"就必须买房吗?》，载《解放日报》，2011-07-11。

增长就业效应不明显。根据各国统计年鉴数据，自20世纪90年代中期以来，中国就业弹性不仅较低，而且持续下降，2005年就业弹性已下降到0.08，2008年进一步下降到0.07。而同期美国平均为0.2，欧盟平均为0.37，巴西则为0.85，印度与俄罗斯则分别为0.3和0.2。

除了不断加剧的就业压力和产业结构扭曲，投资型增长还将引致过剩产能下的粗放式竞争局面和通缩倾向。受边际产出递减规律约束，投资型增长一般具有明显自增强效应，这种效应将使经济增长进入结构锁定状态，出现所谓投资依赖症。而在中国，扭曲的金融结构与政府主导模式塑造了投资冲动，由于缺乏必要的预算约束和市场约束，所以出现了大量无效投资，最为典型的就是不断出现的重复建设和结构性产能过剩问题。以钢铁为例，中国欧盟商会的调查报告显示，到2008年年底，中国钢铁产能过剩为1亿～2亿吨，2008年在全球钢铁产量下降20%的大势下，中国钢铁产量却上升了15%。[①] 为了消除过剩产能形成的工业品库存，粗放式价格战不可避免。实际上，自20世纪90年中后期中国由卖方市场过渡到买方市场后，企业之间的价格战就持续不断，相关报告可以说不胜枚举。投资型增长为何必然形成粗放式价格战？除了过剩产能，更主要是因为投资的外延式扩张挤占了企业用于技术创新的投入，从而降低了企业竞争力。对于缺乏竞争力的企业，价格战又会不断压缩其利润空间和技术创新投入能力。所以投资性增长在微观层面必然导致价格战和低竞争力之间的恶性循环。随着价格战的不断激化，价格持续走低是一种必然，进而使经济始终有一种通缩倾向。然而在工业品价格因市场竞争出现不断走低的同时，投资型增长却导致了原材料价格的不断走高。众所周知，不断走高的原材料价格最终是需要反映在终端消费市场，所以使得消费品始终有一种潜在通胀倾向。在图2—9中，耐用消费品价格始终位于0度线以下，说明价格始终处于走低之势，而生产资料价格与终端消费品价格的走势基本一致。

经过上述分析，我们可以对投资型增长模式下的潜在风险及其传导机制作如下概述：

---

① 参见中国欧盟商会：《中国产能过剩研究——成因、影响和建议》，2009年11月。该报告指出中国产能过剩问题不仅破坏着经济增长，而且在国际上明显增加了中国与其主要贸易伙伴国之间的贸易压力。在2009年11月20日，中国人民银行行长周小川也指出，在中国某些实体经济领域，特别是常规制造业部门，出现了严重的产能过剩。

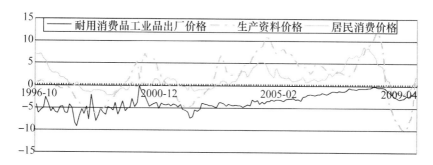

图 2—9　投资型增长模式下的各类价格走势

向后风险传递路径：投资型增长→收入分配结构扭曲→较低劳动报酬→消费需求不足的内部失衡；投资型增长→筹资行为扭曲→信贷扩张→金融和财政风险、经济波动风险。向前传递风险路径：投资型增长→产业结构扭曲→持续增加的就业压力；投资型增长→重复建设与产能过程→粗放式价格战→经济通胀通缩风险。

上述需求结构失衡的潜在风险在后危机时代的中国经济社会治理中将会更加凸显。首先，为应对危机采取的扩张财政政策和适度宽松的货币政策为原本具有的投资冲动提供了政策上的支持，从而使正在进行的经济调整重新回到投资型增长路径，逆转了企业正在进行的转型升级进程，并进一步强化了投资冲动，而投资冲动又直接带来了信贷急剧扩张。在投资直接带动下，投资型增长模式下固有的原材料价格上升压力得到了释放，同时信贷过度扩张导致的过剩流动性和原材料价格上升压力相结合，将会很快使经济陷入结构性通胀状态。其次，投资型增长下的过剩产能在后危机时期将会集中涌现，过剩产能大规模聚集，随着各国经济平衡政策的调整，将会导致大批企业退出市场，从而出现集中性的失业压力，这种情况在缺乏适当调控政策下极有可能与前述分析的通胀交替发生，从而使经济陷入滞胀。

七、构筑有利于需求结构再平衡的财政收支体系

作为经济社会的一种治理手段，制度构成了经济社会有序运行的基础。制度是一种约束，更是一种激励，不同的制度往往塑造不同的行为。制度有好与坏之分，正如邓小平所指出的："制度好可以使坏人无法任意

横行，制度不好可以使好人无法充分做好事，甚至走向反面。"① 中国 30 年的辉煌成就，许多学者认为，关键是做对了制度激励。然而，事情往往总是两面的。在过去 30 多年的改革开放中，这些曾经产生过较大正向激励的制度正在凸显其不利的一面，有些制度甚至正在成为经济社会平衡公平可持续增长的重要阻碍。由于缺乏经济社会系统改革的经验，摸着石头过河的改革策略形成了许多今天看来不利于经济社会和谐发展的制度，从而形成二次改革的必要。

　　财政作为连接政府与市场以及不同层级政府的重要制度安排，不仅影响着政府执政行为，也影响着公众福利。作为一种分配手段，财政更是社会实现经济发展成果全民共享的重要途径。一种好的财政制度可以使政府更好地服务公众，相反，一种不好的财政制度则可能成为政府的敛财工具。由于财政特殊的分配关系，所以财政活动具有非常大的外部性，并成为社会矛盾和各种公共风险产生的根源。中国财政制度安排无疑是中国奇迹增长的重要原因之一，尤其是 1994 年分税体制改革更是极大调动了地方政府发展经济的积极性。然而由于财政制度没有随经济社会环境变化作出适当调整，致使财政制度的正向激励效应不断衰减，负向效应则不断放大。财政收支的某些制度安排不仅形成了中国经济失衡的制度基础，并不断强化着经济粗放式增长方式，而且积聚起不断膨胀的社会风险。面对全球经济的新一轮调整和经济社会可持续发展的现实要求，在分权体制框架内必须对财政制度进行改革，改革的目的在于营造有利于投资型增长方式转变的财政收支体系，使财政收支成为居民消费水平上升的有效实现机制。

　　基于前述分析，新一轮财政制度改革的关键是让财政收支回归公共价值轨道，真正成为社会发展成果全民共享的有效实现途径和保障机制。根据中国过去 30 年的发展经验，无论是投资型增长方式转变不足，还是发展成果不能为全民共享，一个共同原因就是公众，尤其是低收入群体的消费需求不足。造成消费不足的原因有很多，但归纳起来无非是两个方面，一是收入较低导致消费能力低下，二是支出预期导致消费倾向下降。针对这一情况，财政收支改革的着力点主要就是提升消费能力和提高消费倾向。就前者而言，增加收入是关键；就后者而言，改善消费环境是关键。只有两方面共同作用，才能真正解决国内消费需求不足问题。那么

---

① 《邓小平文选》，2 版，第 2 卷，333 页，北京，人民出版社，1994。

财政收支体系如何改革才能够服务于这一要求呢？首先，就财政收入结构而言，关键就是要改变现行以企业为主的收入结构，实行以人为主的收入来源结构。除了上一节分析的原因外，从市场交易原则与财政收入本质来看也是必要的。一个典型事实是，财政收入是政府公共服务的成本补偿，谁来补偿这个成本关键看谁在消费政府无偿提供的公共品和劳务。从社会生产最终目的看，人是所有消费活动的最终受益者，所有的企业生产活动也是为人的消费活动服务的。基于这个逻辑关系，只有人才应该是公共品和劳务的成本补偿者，而非企业或者其他什么。再就财政收入自身而言，财政收入实际上是公众将自身一部分财产所有权转让给政府以换取政府免费公共品和劳务的交换物。所以对公众来说，财政收入永远都是一个负担，而负担最终总是有人承担的，任何人以外的其他组织形式都不可能承担财政收入形成的负担，因为人以外的其他组织，主要就是企业，最终还是以各种形式将财政负担转嫁在人身上，只是这种转嫁大部分情况下是隐形的而已。

既然如此，转变目前以流转税为主的财政收入结构为以个人拥有的收入和财产课税为主的财政收入结构，才能真正体现政府收入"取之于民"的本意。不仅如此，只有确立起以人为主的财政收入结构，政府的财政支出才能真正落实到"用之于民"。这也是符合市场对等交易的原则，所以说这种调整也是建立与市场经济相匹配的财政收入结构的必然要求。而只有在关系型社会结构下，财政收入结构的上述战略性调整才能打破政府与企业的利益结盟，重塑政府行政的激励结构。在这样的收入结构下，政府将会出于自身利益考虑与个人结成战略联盟，扭转政策向企业倾斜的情况，确立以人为本的政策导向。财政收入结构上述调整的好处还不尽于此。实际上，从社会治理层面看，社会治理的好坏很大程度上取决于相互制衡的权力结构，而公众对政府的监督是其中最为重要的制衡机制。然而在以流转税为主的财政收入结构下，由于负担是隐形的，公众对财政负担感觉不敏感，所以监督政府的动力相对较低。但当公众切实感觉到财政负担时，情况将会发生显著变化，在利益驱动下，公众将会有更大的权益伸张动力。而政府在公众监督下也会在行政上迎合公众的利益诉求。所以确立以人为本的财政收入结构也是确保政府行政中"利为民所谋"的重要制度基础。在这样的制度结构下，即使是迫于集权政治结构下的竞争压力，出于自身利益考虑，政府也会在提高公众收入水平上下工夫，并制定各种有利于公众收入水平增长的经济社会政策。因为只有公众收入上去了，政府才能筹集到足够的财政收入，即使是敛财型政府，也会如此。

当然，财政收入结构的上述调整仅是重构了政府行政的激励结构，真正让财政成为发展成果为全民共享的有效途径，还是要让财政支出活动回归公共利益轨道，成为提升全民福祉的重要手段。所以除了财政收入结构的调整外，同样关键的还需要硬化支出责任。实际上，在财政收支活动中，财政支出更为重要，它既是政府执政的合法性基础，也是公众提升福利的重要机制。针对中国目前的情况，财政支出的结构调整主要应突出两个方面：一是增加公众收入，尤其是提高公众获取收入的能力；二是营造公众敢于消费的制度环境。就前者而言，财政应该主要增加对低收入群体的直接补助支出，改善他们的生活水平。鉴于财政的公共性，政府对低收入群体的收入补助应满足国民待遇原则，改变过去城乡分割治理的局面。当然，仅有收入补助计划并不够，财政还应增加公众获取收入能力方面的支出。这样做表面上是增加了政府短期财政负担，但起到了减轻长期负担的作用，也避免了扭曲型激励产生。这方面支出主要包括教育文化培训投入、改善农村生产条件投入、鼓励和扶持就业创业的投入、构建各种信息平台投入、基础研究与推广投入等。就后者而言，财政应在全民保障方面增加必要支出，逐步建立起与市场经济相匹配的社会保障安全体系。只有建立全民保障体系，才能稳定公众的支出预期，营造出公众敢于消费的制度环境。这方面支出主要包括各种社会保障计划。基于上述分析，我们用图 2—10 描述了中国营造能消费、敢消费的财政支出结构安排。

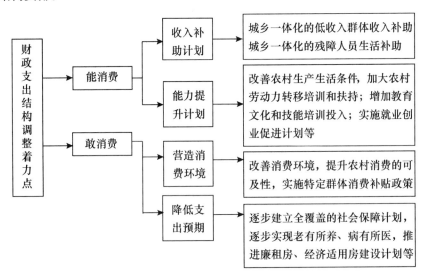

图 2—10　构筑能消费、敢消费的财政支出结构

八、本章小结

中国历次重大改革都是首先从财政开始，财政改革既是所有改革的关键，又是所有改革的难点，因为财政改革牵一发而动全身。中国财政改革的历史经验表明，中国增长成就得益于分权型财政改革，中国今天正在遭遇的可持续发展问题也是源于分权型财政改革。面对全球经济再调整和低碳经济的发展共识，构筑后危机时代经济可持续发展的制度基础，中国必须继续推进财政改革，以财政改革促动其他领域改革的深化。然而，历史经验表明，财政改革总是困难重重，这种困难不仅仅是因为财政牵涉的利益关系非常复杂，而且更关键的是革新政府治理。面对已经固化的利益关系，在集权型政治结构和关系型社会结构下，财政改革的最佳路径只能是循序渐进，但不应是"摸着石头过河"。

为了最大限度减轻财政改革阻力，财政改革的最佳路径应是在现行分权体制框内首先重构财政收支体系，实现以企业为本的财政收支体系向以人为本的财政收支体系的转变。为了避免造成二次改革或重复改革，新一轮财政收支体系调整需要处理好眼前和长远的关系。根据中国当前内外失衡的经济发展现状和不断丛生的公共风险现实，新一轮财政收支体系调整必须要有利于解决当下正在发生的一系列社会问题，构筑有利于公众消费需求上升的制度环境，从而服务于粗放式增长向集约型增长的转变。基于上述目标，财政收支体系调整应从支出结构调整开始，采取增量结构安排和存量结构调整并举，结构调整必须以公共利益为取向，凸显财政支出的公共性。实际上，中国自 2002 年以来，财政支出结构调整正在按上述目标稳步推进，但这些已经或正在发生的支出结构调整都是一种补救性的。不仅如此，由于缺乏财政收入结构调整的支持，中国这些补救性支出结构调整计划正在使中国陷入一种难以自拔的境地。一方面，财政需要对过去缺失的支出进行补救，所以需要大量财政收入加以保障；另一方面，由于缺乏相应的制度激励，地方政府的行为异化没有在支出结构调整过程中发生相应改变，所以中央的公共化意图缺乏地方政府的足够响应和有效配合。两方面结合迫使中央政府不得不强化收入能力和集权化倾向。而在以企业为主的政府收入结构下，必然导致企业负担上升，造成原本就很"脆弱"的企业进一步压榨劳动力报酬和减少就业岗位。所以在服务眼前目标的基础上，应当稳步推进财政收入结构改革，由当前以企业为主的收入结构转变为以人为主的收入结构。财政收支体系调整的最终目的在于，使财政收支真正成为政府实施社会发展成果全民共享的有效机制。

尽管财政收支结构调整是在现行分权体制框架内进行，但财政收支结构调整还是牵涉到政府，尤其是地方政府的利益关系。所以在财政收支体系调整过程中不可避免地潜藏着各种"复辟"风险。为此，在财政收支调整过程中必须硬化政府行为，明确政府权限。这其中至少包括两个方面的关系需要处理：一是政府与公众的关系。如果按照市场经济原则，政府与公众实际上是买卖关系，公众花钱（税收）购买政府服务，政府有效服务而赢得公众授权，如果排除行政权与所有权之间的矛盾关系，两者应该是对等的，否则必然会出现一方要挟另一方的情况。因此，为了避免权力的不对等使用，在政府与公众或者说政府与社会之间应该实行的组合关系只能是强强组合或弱弱组合，显然前者更可取，因为中国正处于转型的关键时期，一个强有力的政府非常必要，而在强政府的治理结构下，强公众的出现才能实施有效的权力制衡。当然，强公众也是与以人为主的财政收入结构以及以人为本的财政支出结构相一致的。二是政府与市场的关系。作为资源配置的两种机制，政府与市场的分工总是处于模糊状态，明晰两者关系非常困难。但尽管如此，明确两者作用还是经济社会治理的关键。从中国现实情况看，伴随着市场经济体制的不断完善，政府主导型治理模式应该不断退出，逐步形成有限政府的治理模式。但有限并不意味着政府完全退出，尤其是在经济增长结构转型过程中，政府的强有力推动不可或缺，所以在政府逐步退出的同时要硬化政府的支出责任，不断提高政府行政的有效性和针对性，以形成一个有效政府。

第 3 章　财政分权策略与公共品供给短缺

本章提要: 随着中国经济发展水平的不断提高, 社会发展滞后变得越来越明显, 公共利益缺失现象变得越来越普遍。针对上述问题, 本章从财政角度对此进行了研究, 并在此基础上对公共品短缺问题进行了分析。结论表明: 以中央政府为主导、以财权划分为核心的财政体制变革是当前公共品供给相对短缺的根源。长期以来, 中国分权型财政体制变革始终处于本末倒置的状态之中, 以财权划分为核心、以解决中央财政困境为目标的改革思路为地方政府的财政行为提供了反向激励, 从而扭曲了财政支出意愿, 使财政支出偏离公共利益目标。所以解决当前公共品短缺问题, 关键在于重塑财政体制的激励结构, 从财权意识转向公共责任意识, 而不是仅仅解决财政体制存在的收支不匹配问题。只有这样, 才能从根本上使政府的财政行为回归公共利益轨道。

一、导出问题

近年来, 在中国的经济社会领域, 各种矛盾不断涌现并相互交织, 认清这些问题并抓住主要矛盾变得非常紧迫。回顾中国过去近 60 年的发展, 很长一段时间, 尤其是在改革开放之前的 30 年里, 中国人民一直过着极其艰苦的生活, 贫困成了那段历史最主要的记忆, 摆脱贫穷成了全国人民的共识, 也成了执政党的首要任务, 而始于 1978 年的改革开放就是在这样一个基础上展开的。改革开放之初, 虽然也存在各种社会矛盾, 但解决人民日益增长的物质文化需要同落后生产力之间的矛盾始终是社会的主要矛盾, 而把经济搞上去则成为解决这一矛盾的主要抓手, 并很快在全国形成了共识, 即只要经济上去了, 其他一切问题就可以迎刃而解。① 回顾中国改革开放 30 多年来的成就，事实也证明了改革开放决策的正确性。然而，就在经济社会领域取得辉煌成就的同时，新古典经济学家鼓吹的"下溢假设"在中国并没有出现。② 相反，伴随着经济蛋糕的越做越大，一些问题反而变得更加突出，甚至正在成为经济发展的瓶颈。首先，劳动力退出机制的缺失造成产业结构升级面临巨大的社会压力。其次，资源紧缺、环境恶化以及收入差距的持续扩大对经济可持续发展产生的约束越来越强。最后，伴随着私人品短缺时代的终结，公共品供给不足的问题变得越来越突出。养老、医疗、教育、司法等领域存在的公共品缺失不仅强化了社会的不良预期③，而且影响了政府的公信力。为什么经济上去了，其他问题并没有自动地消失？实际上，当前经济社会领域存在的问题并不是今天出现的，在改革开放之初甚至更早，这些问题就已经存在，只不过相对于贫困而言，这些问题只是社会的次要矛盾。而时过境迁，随着商品匮乏时代的终结，虽然贫困在中国并没有完全被消灭，但它已不是社会的主要矛盾。这意味着，继续增长第一、效率优先的传统认识已不再是解决社会主要矛盾的关键。

　　实际上，在经历了 30 多年的持续高速增长之后，伴随着物质财富的膨胀，社会的可持续发展问题成为了当下社会的主要矛盾，而如何解决社会的可持续发展问题应成为当前解决所有问题的抓手。但直到 21 世纪初，中国还没有摆脱改革开放初期的认识，依然将增长和效率作为一切问题的中心。当然，我们不是说增长和效率不重要，增长和效率始终是资源配置的两个最重要的目标。但在强调增长和效率的同时，传统的认识在社会主要矛盾发生转换之后并没有被及时地更新。各种社会矛盾向后推移，致使社会的各种潜在矛盾不断累积，各种潜在风险不断升级并最终累积为影响经济社会可持续发展的公共风险。所以应当摆脱问题可以在增长中自动解决的传统认识，突出稳定和公平的相对重要性，在稳定中追求增长，在公平中兼顾效率，只有如此才能逐步缓解社会的各种矛盾。那么为什么稳定与增长、公平与效率在中国没有发生适时地转换

① 参见庞中英：《中国软力量的内涵》，载《瞭望》，2005（45）。
② 参见王绍光：《大转型：1980 年代以来中国的双向运动》，载《中国社会科学》，2008（1）。
③ 参见丁宁宁：《"幸福感"来自广泛的社会保障》，见社会保障网（www.cnss.cn），2006-09-22；"'十一五'规划基本思路和 2020 年远景目标研究"课题组：《当前社会领域存在的主要问题与政策选择》，载《经济界》，2005（4）。

呢？其主要原因在于固化的利益结构。在固化的利益结构下，公平问题和稳定问题被推向了市场，而效率和增长成为政府执政的两大行为目标。然而事实上，无论是稳定问题还是公平问题，都不可能通过私人部门的分散决策得到有效提供和解决。相反，稳定问题、公平问题都是政府职能，两者都是典型意义上的公共品。① 从这个意义上说，当前中国经济社会领域存在的环境问题、收入分配问题、教育卫生科技投入不足问题、社会保障缺失问题、产业结构升级问题、内外部经济失衡等问题都是政府在公平和稳定问题上责任缺失的外在表现，都属于公共品供给短缺问题。② 所以解决公共品供给不足应成为当前解决社会可持续发展这个社会主要矛盾的核心抓手。③

那么为什么中国在解决了商品匮乏之后，公共品问题成为了社会的突出问题呢？按照常理，公共品供给主要受成本约束。而中国自1978年改革开放以来，虽然在相对比重上，税收经历了一段时间的下降，但在绝对量上，税收收入的增长是空前的，30多年间税收增长了近100倍，即使扩大到财政收入，增长也超过了45倍，这还不包括预算以外政府获取的可控资源，税收增长远远超出了经济增长。为什么在税收高增长背景下，公共品短缺问题反而变得更加突出？当然，这里不排除物质产品丰裕对社会公共品需求产生的收入效应，但这种影响不可能非常显著。当然，我们也不排除政府对公共品供给的重视，因为提供公共品满足公共需要是契约社会政府存在的唯一合法基础。但问题是，公共品提供需要资金支持，如果口惠而实不至，即使税收或财政资源再丰裕，公共品供给短缺问题也不可能解决。而财政资金的流向又受财政支出意愿的影

---

① 刘尚希从公共风险的角度理解公共品，认为所谓公共品，即如果这类产品或服务缺失，就可能引发公共风险，所以公共品是与公共风险相对应的。参见刘尚希：《公共支出范围：分析与界定》，载《经济研究》，2002（6）。

② 詹建芬对中国公共品短缺问题从总量到结构作出过分析，具体参见詹建芬：《管窥我国公共产品的短缺现象》，载《中国经济时报》，2003-06-10。

③ 杨鹏在《中国青年报》上撰文指出，中国社会的主要矛盾已经从私人品匮乏转向公共品匮乏。参见杨鹏：《中国当前社会的主要矛盾是什么？》，载《中国青年报》，2005-11-16。陆学艺也指出经济社会发展的不协调，社会政策的缺失是当前社会的主要矛盾。其实，他所讨论的社会政策方面的内容也都是公共领域存在的问题，都可以归结为公共品供给不足的问题。参见陆学艺：《经济社会发展不协调是当前要解决的主要矛盾》，见人民网（theory.people.com.cn），2007-01-31。樊纲在《经济观察报》上也撰文指出，中国最突出的问题是公共品。参见樊纲：《中国最突出的问题是公共品》，载《经济观察报》，2006-11-25。

响，财政支出意愿又受制于一定的激励结构，即所谓的财政体制影响。那么中国的财政体制是如何扭曲政府的财政支出意愿的呢？围绕这样一个问题，本章从中国财政体制变迁过程及其效应的分析入手，考察财政体制对政府的财政支出意愿是否产生了扭曲及其产生的机制。

二、多变的财政体制与财政社会性职能的履约机制

由于存在高昂的信息搜集成本，所以从组织效率出发，对于一个异质程度较高的大国而言，分权治理被认为是大国必须采取的治理模式。[①]作为一个大国，中国在经历了近 20 年的经济集权之后于 20 世纪 70 年代初开始转向了渐进式的经济分权。1971 年中国开始突破统收统支的财政管理体制，实行了收支包干，其中超收部分全部留归地方。1972 年财政部又发出《关于改进财政收支包干办法的通知》，在原有基础上又进一步完善了收支包干办法。然而"文革"对经济的破坏使财政包干制难以为继，财政部不得不在 1973 年年底发出了《关于改进财政管理体制的意见（征求意见稿）》，并在 1974 年改行所谓的"旱涝保收"体制，即收入按固定比例留成，超收另定分成比例，支出按指标包干。然而"旱涝保收"体制的最大缺点就是收支分离，不能体现地方财政的权责关系，造成许多政策难以推行。为此，1976 年财政部又再次推行了"收支挂钩、总额分成、一年一变"的财政管理体制。1978 年 2 月份，财政部发出《关于试行"增收节支，收支挂钩"财政体制的通知》，并为调动地方财政的积极性，先后在部分地区试行了"增收节支，收支挂钩"的财政管理体制。1979 年 7 月又提出"收支挂钩，全额分成，比例包干，三年不变"办法，但未实行，后改行"划分收支，分级包干"的办法，并对广东、福建两省实行"划分收支，定额上交（定额补助），五年不变"的包干办法，给予特殊政策。[②]

回顾整个 20 世纪 70 年代的财政分权化改革，有两个非常突出的特

---

① 参见王永钦等：《中国的大国发展道路——论分权式改革的得失》，载《经济研究》，2007（1）。

② 参见贾康：《我国财政体制改革的回顾与评析》，载《财经科学》，1999（5）；郭灿鹏：《中国财政体制变迁的效率（1949—1979）》，载《改革》，2001（2）；中国财政年鉴编辑委员会编：《中国财政年鉴·2000》，北京，中国财政杂志社，2000。

征。一是体制的多变性。整个 70 年代，财政体制几乎是一年一变。财政体制的多变性一方面反映了政府在财政集权与分权之间没有找到比较有效而又相对稳定的财政运行模式。另一方面也反映了中央、地方之间存在的博弈关系。在中国，政治上的集权使中国财政体制的变迁表现出强制性变迁的特征①，中央政府往往根据自身财政状况和政策的落实情况不断变更财政关系。中央政府的行为一方面使中央政府的权威性下降，承诺机制缺失；另一方面使地方政府讨价还价的意识和机会主义倾向增强。体制的多变性不仅造成了交易成本的上升，而且放大了中央、地方的自由裁量权，引致了制度运行的不确定预期。二是不具有帕累托改进的特征。一般而言，制度改革或体制调整都是与利益调整和分配有关，如果制度改革或体制调整不是帕累托改进的，则改革往往会遭遇利益受损者的抵制，增加制度调整的难度和制度运行的成本。整个 70 年代，中央、地方财政关系的调整都是总量调整，即所谓的"一灶吃饭"，在这个"灶"里划分中央、地方的收支分配关系，更主要的是收入分配关系。这种"一灶吃饭"体制本身不可能使改革达到帕累托改进效果，改革造成的分配关系不是你多就是我少。在这种情况下，吵分成比例，推卸支出责任成了这段时间政府，尤其是地方政府的主要行为特征。体制的多变性与改革的非帕累托改进特征使得无论是中央还是地方，都将注意力放在如何在"灶"里分得更多。各地财政能力的大小不是完全依赖于辖区内经济能力的大小，更多的是取决于地方政府与中央政府讨价还价的能力。这无形中引致了地方政府的不公平感，进一步增加了地方政府的机会主义倾向。

　　由于体制的多变性以及制度设计本身的不完善，20 世纪 70 年代的"包干制"在运行中实际上是"包而不干"，中央、地方都将更多的注意力放在了收入分成上，而将事权划分搁置一边，造成在财政收入权下移的同时，支出责任没有很好地落实的情况②，致使中央政府成了支出责任的最终兜底者，这无疑加重了中央的财政压力，使中央财政难以为继。

---

①　参见张晋武、李华：《集权与分权：基于中央政府的财政体制变迁分析》，载《河北经贸大学学报》，2005（5）。

②　黄佩华认为，中国财政政策效率低下主要是因为赋予了财政政策执行者较大的权利而又不必要承担相应的责任。实际上，纵观中国财政分权化改革的全过程，"分钱型"特征非常明显，即将分权的着力点放在收入权的划分上，支出责任的明确划分一直处于次要地位。收支分权处置的不对称是中国财政政策效率低下的关键原因，也是中国公共品供给不足的体制原因。参见黄佩华：《财政体制改革路有多远》，载《中国改革》，2000（6）。

但另一方面，虽然财政领域的分权对中央、地方两级政府的财政支出行
为产生了一定的负面影响，但财政分权化倾向仍然是在集权体制的框架
内进行的，集权体制中无所不包的承诺机制使政府的社会性职能没有因
财政分权化改革而减弱。不仅如此，中央财政的兜底责任又为社会性职
能的实现提供了制度保障。图 3—1 和图 3—2 对中央财政收支矛盾与支出
压力进行了描述。图中显示，自第二个五年计划开始，中央财政的支出
一直大于收入，中央财政出现了持续赤字，到了 1979 年达到了最大，赤
字占当年财政收入已超过了 30%，是中央本级收入的 130%。相反，同期

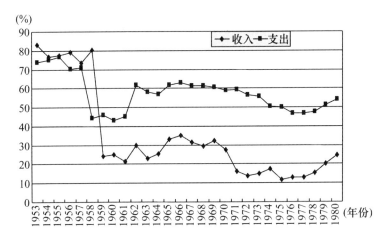

图 3—1　1953—1980 年中央财政的收支匹配程度

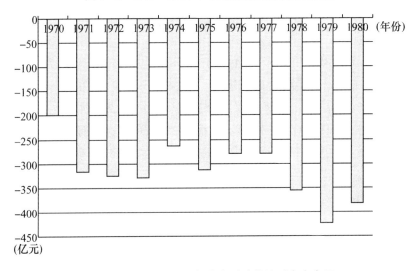

图 3—2　1970—1980 年中央财政的绝对赤字水平

的地方财政却年年盈余，盈余几乎接近于中央财政的赤字水平。所以虽然从整体上看，当年财政赤字率不足 6％，但对中央财政来说，130％的财政赤字率已经使中央财政不堪重负。重新调整财政关系已成为中央财政解困的必然选择。然而 70 年代的分权化改革并没有影响社会性职能的履行。表 3—1 对几项主要的社会性职能履行情况进行了描述。从表 3—1 计算的结果看，20 世纪 70 年代中国的财政分权化改革并没有对财政的社会性职能产生太大的冲击，甚至某些社会性职能还得到了加强，例如卫生服务。除了社会职能外，财政用于农业的支出也出现了一定幅度的上升，相反，行政管理职能却出现一定程度的下降，下降幅度超出了教育、社保等社会性支出。这一点从表 3—2 中也能得到反映。表中的数据说明，在公共卫生领域，1971—1980 年期间的表现明显好于 1970 年之前的时期，虽然文化和教育服务出现了一定的下降，但下降幅度有限。

表 3—1　　　　　　　1980 年前几项财政支出比重的比较 （％）

	社会保障	教育	卫生	科技	农业	行政管理
1953—1970 年	1.96	7.74	1.77	3.66	10.69	6.69
1971—1980 年	1.62	6.54	2.17	4.80	11.67	5.16

说明：表中的比重都是该项支出占同期财政支出的比重，其中社会保障支出 1980 年前主要是指财政用于抚恤和社会福利的支出。表中除卫生支出外，都是根据 2006 年《中国财政年鉴》数据计算所得。卫生支出比重的数据来自 1996 年《中国卫生统计提要》，其中由于相关数据缺失，1953—1970 年的数据采用"三五"时期卫生事业费占国家预算支出的比重，1970—1980 年数据采用"五五"时期卫生事业费占国家预算支出的比重代替。

表 3—2　　　　　　　1980 年前几项公共服务供给情况的比较

	图书馆和文化馆	小学	初中	床位数	其中：农村	专业医护人员	其中：农村
1953—1970 年	4.46	32.08	23.53	1.06	0.22	2.11	0.36
1971—1980 年	3.85	28.14	20.79	1.74	0.41	2.24	0.98

说明：表中的第 2 列是指每百万人拥有的图书馆和文化馆数量，其中图书馆和文化馆以及人数来自《新中国五十年统计资料汇编》；第 3 列和第 4 列是指每一个教师负担的学生数，数据来自于中国统计数据库；第 5～8 列是指每千人拥有的床位数和专业医护人员数，数据来自 1996 年《中国卫生统计提要》，其中由于数据缺失，每千人拥有的床位数和专业医护人员数 1953—1970 年、1971—1980 年的数据分别采用 1965 年和 1975 年数据代替。

从公共服务供给主体及职能分工看，从新中国成立直到 20 世纪 80 年代初，政府一直是公共服务的主要提供者[①]，而在计划经济体制下，中央

---

① 参见乔宝云、范剑勇、冯兴元：《中国的财政分权与小学义务教育》，载《中国社会科学》，2005（6）。

政府又担当了社会性支出的主要责任人。从某种程度上看，虽然在 20 世纪 70 年后地方政府拥有了一定的财政自主权，但其支出责任基本上是由中央政府核定的，代理中央政府提供科教文卫方面的公共服务。[①] 图 3—3 和图 3—4 对 20 世纪 70 年代政府承担社会文教方面的支出份额与中

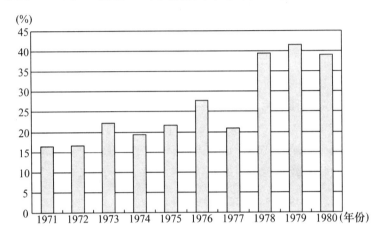

图 3—3   社会性支出占中央财政支出的比重

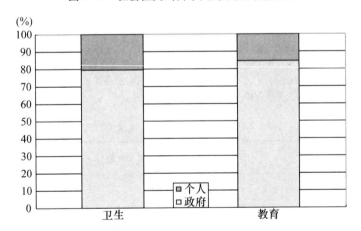

图 3—4   政府投入占卫生教育投入的比重

① 实际上，在计划经济体制下，中国虽然在投入总量上水平较低，但政府在社会性支出领域承担了应该承担的责任。就医疗卫生而言，政府建立了尽可能覆盖的保障机制。参见柏晶伟、苗树彬：《为中国医疗卫生体制改革把脉》，载《中国经济时报》，2005-09-05。就教育而言，邹至庄认为中国在毛泽东时代建立了完备的教育体系和教育保障机制，尽管这种机制在"文化大革命"时期受到了破坏性冲击，但为中国后来的经济发展积累了一定的人力资本。参见［美］邹至庄：《中国经济转型》，北京，中国人民大学出版社，2005。

央政府承担的责任进行了描述。两图表明，20 世纪 70 年代的财政分权化改革没有改变政府承担社会性支出的责任，但分权无疑加重了中央社会文教支出的责任，中央承担的份额由 1971 年分权之初的 16％左右上升到 1980 年的近 40％。[①] 社会性支出的上述配置为公共服务的均等化同样提供了制度上的保障。以公共卫生和教育服务为例，1970 年地区间每万人拥有床位的不均等程度高达 0.49，地区间每位小学教师负担在校学生的不均等程度为 0.12，到 1980 年，两者分别下降为 0.37 和 0.10。[②] 社会性服务提供的均等化程度说明 20 世纪 70 年代的财政分权化改革并没有引致较大的公共服务供给不均衡现象。

三、"分灶吃饭"体制与有偏的激励结构

十年动乱使中国经济几乎走到了崩溃的边缘。到 1978 年，中国的人均 GNP 不到 250 美元，在所有统计的 188 个国家中排名第 175 位，绝对处于低收入国家行列。[③] 如果按照世界银行人均每天 1 美元的贫困标准，中国实际上处于绝对贫困线以下，即使按照中国的国家标准，也至少有近 40％的人口处于绝对贫困状态。贫困的现实不仅使社会主义的优越性难以发挥，进而威胁到执政党的合法执政基础，而且也在全社会形成了改变计划经济体制下低效率的共同意愿。经济上的贫困为"以经济建设为中心"和"发展是硬道理"提供了坚实的现实基础。然而，20 世纪 70 年代的财政分权化改革使得中央政府的财政压力达到了极致，没有能力继续独自主导中国的经济增长。在这种情况下，调动地方政府的积极性，继续深化分权型财政体制改革，减轻中央政府的财政压力，成为了中央政府推动新一轮财政体制改革的必然。[④] 不过，为了减少改革可能遭遇的阻力，新一轮财政体制改革改变过去总额分成的办法，在保留地方既得利

---

① 卫生数据根据 2007 年《中国卫生统计提要》相关数据计算所得，其中政府投入在本章的计算中采用的是政府投入和社会投入的总和表示。教育数据根据胡瑞文（2007）《教育经费缺口分析》一文提供的全国教育经费和 2006 年《中国财政年鉴》公布的财政教育经费计算所得。参见胡瑞文：《教育经费缺口分析》，载《学习时报》，2007-10-29。
② 不均等程度采用变异系数表示，计算数据来自中国统计信息网。
③ 参见金碚：《1978 年以来中国发展的轨迹与启示》，载《中国工业经济》，2007（5）。
④ 参见古志辉、蔡方：《中国 1978—2002 年的财政压力与经济转轨：理论与实证》，载《管理世界》，2005（7）。

益的前提下改行"分灶吃饭"体制。1980 年 2 月，国务院发出《关于实行"划分收支，分级包干"财政管理体制的通知》，可以看做"分灶吃饭"体制的开始。财政体制改革的确调动了地方政府的主观能动性和发展经济的积极性，使得由中央政府单独主导的中国经济从此转向了中央、地方共同主导。同时，"分灶吃饭"体制在实行初期也在一定程度上达到了缓解中央财政压力的目标，自 1980 年起，中央财政的赤字率以年均 20 个百分点的速度下降，到最低的 1990 年，基本上达到了收支平衡。但就绝对水平而言，在"分灶吃饭"体制实施之初，中央财政的赤字水平依然非常高，1982 年还出现超过 300 亿元的财政赤字。为了缓解财政压力，中央政府一方面采取了计划经济体制下惯用的手法修改约定或向地方借款。① 例如，1981 年财政部颁布《关于中央财政借用地方财政结余的具体办法》。另一方面改变过去"既无内债也无外债"的传统思维，开始了中断 20 多年的公债发行，1979 年重新开始了有外债的历史，1981 年重新开始发行内债。

从体制改革的增长绩效看，"分灶吃饭"体制也的确释放出较传统体制更大的经济激励。经济增长率在经历了 1981 年的短暂下降后于 1982 年开始迅速上升，1982 年较 1981 年，经济增长率上升了近 1 倍，1984 年进一步上升到 15.2%，1985 年虽然有所下降，但也超过了 13%。然而"分灶吃饭"体制并没有带来地方财政行为的实质性变化，相反，以行政隶属关系组织财政收入的方法强化了政府对企业的行政干预。② 为了能够获得更多的财政收入，各级政府一方面热衷于尽力多办自己的企业③，另一方面在辖区内上一些税高利大项目，而不管这些项目的技术条件如何，

---

① 对中央政府频繁调整财政关系以及向地方借款的现象，黄佩华曾作过详细描述，参见 Wong, Christine P. W. "Central-Local Relations in an Era of Fiscal Decline: The Paradox of Fiscal Decentralization in Post-Mao China," *China Quarterly*, 1991 (128), pp. 691−715。

② 20 世纪 80 年代政府对企业的行政干预的主要表现就是政企不分，即许多公司既具有行政权又具有经营权。针对当时普遍存在的政企不分问题，国务院 1988 年还专门发布了《中共中央办公厅、国务院办公厅关于解决公司政企不分问题的通知》。

③ 其典型表现就是 20 世纪 80 年代中期大量出现的乡镇企业。1983 年，中共中央、国务院在《关于实行政社分开、建立乡政府的通知》中指出，随着乡政府的建立，应建立一级财政和相应的预决算制度。并将筹集预算外支出的全部责任交给了乡镇政府。在承受巨大财政压力的同时，地方政府逐步具有了十分明确而又独立的财政目标，通过大量组建乡镇企业并成为乡镇企业事实上的法人主体，获取税收和利润的支配权。从 1984 年起，乡镇企业数量急剧上升，到 1988 年已由 1983 年 134.64 万个上升到 1 888.2 万个，上升了近 13 倍，实现税金占整个国家税收收入的比重由 1983 年的 7.5% 上升到 1988 年的近 15%，1993 年进一步上升到 20% 左右。

也不管本辖区是否具备该项目的比较优势。① 政府对企业的行政干预不仅使企业的生产经营决策偏离了市场竞争规则的强约束，而且使企业具有了较强的行政色彩，使计划经济体制下企业的软预算约束和社会性职能难以被真正消除。为了能够获得更多的财政收入，各级政府，尤其是各级地方政府各自为政，甚至不惜以牺牲长期利益和国家的整体利益为代价获取短期的财政收入。重复建设、上马各种短平快项目（像加工业）、遍地开花建立小企业（像小酒厂、小烟厂、小轧钢厂等）等就是这个时期最典型的表现。除此之外，受资源有限的强约束，为了避免市场竞争对本辖区税高利大项目的不利影响，地区间出现了明显的市场分割现象，实施地区封锁成了地方政府的权宜之计。这一点在国内外众多学者的研究中都得到了证实。② 同时，为了扶持企业的生存和发展，各级政府积极为企业筹措资金，政府干扰银行信贷的现象屡见不鲜。③

由于"分灶吃饭"体制并不是一个相对稳定的体制，因为在"分灶吃饭"体制实施的过程中包干办法的变化同样非常频繁，包干办法的频繁变动不仅增加了地方政府对体制的不稳定预期，使中央政府的可信度下降，而且进一步激发了地方政府的机会主义倾向，使决策变得更加短期化。由于"分灶吃饭"体制是在核定收支的基础上划分财政收支并实行包干，所以各级政府的财政能力就完全取决于政府间的分成比例和基数的高低。这意味着，和 20 世纪 70 年代的分权化改革一样，为了提高本

---

① 回顾中国的改革历程，分权改革是一条主线，尤其是财权划分的调整成为地方政府行为变化的指挥棒，地方政府在不同阶段的行为变化都是政治集权下财权关系改革的结果，这不仅包括地区间分割、重复建设等。

② 参见 Alwyn Young, "The Razor's Edge: Distortions and Incremental Reform in the People's Republic of China," *Quarterly Journal of Economics*, 2000, 115 (4), pp. 1091−1135; Sandra Poncet, "Measuring Chinese Domestic and International Integration," *China Economic Review*, 2003, 14 (1), pp. 1−21; 国务院发展研究中心"中国统一市场建设"课题组：《中国国内地方保护的调查报告——非企业抽样调查结果的初步分析》，载《经济研究参考》，2004 (18)；李善同等：《中国国内地方保护问题的调查与分析》，载《经济研究》，2004 (11)。

③ 实际上，在"分灶吃饭"体制施行期间，中央政府一直承担着较大比重的基本建设任务，但随着分权化改革的推进，中央政府财政能力日趋下降，基本建设贷款不得不由财政拨款改为银行贷款，同时下放基本建设审批权，从而促使地方政府开始加强对当地银行的控制。张杰曾对地方政府干扰银行信贷的现象作出过深入分析。参见张杰：《渐进改革中的金融支持》，载《经济研究》，1998 (10)。

级政府的财政能力，政府间的"讨价还价"现象不可避免。"分灶吃饭"体制实施初期，中央财政能力的相对水平的确得到了一定程度的提高，如图 3—5 和图 3—6 所示。但这种上升很快在地方政府一系列财政行为的作用下迅速下降。[①] 一方面，作为收入的组织者，地方政府凭借自身的信息优势，通过超过合理限度的减免方式藏富于民，以此缩小与中央政府分

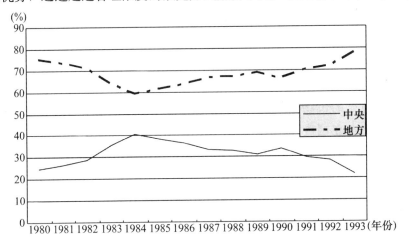

图 3—5　中央地方财政收入占整个财政收入份额

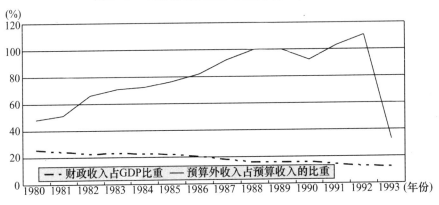

图 3—6　财政集中度与预算外收入规模变化[②]

① 一些学者认为，中央地方财政能力的相对变化与"分灶吃饭"体制下的上解与下拨有很大的关系，在"分灶吃饭"体制下，上解和下拨缺乏客观标准造成各地苦乐不均和鞭打快牛的结果。参见周冰等：《策略型过渡性制度安排——中国财政大包干体制研究》，载《浙江大学学报》，2006（6）；张军：《"分灶吃饭"》，载《经济观察网》，2008-02-27。

② 1993 年由于实施新的财务通则和会计准则，预算外收支范围又一次作了较大调整，国营企业更新改造资金、大修理基金等不再作为预算外资金，所以 1993 年出现了跳跃性下降。

成的收入基础，然后再通过各种不规范的财政手段将这些收入转为地方的财政外资源。在财政实践中，这种情况主要表现为预算外收入的急剧膨胀。预算外收入的膨胀在扩大地方政府实际财政能力的同时也降低了地方政府和中央政府的预算内财政能力，如图 3—7 所示，自 1980 年之后，地方预算内财政盈余数逐年下降，到 1986 年地方财政也出现了财政赤字。与此同时，有财政盈余的地区也逐渐变少，到 90 年代初已经减少到了 8 个。① 为了遏制预算外资金的膨胀，国务院在 1986 年 4 月特意颁布了《关于加强预算外资金管理的通知》。地方政府恶意挤占预算内财政资金的行为直接导致财政收入占 GDP 比重的下降，到 1993 年，财政集中度已由 1980 年的 25.5％下降到 12.3％，几乎一年下降 1％。另一方面，"分灶吃饭"体制虽然在支出责任上实行分级包干，但实际执行中由于没有明确划分各自的支出范围和职责，所以在许多事项上并没有实现真正意义上的包干，而是包而不干。最后使得中央财政无法在支出上脱离"统支"的局面，许多责任最终还是由中央财政承担，这一点在图3—8"分灶吃饭"体制实施的初期表现非常明显。实际上，直到 1984年，中央财政支出都是维持在一个较高的水平。

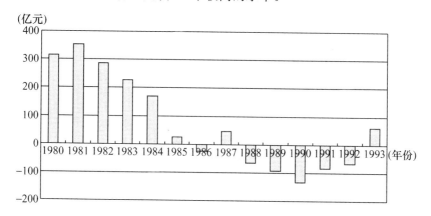

图 3—7　地方财政盈余绝对规模

从"分灶吃饭"体制对地方政府形成的激励看，"分灶吃饭"体制对地方政府财政行为产生的激励是不对称的，充其量只能说进一步激发了地方政府扩张本级财政收入的积极性，对其正确履行财政职能并没有提供任何制度上的激励。为了提高本级财政能力，地方政府成了事实上的

---

① 参见胡鞍钢、王绍光编：《政府与市场》，北京，中国计划出版社，2000。

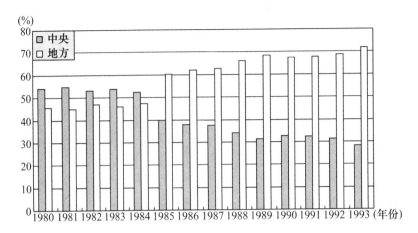

图3—8　中央地方财政支出占整个财政支出比重

经济实体和市场主体[1]，具有明显的公司化倾向[2]，决策行为表现出明显
的经济人特征。[3] 由于体制的多变性，地方政府的经济行为只是追求短期
的财政利益，而无视像基础设施、教育科技等社会公共服务对长期经济
增长的促进作用，从而导致地方政府的财政职能只偏向于一般盈利性企
业的投资。同时，由于农业的相对收入能力较低[4]，所以地方政府对农业
的投入兴趣也不高。表3—3 对"分灶吃饭"体制实行期间地方财政支出

① 李义平认为，中国体制变革中的强制性制度变革使地方政府在推动本地经济增长过程中
　　不适当地扮演了市场主体的角色，而"分灶吃饭"体制则为其提供了制度上的准备。参
　　见李义平：《当前制度框架中地方政府的行为分析》，载《当代经济科学》，2004（5）。
② 美国斯坦福大学教授戴慕珍曾对中国地方政府的公司化行为作过分析，并认为地方政府
　　的公司型特征对推动中国经济的发展发挥了很大作用，但同时也带来了政府治理危机和
　　市场经济的混乱。参见 Jean C. Oi, "Fiscal Reform and the Economic Foundations of Lo-
　　cal State Corporatism in China," *World Politics*, 1992（1）。张占斌对地方政府的公司
　　化特征及其制度基础也进行了分析。参见张占斌：《"地方政府公司化"反思》，载《决
　　策》，2006（11）。赵树凯认为政府治理危机的主要根源在于地方政府的发展型特征，地
　　方政府全面介入经济活动表现出鲜明的公司化特征。参见赵树凯：《"地方政府公司主
　　义"与治理困境》，载《北京日报》，2006-10-16。曹正汉通过对萧山地方政府档案的
　　调查提出了地方政府生产商和开发商的概念。参见曹正汉：《中国地方政府的行为模式：
　　"抓经济发展的主动权"》，见天则经济研究所网站，2008-06-20。
③ 参见李军杰、钟君：《中国地方政府经济行为分析》，载《新华文摘》，2006（16）。
④ 从财政角度看，至少在整个 20 世纪 80 年代，农业的地位一直处于下降趋势，这可以通
　　过财政资金的流向得到反映，1979 年国家财政用于农业方面的支出占整个财政支出的
　　比重为 13.6%，到 1985 年已下降到 7.6%，虽然后续几年有所提高，但上升幅度较小，
　　1990 年也没有超过 10%。农业地位的下降从财政的角度看同样也有其必然性，即农业
　　的财政收入贡献率较低。实际上，自新中国成立起，农业对财政收入的贡献就一直处于
　　下降趋势，到 20 世纪 80 年代，农业各税仅占整个税收收入不足 5%，到 1993 年已经下
　　降到 3.5%左右。数据来源于 2005 年《中国财政年鉴》和《新中国 50 年财政统计》。

结构进行了描述。结果表明，"分灶吃饭"体制实行初期，科教文卫支出占地方财政支出比重较低，这与中央财政承担部分科教文卫支出有关。在 1985 年之前，中央政府承担的科教文卫支出占整个国家财政科教文卫支出的 20％以上。为了缓解中央财政巨大的支出压力，国家实施了一系列针对事业单位管理体制和财务制度的改革，有条件的事业单位实行企业化管理。与此同时，改革事业单位的预算拨款体制，将事业单位的财政义务推给了地方财政。所以到 1986 年，中央财政承担的科教文卫支出占整个国家科教文卫支出的比重不足 6.5％。支出责任的调整直接使地方财政的科教文卫支出出现跳跃性上升。由于科教文卫支出的主要项目是部门事业费，即所谓的按人头拨付，所以支出具有较强的刚性，同时随着人员的不断膨胀，这部分支出也一直处于上升阶段。1993 年，受体制调整预期的影响，虽出现了一定幅度的下降，但程度非常有限。除了科教文卫支出外，社会保障支出和支援农业支出基本上处于下降趋势，而缺乏制度规范的社会保障支出下降幅度更是惊人，14 年间下降了近 10％。但相比较，经济建设支出却表现出较快的上升势头。从财政支出的公共服务产出情况看，表 3—4 对几项公共服务水平作了描述。计算结果表明，"分灶吃饭"体制对公共服务供给水平并没有造成太大的冲击。和 20 世纪 70 年代的分权化一样，一些公共服务的提供水平不仅未下降，反而有所上升。

表 3—3　　　　　　　"分灶吃饭"体制下的地方财政支出结构（%）

	1980 年	1991 年	1992 年	1993 年
经济建设支出	—	21.18	22.13	25.78
科教文卫支出	21.10	27.19	27.30	25.65
社会保障支出	18.17	17.00	12.94	8.91
支援农业支出	11.84	9.61	9.39	8.74
行政管理支出	10.62	13.62	15.10	14.77
支援不发达地区支出	—	0.60	0.66	0.55

　　说明：由于数据的可得性，所以表 3—3 只列出了四年的地方政府财政支出结构。1980 年的数据中只有基本建设支出和挖潜改造支出，所以就没有再计算经济建设支出。表中的经济建设支出包括基本建设支出、挖潜改造支出、科技三项费、增拨流动资金、地质勘探费以及公交商事业费、城建维护支出。社会保障支出包括社会救济和抚恤支出以及价格补贴支出。表中 1980 年的数据根据中国统计数据库提供的数据计算所得，1991—1993 年数据根据《新中国 50 年财政统计》的数据计算所得。表中数据都是各部分支出占地方财政支出的比重。

表 3—4　　　　　　　1981—1993 年期间几项公共服务供给情况

	1981 年	1993 年	年均增长率（%）
每百万人拥有的图书馆和文化馆	4.95	4.65	1.42
每万人拥有的床位（张）	22.26	26.35	2.72

续前表

	1981 年	1993 年	年均增长率（%）
其中：农村	9.5	8.1	—0.45
城市	41.8	47	4.08
每个教师负担的学生（小学）	25.7	22.4	—
其中：城市	21.12	19.83	—
农村	26.17	23.14	—

　　说明：表 3—4 中图书馆和文化馆数据来源同表 3—2。每万人拥有的床位数是根据 1996 年《中国卫生统计提要》相关数据计算所得，每个教师负担的学生数根据 1981 年和 1993 年《中国教育统计年鉴》相关数据计算所得。年均增长率是根据总量数据计算所得。

　　就基础设施的供给情况而言，由于基础设施不仅需要较大的资金投入，而且建设周期较长，所以私人部门一般很少介入。从另一个角度说，基础设施是任何经济体正常生产经营活动所必需的，具有较大的外部性，同时也是所有社会成员的共同需要。所以基础设施可以看做公共品，其提供应该由政府负责。中国从大一统的计划经济体制转向市场经济的过程中，基础设施的投资决策由中央逐步下放到了地方。根据基础设施对一个地区经济发展的贡献，地方政府在获得基础设施的投资决策权后应该在基础设施方面投入大量的资金，或者说我们应该能够看到中国基础设施面貌在分权化之后有较大改善。然而，在"分灶吃饭"体制实施期间，体制的不稳定性不可能使地方政府将大量的财政资金投向建设周期长、财政效益又不明显的基础设施上。为了能够对"分灶吃饭"体制实行期间的基础设施供给情况作出直观描述，我们沿用张军等人的基础设施分类法[1]，从四个方面刻画基础设施，即交通、能源、通信以及城市公用事业。从表 3—5 的数据看，所列的几项基础设施在"分灶吃饭"体制施行期间都表现出不同程度的改善，但除了航空和城市公交外，改善程度并不非常明显，整个 80 年代基础设施还是非常拥挤的。[2] 即便如此，虽然"分灶吃饭"体制对中央、地方的财政收支进行了划分，但实际上在基础设施的投资责任上，直到 1991 年中央还承担了超过 50%的投资责

---

[1]　参见张军、高远等：《中国为什么拥有了良好的基础设施？——分权竞争、政府治理与基础设施的投资决定》，载《经济研究》，2007（3）。

[2]　Sylvie Démurger，"Infrastructure Development and Economic Growth：An Explanation for Regional Disparities in China?" *Journal of Comparative Economics*，2001，29（1），pp. 95—117.

任。① 中央政府承担大部分基础设施的投资责任，在某种程度上是 20 世纪 80 年代财政分权化改革过程中公共品供给的重要保证机制。

表 3—5　　　　　　　"分灶吃饭"体制施行期间几项基础设施情况

	1980 年	1993 年	年均增长率（%）
铁路里程（万公里）	5.0	5.4	0.6
公路里程（万公里）	88.8	108.4	1.5
航空里程（万公里）	19.2	96.1	13.2
邮路长度（万公里）	473.7	513.8	0.6
每万人拥有的长途电话（路）	0.2	2.0	—
邮电局（万处）	5.0	5.7	1.1
人均消费的标准煤（吨）	0.61	0.91	3.1
用水普及率（%）	81.4	93.1	—
煤气普及率（%）	3.5	6.0	—
平均每万人拥有公共汽车（辆/万人）	16.8	57.0	—

　　说明：表中数据根据 1983—1994 年各年《中国统计年鉴》相关数据计算所得。由于数据是非连续的，所以像用水普及率等部分指标没有计算其年均增长率。

四、"分税制"下的政府行为及其财政支出意愿

　　承包制通过赋予地方政府完全的剩余索取权，大大提高了地方政府的创收积极性，同时也降低了中央政府监督地方政府组织收入努力程度的成本。但在所有收入由地方政府组织的情况下，承包制带来的后果就是中央财政收入的多少取决于地方政府的上缴意愿，地方政府通过隐蔽信息不断降低中央的收入基础，从而使中央财政收入的最终分成比例不断下降。到 1992 年，中央财政收入占整个财政收入的比重已不到 30%；到 1993 年，因 1994 年税改方案的影响，中央财政收入所占比重进一步下降到 22%。财政能力的下降使中央财政陷入了严重的危机之中，处于前所未有的"弱中央"状态。② 财政上的困境大大降低了中央政府的宏观调控能力，使中央政府对许多宏观领域的经济活动失去了控制。③ 面对日益

---

① 根据 1985—1994 年《中国统计年鉴》的数据，在 1991 年及其之前，基础设施投资中，中央承担着至少 50% 的投资责任，最高的 1987 年甚至接近了 60%。

② 参见赵忆：《分税制决策背景回放》，载《瞭望》，2003（37）。

③ 参见许善达、张学瑞：《1994 年中国财税改革的深刻背景》，见中国宏观经济信息网，2001－09－04。

减弱的中央财政和渐失控制的宏观经济，中央政府再次凭借政治上的绝对权威重新调整中央地方的财政关系。① 但这次调整改变了承包制的体制弊端，实行基于税种的固定分成和比例分成，同时在比例分成之外又实行增长奖励计划，在此基础上，为了避免地方政府独占收入组织权存在的弊端，新体制采取了分享征收权的办法，实行中央、地方两套征收机关，所有与中央收入有关的税种都由国家税务机关组织征收。

　　然而，不管实行的是分税制还是承包制，税收的基础都是经济，即各地的经济状况直接决定了中央地方税收收入的多少。这意味着发展经济应该是各级政府税收收入最大化的必然选择。但在承包制下，中央政府只需按照事先与地方政府达成的意见监督地方政府的履约情况即可，无须监督地方政府发展经济的努力程度。相反，地方政府在收入最大化的目标取向下必然积极发展本地经济。不过由于缺乏客观依据，承包制也始终处于变动之中，不仅如此，通过谈判确定基数的方法使合约的公平感较差，在这种情况下，地方政府不可能专营本地经济，而是将更大的精力放在"分成基数"上。更何况，在十四大正式明确市场经济改革之前，意识形态也在很大程度上约束了地方政府发展经济的空间，不过这也给地方政府通过行政手段控制经济资源增加收入提供了基础。这也是 20 世纪 80 年代政企不分普遍存在的主要原因。但分税制之后，无论是就分权合约本身而言，还是就经济政治环境而言，上述情况发生了明显变化。首先，分权合约的相对稳定性降低了地方政府的机会主义倾向，稳定了地方政府的收入预期②，从而避免了中央、地方之间不断通过讨价还价确定承包基数造成政府行为扭曲的情况出现，同时也大大减少了合约的实施成本。其次，新的分权合约在各级政府收入最大化的目标取向下，不仅要求地方政府积极发展本地经济，而且也要求中央政府监督地方政府发展经济的努力程度。因为新的分权合约将增值税作为各级政府税收收入的主要来源，这就将各级政府税收收入的多少和第二产业尤其是工业发展直接挂钩。而在以增值税作为增长奖励基础的制度设计下积极发展第二产业尤其是工业，无论对地方政府还是对中央政府来说，都是一种理性选择。新的分权合约实际上建立了各级政府收入的共同基础，

---

① 王绍光认为，如果不进行 1994 年的税制改革，不仅财政难以为继，而且政治风险也很大。参见阳敏：《中国基层财政之困——专访王绍光博士》，载《南风窗》，2006（5）。

② 和一灶吃饭、分灶吃饭体制相比，分税制改变了制度一年一定或几年一定的弊端，提高了制度的稳定性和可预测性。

使各级政府的行为更趋一致,同时也激励了中央政府监督地方政府发展经济努力程度的意愿。再次,新的税收征收体系大大提高了征税努力程度。由于税收分征使得地方政府通过藏富于民再获取预算外收入的必要性下降,减少了地方政府的隐蔽信息对中央收入的影响,为中央财政的稳定增长提供了组织保障。在收支自求平衡、多收多支的制度设计下,各级税务机关必然会积极组织收入,从而极大地提高税收的征收效率,同时也提高了财政分配的规范化程度。最后,意识形态的解放也打消了地方政府发展经济的顾虑,使得地方政府可以集中精力谋发展,尤其是 1992 年的邓小平南方谈话和党的十四大更是为地方政府发展经济提供了政治和观念上的支持。

就增加两个比重而言,新的分权合约应该说绩效显著。从 1994 年开始,中国的税收增长就进入了快车道,税收收入从 1994 年增收 900 亿元到 2007 年增收超 10 000 亿元,不仅税收占 GDP 比重快速上升,而且也一改中央财政的弱势地位,中央财政在整个财政收入中所占比重从 1993 年的 22% 跳跃性上升到 1994 年的 55%。中央财政能力的增强一方面提高了中央财政的宏观调控能力,另一方面也为地区间公共服务的均等化提供了物质基础。然而分税制的制度设计也带来了一系列问题。首先,分税分权体制与以往的所有体制一样,都是将注意力集中于中央财政解困,通过收入集权提高中央的财政能力,但在集收的同时没有集责,导致财政初始分配中财权与事权矛盾不断扩大。由于新税制只是在中央政府的主导下致力于解决中央财政困境自上而下推行的,着力于解决中央和省之间的财政关系,而将省以下政府间财政关系的规范权赋予了下级政府,这样下级政府就简单地模仿了中央政府的集权行为,采取收入层层上移、支出层层下移的方法。[①] 最后导致财政初始分配后,越往下,财权和事权矛盾越严重。表 3—6 描述了各级财政在分税制改革前后收支对

表 3—6　　　　　　　**分税制改革前后各级财政收支的初始分配情况**

	1992 年	1993 年	1994 年	1995 年
中央财政收支缺口（亿元）	−190.93	−354.55	1 152.07	1 261.23
其中:收入占比（%）	28.12	22.02	55.70	52.17

---

① 经济合作与发展组织的研究报告《中国公共支出面临的挑战》通过对安徽、辽宁等六省或直辖市的调查指出,虽然省以下政府间财政关系存在较大差别,但普遍趋势就是收入层层集权、支出层层分权。参见经济合作与发展组织:《中国公共支出面临的挑战:通过更有效和公平之路》,北京,清华大学出版社,2006。

续前表

	1992 年	1993 年	1994 年	1995 年
支出占比（%）	31.28	28.26	30.29	29.24
省级财政收支缺口（亿元）	—	—	—	−641.48
其中：收入占比（%）	—	—	—	12.51
支出占比（%）	—	—	—	24.89
县级财政收支缺口（亿元）	—	−86.40	−735.90	−781.92
其中：收入占比（%）	—	31.55	18.54	20.19
支出占比（%）	—	31.42	29.40	29.93

说明：表中数据根据 1992—1995 年各年《全国地市县财政统计资料》相关数据计算所得。由于没有包括地级财政，所以三级政府的财政收支比重不为 100%，县级财政收支包含了乡级财政收支数。

应关系，从中可以看出，县、乡财政压力在分税制改革之后明显增强，同时也是压力最大的一级财政。为了解决省以下财政的收支不匹配问题，中央财政在 1994 年之后的支出结构发生了较大变化（如图 3—9 所示）。1994 年之前，中央对地方各级财政的转移支付占财政支出的比重不到 35%，但分税制改革后，这项比重跳跃性上升到 50% 以上，并且几乎一直保持这个水平。这意味着，分税制改革后，表面上看中央财政能力增强了，但实际上有近 60% 的收入是为地方组织的，中央实际的财政能力并没有数据反映的那么强。对地方各级财政而言，经过财政收入的再分配，收支矛盾明显得到改善（如图 3—10 所示）。从图 3—10 看，和分税制改革之前相比，中央财政转移支付后的收支平衡状况并没有得到改观，财政收支压力甚至更加严重。相反，省级以下各级财政的收支在接受转移支付后基本上能保持平衡，甚至还略有节余。上述事实意味着，分税

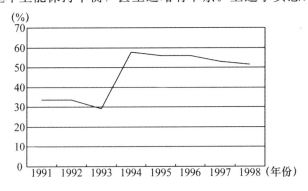

图 3—9　转移支付占中央财政支出比重

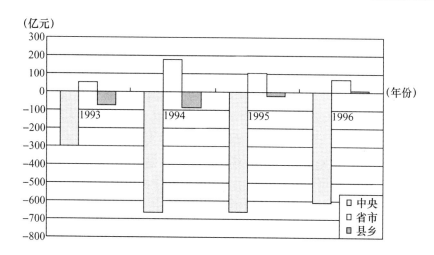

图 3—10 转移支付后各级财政的收支平衡情况

制造成了地方政府财权、事权不平衡的说法是缺乏根据的。[①] 实际上，分税制只是使省以下各级财政的自主性下降。从分税制改革后省以下各级财政对转移支付的依赖程度看，以 1995 年为例，地市级本级财政支出对转移支付的依赖程度高达 57%，县乡级财政支出对转移支付的依赖程度近 50%。然而自主性下降并不表示地方财政的自由度下降，因为在中国，除了专项补助对财政支出方向作出明确规定外，其余的转移支付都是无条件支付，即这些转移支付不对地方财政的支出行为作出任何限制，做什么以及怎么做都是地方财政的自由行为。上述分析表明，分税制改革后中国县乡财政出现的困境仅就财政数据而言并不是因为分税制造成的财权、事权不匹配，也不是因为地方财政的自主性或独立性下降。如果说有原因的话，答案只能是分税制造成了各级政府行为变异。[②]

就分税制改革产生的影响看，和所有改革一样，分税制改革是对既有利益格局的一次重大调整，利益格局的重新调整必然伴随着利益各方行为的变化。但和之前的两次分权化过程不同，分税制改革虽然同样承认了地方的既得利益，但改变了利益的分配基础，以前都是"分财"，分税制则是"分税"。"分财"往往引致利益各方关注蛋糕大小和切法，尤其是在"分财"规则通过重复交易确定的情况下更是如此。而"分税"引致的关注仅仅是税基大小，尤其是"分税"规则将主体税种设置为中

① 参见周飞舟：《分税制十年：制度及其影响》，载《中国社会科学》，2006 (6)。
② 参见李军杰：《经济转型中的地方政府经济行为变异分析》，载《中国工业经济》，2005 (1)。

央地方共享税，使得中央、地方行为选择的一致性提高。① 这意味着，各级政府为了获得本级收入的最大化，只有通过做大税基才能实现这一目标。而在税权高度集中的体制下，做大税基更是地方政府收入最大化的理性选择。然而，为了做大税基，无论是中央政府还是地方政府，都不可能照搬"分灶吃饭"体制下行政控制资源的方式，因为1992年党的十四大已经明确了市场化改革的方向。这意味着直接的行政手段应逐步被经济手段所取代。更何况随着市场化程度的不断推进，与政府关系最密切，也是政府收入主要提供者的国有企业的效益在不断下降。与此同时，作为乡镇财政的主要来源，乡镇企业在20世纪90年代初也开始日渐衰败。经济与制度环境的变化使"分灶吃饭"体制下的厂商型政府行为在市场经济体制下已不再适用。不仅如此，在国有企业和集体企业还承担大量社会性职能的情况下，继续厂商型政府行为只能使政府的包袱越背越重。同时，与之前的分权体制不同，无论是70年代的包干制还是80年代的承包制，表面上看分权边界是清晰的，但在实际操作中是模糊的。不断的讨价还价使中央、地方之间的财政关系分而不清，从而导致各级政府的财政约束软化。② 这一点在分税制的规则设计上明显得到了改善。由于分税制的分成基数是初始一次决定的，所以分税制实际上硬化了地方财政约束。然而分税制只注重确定中央、地方之间收入分成的制度设计，也为地方政府的自由裁量行为提供了机会，在无法通过讨价还价手段向上级政府争取更多收入的情况下，各级政府纷纷凭借行政权力向下扩展其收入能力，从而导致收入的层层上移。收入的层层上移直接导致最低层级的政府只能将收入能力延伸至民众，使得与最低层级政府关系最密切的广大民众的负担在分税制之后明显加重。③ 实际上，中国20世纪90年代中期出现的农民不堪重负和农村治理危机就是分税制制度设计

---

① 中国的政治集权为保证地方政府的行为服从中央意志提供了体制保障，但从经济学的角度看，利用稀缺的晋升机会奖励地方政府和利用"两税"的增长奖励计划一样，都是为了激励地方政府通过发展经济扩大税基，以解决20世纪90年代初期中央财政能力弱化可能产生的政治风险。

② 科尔奈在论述计划经济存在软预算约束时主要讨论的是国有企业，国内学者在研究国有企业时也普遍认为国有企业都表现出软预算约束的特征。软预算约束的存在使得国有企业的财务边界模糊，运行效率低下。除了国有企业，在计划经济体制下，各级政府行为也表现出预算软约束。参见周雪光：《"逆向软预算约束"：一个政府行为的组织分析》，载《中国社会科学》，2005（2）。

③ 参见国家计委宏观经济研究课题组：《农村税费改革问题研究》，载《经济研究参考》，2001（24）。

的一个必然结果。分税制在规范中央与地方两级政府间财政关系的同时并没有规范部门的收入行为，在经过了 1992 年和 1993 年的整顿之后，部门乱收费现象又进一步抬头，并出现了愈演愈烈之势。各种凭借行政权力进行的乱收费直接导致了 1993 年之后预算外资金的快速增加，从 1994 年到 1996 年，预算外资金的年均增长率超过了 40%。乱收费不仅扰乱了社会的分配秩序，更重要的是进一步加重了民众负担。地方和部门的掠夺式收费行为产生了严重的社会问题，这迫使中央不得不在 1997 年对预算外资金管理重新作出了规定。在凭借行政权力最大化预算外资金的同时，不同层级政府还利用预算管理的不完善，凭借国家所有权扩大收入能力。①

　　由于分税制没有明确各级政府和部门的支出责任，所以借口市场化改革尽量向其他层级政府和社会转移支出责任成为了各级政府的一种理性选择。由于体制上的缘故，分税制改革之后出现的推卸支出责任总是单向的，即上级政府向下级政府转移支出责任②，政府向社会转移支出责任。表 3—7 描述了几项支出项目的纵向配置情况。从中看出，无论是总支出还是分项支出，县乡级财政支出责任在分税制改革后基本上都呈加重趋势。图 3—11 描述了几项支出义务在政府与社会之间的配置情况。图中趋势表明，无论是教育、科技还是卫生支出，政府承担的支出责任基本上呈下降趋势，而非政府部门支出的责任明显加重。除了转移支出责任减轻本级财政负担外。分税制下的收入结构也对政府的财政支出意愿产生了深远影响。分税制确立了流转税为中国的主体税，流转税占各级政府收入的比重高达 40% 以上，而在流转税中，增值税又占了相当大的比重。这种收入来源结构对收入最大化的各级政府来说，在加快经济发展速度，提高经济总量规模方面都是一种占优策略。而在要素投入增长方式的惯性作用下，资源的有限性直接引致政府间激烈的资源竞争。本来竞争可以提高政府的行政效率，但在中国集权的政治体制下，问责制缺乏、向上负责的体制以及有限任期制等等一系列的制度体制缺陷，使得蒂布特式的竞争效应没有成为中国政府间竞争的主导效应。以牺牲

---

① 从 20 世纪 90 年代中后期延续至今的土地财政问题就是其中最典型的一个表现。
② 在中国，上级政府经常向下级政府下达没有任何资金来源的行政支出任务。参见经济合作与发展组织：《中国公共支出面临的挑战：通过更有效和公平之路》，北京，清华大学出版社，2006。这种没有资金支持的支出任务在政治受命的体制下使得下级政府只能通过其他手段为其支出融资，比较典型的做法就是借债。所以曾一度严峻的地方政府债务危机归根结底是财政体制问题。

长期利益追逐短期的政治收益，导致了各级政府的支出意愿表现出一定的结构性偏向。① 在"要想富，先修路"的发展策略指导下，各级政府尤其是地方政府通过各种手段扩大对区域内各种硬件设施的投入。政府的重视和投入的聚集使中国基础设施在 20 世纪 90 年代末出现了跳跃性的改善。② 相反，一些与经济规模扩张不直接相关的社会性支出在政府的支出偏好中被置于次要地位。各种挪用和拖欠社会性支出资金的现象比较突出，社会性支出不足成为了各级政府财政支出的普遍现象。

表 3—7　　　　　　　　　　　　财政支出主要项目的纵向配置

	1995 年				2005 年			
	中央	省本级	地市本级	县乡本级	中央	省本级	地市本级	县乡本级
总支出	29.24	16.93	23.89	29.93	25.86	16.15	24.71	33.28
基建	47.96	25.15	22.79	4.11	33.80	25.86	24.58	15.77
支农	10.79	28.28	17.78	43.16	8.23	23.71	16.40	51.66
文教	10.02	15.13	23.59	51.26	6.16	15.82	18.26	59.75

说明：表中数据根据 1995 和 2005 年全国地市县财政统计资料相关数据计算所得，其中文教支出包括教科文卫四个方面。

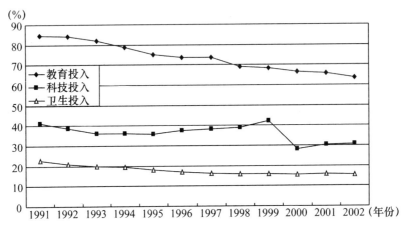

图 3—11　几项支出项目政府支出责任的变化趋势

① 参见傅勇、张宴：《中国式分权与财政支出结构偏向——为增长而竞争的代价》，载《管理世界》，2007（2）；李永友、沈坤荣：《辖区间竞争、策略性财政政策与 FDI 增长绩效的区域特征》，载《经济研究》，2008（5）。

② 参见张军等：《中国为什么拥有了良好的基础设施》，载《经济研究》，2007（3）。在很大程度上，中国各级政府对基础设施的投入意愿与基础设施相对于其他支出产物具有更显性的特征，即基础设施的投入可以产生多种显性效应。首先，基础设施具有较强的关联效应，不仅可以增加就业，而且可以直接和间接地扩张 GDP；其次，基础设施是最容易显示政绩的投入，无论对上级政府还是对本辖区内的居民，基础设施是一种看得见摸得着的投入；最后，基础设施建设可以为官僚腐败提供更大的空间。所以对政府来说，最乐于做的事就是基础设施投资。

　　分税制除了引致各级政府财政支出意愿下降和结构性偏向外，在中国多元经济发展水平的背景下，还导致了地区间财政支出意愿出现明显差异。由于经济发展水平的差异，使得在现行的税制结构下，地区间财政支出能力出现了明显差异，而在不完善的转移支付制度下，地区间财政能力的差异又直接导致了地区间财政支出意愿的差异。表 3—8 按照三个层次对财政支出横向配置结构的地区差异性进行了描述。从中可以看出，分税制改革后，经济越发达的地区，经济建设的支出意愿越强，相比较而言，科教文卫等社会性支出意愿却较低。在维持性支出上，经济不发达的地区，"吃饭财政"的特征较显著。社会性支出意愿的差异与经济发展水平的双重效应导致了各地公共品供给水平的明显差异。图 3—12 对教育、卫生与收入分配三项公共品的供给进行了描述。[①] 图中显示，无论是教育、卫生还是提供均等化的收入分配，分税制改革后都呈扩大趋势。1992 年最发达地区的每位教师负担学生数仅是不发达地区的 0.85 倍，到了 1997 年提高到 0.75 倍；最发达地区的区域内收入分配差距 1992 年是不发达地区的 0.72 倍，到 1997 年提高到 0.55 倍；1992 年最发达地区的每万人床位数是不发达地区的 2.17 倍，到 1997 年扩大到 2.30 倍。

表 3—8　　　　　　　　　　　　财政支出意愿的地区差异性

	最发达地区		发达地区		不发达地区	
	1994 年前	1994 年后	1994 年前	1994 年后	1994 年前	1994 年后
经济性支出	23.11	27.59	17.70	16.87	15.89	16.06
维持性支出	12.30	14.73	19.69	21.75	22.76	21.58
科教文卫支出	27.05	22.98	27.97	25.49	27.38	23.25
支农支出	4.36	3.05	8.18	6.53	9.93	8.24
社会保障支出	11.66	8.50	8.02	10.97	10.87	16.45
城建支出	5.94	6.17	6.35	6.13	4.08	3.66
支援不发达地区			0.28	0.36	0.79	1.87

　　说明：该表数据来自李永友（2008）《中国财政支出结构演进及其绩效》一文。其中最发达地区包括北京、天津和上海，发达地区包括山东、江苏、浙江、广东、福建、辽宁，不发达地区包括其他省、自治区和直辖市。

---

　　① 教育采用每个教师负担的学生数表示（小学），卫生采用每万人床位数表示，收入分配采用地区内的城乡收入差距表示。图 3—12 的结果是最发达地区与不发达地区该项指标的比值。数据来源于中宏数据库。

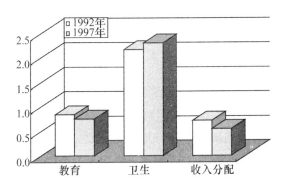

图3—12　公共品供给的地区差异程度

五、公共品供给短缺引致的公共风险

综观中国历次的财政体制改革，一个共同特征就是财权配置是历次财政体制改革的核心，支出责任的划分始终在历次财政体制改革中被置于次要地位。这种本末倒置的财政体制改革在诱导政府收入权意识的同时，也降低和扭曲了政府的支出意愿。由于缺乏有效的权力制衡机制，政府在收入筹集上的自由裁量权被无限放大，从而导致了掠夺式的政府聚财行为在分税制后进一步强化和升级。由于没有明确的支出责任，所以财政支出随意性较大，财政支出没有体现执政为民的要求。政府的财政行为偏离公众利益，不仅影响了政府执政的合法性基础，而且对整个社会经济的稳定发展构成了潜在的风险。

（一）农民负担和农村公共品短缺形成的公共风险

受收入层层上移、支出层层下移的影响，分税体制下基层财政的收支矛盾非常突出，为了维持正常运转和完成上级交付的支出任务，基层政府几乎成了资源汲取型政府。这一点可以通过分税制改革后农民负担变化得到反映。根据农业部农村合作经济统计资料，1994—1997年，农民直接上缴国家有关部门的负担是1990—1993年年均的9倍，而且，这几年农民直接承担的行政事业性等各项社会性负担，也是1993年的2倍以上，其中集资摊派就达到了3.38倍。与此同时，以财政收入为导向的经济治理行为使政府对农业、农村的投入意愿进一步下降。这一点在表2—8中可以得到直观说明。多取少予成了分税制改革后农业和农村问题的真实写照。在负担加重与投入减少的双重作用下，中国农民的收入增长在经历了 20 世纪 80 年代至 90 年代初的增长之后出现了增长停滞甚至倒退现象。1996 年农民收入增长率为 9%，1997 年则下降到 6.4%，到了 2000 年已下降到 2.1%。如果仅考虑农业收入，1995 年每亩农业收入还为 376 元，到 2001 年则下降为 161 元，即农业收入出现了绝对下降现象。[①] 沉重的负担和收入的低速增长使得农民在无法通过用脚、用手投票的情况下不得不采取了一种特殊的抵抗形式，其典型表现就是农民对农业的投入意愿下降，缩减播种面积，大量抛荒等。农民的上述理性行为直接导致了中国农业生产水平出现相对下降趋势和粮食产量增长的停滞（如图 3—13 所示）。尽管粮食产量下降可能还有其他原因，但政府对农业、农村以及农民的多取少予引致农民行为选择的变化不能不说是一个非常重要的原因。1999 年之后出现的粮食产量下降引起了全社会对粮食安全的关注。

　　多取少予在降低农民收入增速的同时也进一步扩大了中国的城乡差距，使城乡二元社会结构变得更加明显。如图 3—14 所示，1997 年农村居民人均纯收入与城镇居民的人均可支配收入差距为 1：2.47，2003 年这一差距已扩大为 1：3.24。除了收入差距出现持续扩大外，城乡公共品和服务的供给在政府城市倾向的经济社会政策作用下也表现出明显差距。

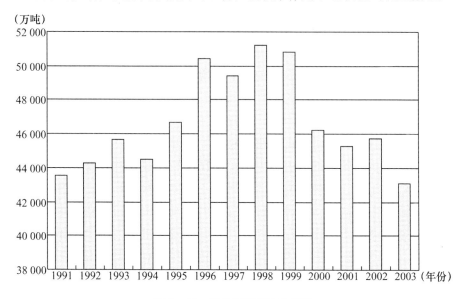

图 3—13　粮食产量的变化情况

---

　　① 参见宫希魁：《中国"三农"问题的观察与思考》，见中国社会学网。

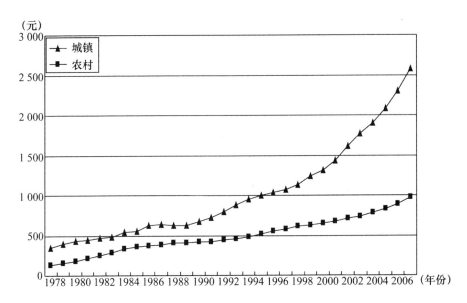

图3—14　城乡居民人均实际收入差距[1]

相关研究表明，占全国总人口近60%的农村居民仅能享用到20%左右的医疗卫生资源。农村中学生享受到的国家中学教育经费仅占38%。在社会保障方面，城乡社会保障覆盖率之比高达22∶1。[2] 收入能力的下降与农村公共品消费较低的可及性使农村消费始终处于较低水平。根据统计年鉴公布的数据，在整个社会消费品零售总额中，占总人口55%以上的农村居民占比不到25%，而且这一比例还在不断下降。农村居民较低的消费意愿和消费能力使得农村消费市场始终处于较低水平，农村消费市场的需求不足又进一步制约了工业发展，使国内过剩的工业生产能力不得不依赖强劲的外部需求。

政府对农业、农村和农民的多取少予在引发粮食安全问题与导致农村消费市场内需不足的同时，也引发了农村的治理危机。为了维持政权机构的正常运转，在现行的财政体制下，基层政府及其派出机构通过各种手段获取收入的行为直接导致了政府部门与农民之间的强烈冲突，其主要表现就是自20世纪90年代中后期针对基层政府和组织的群体性事件显著增加。一项研究表明，从1997年起因农民负担问题引发的农村群体性事件开始大幅飙升，1993年发生8 700多起，1995年发生1.1万多起，

① 图3—13与图3—14的数据都是根据2008年《中国统计年鉴》相关数据计算所得。

② 参见孙文杰：《地方政府财政支出结构与公共品供给机制剖析》，载《当代财经》，2008（1）。

到 1997 年则上升到 1.5 万多起，1999 年剧增到 3.2 万多起，2000 年仅
1—9 月就达到 3 万多起。① 基层政府扭曲的财政收支行为给农村社会稳
定造成了较大压力，甚至动摇了政府的群众基础。

（二）公共事业过度市场化引发的公共风险

在 1992 年中国明确提出建立社会主义市场经济体制之后，一些原本
由国家和企业包下来的社会事业也开始逐步走向市场化，1994 年的分税
制又加速了社会事业的市场化进程。由于分税制建立了以增值税为主的
税制结构体系，使得各级政府过分强调效率，各项政策都是以效率为导
向，虽然说兼顾公平，但事实上公平的权重很低。在一切以效率为中心
的思想指导下，社会政策严重缺失。再加上分税制并没有对政府与市场
的责任以及政府之间的责任作出明确划分，使得原本属于政府职责范围内
的公共事业在这场市场化过程中也被一并推向了市场，从而导致公共事业
的过度市场化。就医疗卫生领域而言，1994 年税改之后，居民个人承担的
医疗费用急剧上升，1991 年个人承担部分不到 40%，1995 年就升至 50%以
上，2001 年已超过了 60%。从国际比较的结果看，世界银行的报告显示，
2000 年中国人均卫生支出在 191 个国家和地区中排名 141 位，而公共卫生
支出排名更靠后，为 188 位。人均卫生资源的不足不仅与中国经济的高速
增长极不协调，也与曾令国人引以为豪的辉煌历史形成较大反差。90 年代
中后期卫生事业的过度市场化使中国的卫生事业发展逐步滞后于经济发展
和社会转型。政府在公共卫生领域的责任缺失使得一些在中国原本消失的
传染病又死灰复燃。更重要的是，由于过度市场化，使得卫生资源过度向
营利性的医疗卫生领域和城市集中，造成卫生预防、卫生科技和农村卫生
事业等更加基础的领域资源投入严重不足。同时，医疗卫生领域的过度市
场化也使医院和医护人员的行为扭曲。营利导向的医疗卫生事业使中国的
医疗卫生费用在分税制后急剧攀升，并远远超出了居民收入的增长速度
（如图 3—15 所示）。医疗费用的上升致使看病贵成为自 90 年代中后期至今
的一个突出社会问题。卫生投入的不足和配置失当使得国家卫生预防能力
下降。2003 年的非典和随后出现的禽流感事件使得中国公共卫生安全问题
终于显露出来，并最终引发全社会对医疗卫生事业的不满和讨论。

---

① 参见公安部第四研究所课题组：《我国发生群体性事件的调查与思考》，载人民日报总编
室《内部参阅》，2001（31）。

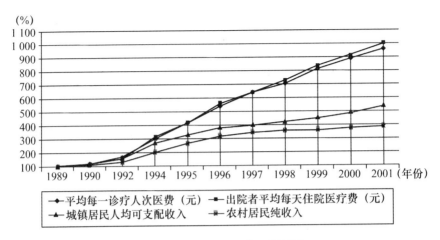

图3—15　中国医疗费用的涨幅

资料来源：王绍光：《中国公共卫生的危机与转机》，载《比较》，2003（7）。

　　就社会保障事业而言，虽然早在新中国成立之初就建立了社会保障制度，但那基本上是一种单位保障，即中国的社会保障一直隶属于单位，并且身份特征非常明显。虽然在20世纪80年代曾建立了企业职工养老保险和城镇失业保险制度，但也还仅仅限于单位这个有限的范围。然而在1992年提出市场经济和1994年分税制改革之后，这一切都改变了。为了提高企业的运营效率，无论是国有企业还是集体企业都纷纷加速了改制的进程，下岗职工成了90年代中后期的新名词，无所不包的铁饭碗被改制浪潮无情地击碎，单位人变成了社会人，从此职工的生老病死由单位保障转为了个人自己保障。与此同时，原本国家包揽的教育、医疗、住房等也在市场化进程中被全部或部分推向了市场。对所有中国人来说，一夜之间社会的安全网被撕破了。由于在企业剥离社会职能的同时，社会没有及时建立起必要的社会保障体系，使得企业改制一度引发严重的社会问题。另一方面，教育、医疗、住房等的市场化使得居民个人的此类支出持续增加（如图3—16所示）。上不起学、买不起房、看不起病成为低收入阶层生活的真实写照。在谨慎预期的作用下，存钱防老、存钱买房、存钱防不测等成了大部分家庭的一种理性选择。正是因为这一原因，中国自1996年之后储蓄率就开始不断上升，即使国家出台了一系列的调控政策，居民消费依然处于较低水平。而居民消费不足又进一步造成中国经济增长对投资需求和出口需求的过度依赖。从某种程度上说，社会保障的缺失是中国内外部失衡的根本原因。

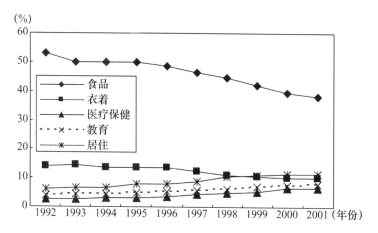

图 3—16 城镇居民主要消费支出项目占总支出比重

六、政府应对公共品短缺的财政策略

政府在公共领域存在责任缺失，无论对经济还是对社会抑或是对政府执政基础都产生了较大负面影响。然而即便如此，在现行的财政体制下，地方政府尤其是基层政府也不会突破固化的利益结构作出自发式的支出意愿调整，尤其是在地区间还存在激烈竞争的情况下。最典型的例子就是农民负担问题。实际上，早在 20 世纪 90 年代中期农民负担问题就引起了中央政府的重视，并为此发布了一系列文件，但收效甚微。所以在财政体制框架没有发生根本性改变之前，解决公共风险只能采取自上而下的形式。但和之前缺乏资金支撑的行政命令不同，为了向地方政府尤其是基层政府显示解决公共风险的决心，自上而下式的补救行动主要以中央支出为主，即中央财政除了在政策上表现出对公共风险高度关注外，还要通过自身财政支出意愿的调整主动介入公共安全领域。即改变过去只给政策、没有资金支持的做法，通过各种专项转移推动政策得到落实。

（一）着力解决农村社会存在的公共风险

为了能从根本上控制基层政府的财政行为，2000 年，中央政府首先在安徽试行税费改革，并在此基础上，于 2003 年向全国推广。为了使税费改革能够顺利推行，中央财政对税费改革进行了专项拨款①，专项拨款从 2001 年的 80 亿元上升到 2004 年的 307 亿元。虽然在税费改革过程中地方财政可能还存在许多隐蔽行为，但税费改革在减轻农民负担上的确发挥了一定的作用。以安徽省为例，改革后，安徽全省农民减负率达到了 23.6％，如果加上取消的屠宰税和农村教育集资，减负更是高达 31％。为了在税费改革的基础上进一步减轻农民负担，2004 年的中央 1 号文件又提出取消除烟叶外的农业特产税并逐步降低农业税税率直至免除农业税。为了解决降低农业税对基层财政的影响，2004 年当年中央财政就安排了 217 亿元的专项转移支付，并对积极采取措施减轻县乡财政困难的地区进行专项奖励，该项支出在 2004 年当年就达到了 150 亿元。农业税的取消使农民每年的减负总额将超过 1 000 亿元。在减负的同时，为了体现中央对三农问题的重视，自 2004 年起中央 1 号文件都以三农问题为核心。不仅如此，为了贯彻 1 号文件精神，中央财政还不断加大对三农的投入力度。如图 3—17 所示，2003 年中央财政用于三农的各项投入占中央财政总支出达到了 13％以上，到 2007 年升至 14.5％。在中央的力促下，广大农村地区的中小学生在 2007 年终于实现了全免费教育，新型农村合作医疗覆盖率也从 2004 年的 11.6％上升到 2007 年的 86％，到 2007 年农村养老保险覆盖率平均超过了 30％，某些发达地区甚至达到 50％以

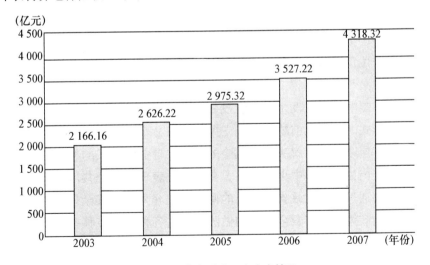

图 3—17　中央财政三农支出情况

资料来源：中华人民共和国中央人民政府。

---

① 参见财政部文件《农村税费改革中央对地方转移支付暂行办法》，财预〔2002〕393 号。

上，2007 年全国所有地区都建立了农村最低生活保障制度，仅中央财政支出就超过了 30 亿元。从中国本世纪初政府，尤其是中央政府对农村问题的重视以及财政资金的流向看，中国政府对农村的治理发生了明显变化，从多取少予转向了少取多予。政策上的变化和资金上的支持使得农村社会稳定问题得到了极大改善。在中央政府的直接关注下，2004—2007 年，农村居民人均纯收入首次实现了新中国成立以来连续 4 年每年增收超 300 元，即使扣除价格因素，增幅也首次达到了 1985 年以来连续 4 年每年超 6％的增幅。与此同时，农民种粮的积极性得到了明显提高。

（二）推动民生工程，着手建立完备的社会保障体系

众多研究表明，中国在市场化进程中存在的很多问题都与公共事业过度市场化以及缺乏必要的社会保障有关。正是由于社会公共事业的过度市场化和社会保障缺失，才使得公众的支出预期上升，社会运行成本增加。所以，为从根本上消除经济社会运行风险，降低社会的运行成本，政府必须从过去的自身利益导向型向公众利益导向型转变，重新进入社会公共事业领域。实际上，早在 20 世纪末，中央政府就意识到社会公共事业过度市场化带来的负面影响。首先，面对城市贫困问题，1997 年国务院就专门下发了《关于在全国建立城市居民最低生活保障制度的通知》，1999 年又颁布了《城市居民最低生活保障条例》。然而受制于资金瓶颈，城市居民最低生活保障水平一直在低水平徘徊，直到 2002 年中央财政加大投入，城市居民最低生活保障制度才进入一个快车道。2002 年中央财政共投入 23 亿元，超过地方财政投入水平，到 2006 年全国财政用于最低社会保障的资金已达到 241 亿元，其中中央财政所占比重近 60％。中央财政的积极介入使城市最低生活月人均保障水平由 2000 年的不足 50 元上升到 2007 年的 92 元，受益人群由 2000 年的 403 万上升到 2007 年的 2 235 万。在这一过程中，针对物价上涨对贫困家庭造成的影响，各级财政还对困难家庭实行了不同程度的补贴制度。① 其次，针对上不起学、住不起房和看不起病等引发的社会问题，中央政府正逐步建立起一揽子保障计划。为了解决教育乱收费和上学难问题，2005 年中央首先在 592 个国家重点扶持的贫困县推行"两免一补"政策，2006 年又将其扩展到中西

---

① 参见劳动和社会保障部：《最低生活保障制度为市民撑起保障伞》，载《人民日报》，2007－10－09。

部农村，2007 年推向全国。"两免一补"政策的推行直接使 1.5 亿学生和 780 万困难家庭受益。2008 年又在全国城乡将九年义务教育全部纳入财政保障范围。为了提高义务教育的可及化程度，自 2002 年以来，中央财政每年至少投入几百亿元用于支持城乡免费义务教育，仅 2007 年就安排了 654.4 亿元。为了解决看病难、看病贵问题，从 2004 年开始中央专门设立了公共卫生专项资金，其中 2004 年当年就达到了 40 亿元，2006 年达到 138 亿元，2007 年更是高达 664.31 亿元，相比较 2006 年增长了 3 倍多。① 与此同时，在城乡稳步推进医疗保险制度，医疗保险制度的建立直接使两亿多城镇居民受益。为了解决困难家庭的住房保障问题，中国早在 20 世纪 90 年代就提出廉租房制度，但始终没有落到实处。而随着房价的快速上涨，住房问题变得更加严峻。面对房价高企引致的住不起房问题，2007 年十七大报告再次提出"健全廉租住房制度，加快解决城市低收入家庭住房困难"，中央也明确将廉租房建设作为政府一项义不容辞的职责。为了使廉租房制度落到实处，除了明确廉租房建设资金投入责任外，中央财政还专门设立了中西部预算内投资补助和廉租房保障专项补助。2007 年中央财政共投入资金 51 亿元，这一数字几乎是 1998—2006 年地方财政投入总额的 30%。中央财政的投入大大推动了住房保障建设的步伐，廉租房制度使 221 个城市的 32.9 万户贫困家庭受益。

　　从上述的一系列数据变化中，可以看出中国近年来的财政支出结构正在悄悄地发生着变化，并且变化的方向非常明确，即从直接为经济服务转向直接为人的发展服务，财政支出结构的调整正在体现出执政为民的思想。从政府、市场与财政职能的关系上看，上述变化也体现出政府和财政职能正在向其公共职能回归，而近年来财政支出上的变化实际上是对过去有偏向的支出意愿进行的一种修正。然而我们也看到，这种财政支出的变化是通过中央财政的纵向控制实现的（如图 3—18 所示）。由于通过纵向控制引导地方财政支出意愿调整，所以无形中增加了中央计划控制的角色，而财政均等化公共品和服务的职能却被置于次要的位置。不仅如此，由于没有建立起激励地方财政支出意愿自发调整的机制，使得财政支出调整缺乏根基。

---

① 相关数据来自新华社两会特稿：《从五年公共财政支出看民生改进程度》，见中央政府门户网站，2008-03-07。

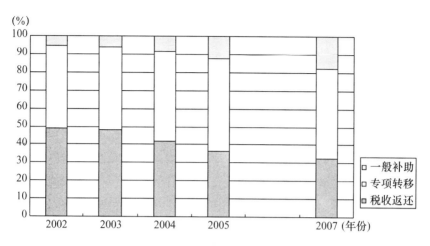

图 3—18　中央财政对地方转移支付结构

说明：2002—2005 年数据来自经济合作与发展组织：《中国公共支出面临的挑战：通过更有效和公平之路》，北京，清华大学出版社，2006。2006 年数据缺失，2007 年数据来自《关于2006 年中央和地方预算执行情况与 2007 年中央和地方预算草案的报告（摘要）》，见新华网。

七、本章小结

政府应该做什么以及怎么做始终是国家治理中的难点问题，虽然西方经济学为解决这一问题提供了框架性的判断标准，但由于现实的复杂性，理论的指导意义显得非常有限。作为一个转型经济国家，中国过去60 年的经济发展无疑向世界证明中国政府是一个有作为的政府。然而当我们将视野扩展到社会领域时，社会发展滞后于经济发展的现实又让我们对政府的作为进行了反思。收入差距持续扩大、社会诚信不足、生态失衡、环境恶化、群体性暴力事件上升等，一系列指标表明，中国社会潜藏着巨大的公共风险。针对为什么在经济发展的同时社会领域会出现如此多的严重问题，甚至一些问题正在威胁到社会的可持续发展，本章从财政角度通过对政府财政支出意愿的分析显示，长期以收入权划分为核心的财政体制改革严重扭曲了政府的支出意愿，追求短期增长和财政收入使得各级政府对社会性支出的意愿下降。而在效率导向下推动市场化改革，同时没有建立起必要的社会保障体系，使公众利益遭受了市场化改革的较大侵蚀。作为公众利益的代表，政府公共责任的缺失又进一步扭曲了公众的价值判断和行为方式。随着公共风险的不断积聚，社会运行成本不断上升。社会矛盾的不断升级严重威胁到执政党的执政基础。面对日趋严重的社会问题，自 21 世纪初，中国开始了一场自上而下式的公共利益保卫战，财政支出目标也逐步向公共利益回归。然而在固化的地方利益结构作用下，中央通过纵向控制方式推动支出意愿的强制调整也产生了一定的效率损失。

在一个民主社会中，作为公众利益的代表，政府应该做什么以及怎么做，应以公众利益最大化为行为准则。然而公众利益并不是一个明确的概念，也不具有一以贯之的表述，所以在现实中，这一准则对指导政府行为的意义不是非常明显。正是因为这一原因，在现实的国家治理中，政府经常也无法判断自己的行为是否符合公众利益，甚至有些政府以公众利益为幌子，利用公众资源谋取私利，即从一个非营利性的公共组织转向了一个营利性的企业组织。为此，国家治理中的制度建设非常重要。作为政府治理的重要体制保障，财政体制对政府行为来说实际上是一种约束机制，它不仅界定了政府与市场的边界，确定了政府应该做什么以及怎么做，也明确了各级政府内部的权力和责任。一个良好的财政体制从根本上应该有利于公众利益的实现，同时也为政府履行公共职责、服务公众利益提供良好的激励。纵观中国财政体制的变化，一个总体性的印象就是，中国的财政体制没有给各级政府履行公共职责提供良好的体制激励，相反，以财权划分为核心的自上而下式的体制变革反而为政府，尤其是地方政府偏离公众利益、逃脱公共责任提供了激励。所以从财政体制构建的本意上说，中国财政体制的变体始终具有本末倒置的特征。

所以从根本上解决中国经济社会领域存在的公共风险，必须重建财政体制的指导思想，从权责意识转向责权意识，而不是仅仅解决权责不匹配问题。在此基础上，财政体制必须具有与激励相容的特征，以实现政府内部治理的组织效率。只有这样才能使政府的财政行为回归公共利益的轨道。然而在构建财政体制责权意识时，一个基础性问题就是市场与政府的边界。这是一个最基础的问题，也是一个最难的问题。其难度表现在政府与市场的边界不仅取决于现实情况，更取决于管理者的认识。对中国而言，政府应首先明确公共事务的范围。从中国的实践和人类发展的总体要求看，中国当前的公共事务范围至少应包括与人有关的生存保障和发展，具体包括基本的社会保障体系、良好的生存环境和社会环境、人的发展需求等。其次，应确定干预的方式，即某项公共事务由谁去管理以及怎么管理。以基础教育为例，应确定基础教育该由哪级政府提供，采取什么方式提供，提供到什么程度，等等。然而公共事务还是一个比较宽泛的概念，我们可以将任何事情都归入公共事务范围。所以在这种情况下，明确公共事务的范围应以是否符合公众利益为标准。总之，中国当前的所有社会问题归根结底是政府行为偏离了公共利益的要求，财政支出偏离了公共事务的范围。而造成这一问题的更根本的原因在于以收入权划分为核心的财政体制。所以解决问题的根本也在财政体制，只有重塑财政体制的责权意识和激励机制，才能从根本上解决当前存在的一系列公共风险。

第4章 分权体制、竞争压力与地方 财政收支策略

——基于省级财政数据的实证考察

本章提要：本章基于财政视角，利用省级面板数据，分析了为获取竞争相对优势，辖区政府所采取的财政竞争策略。得出结论：竞争的外部性使辖区间财政政策选择表现出明显的策略性，其中，粗放式税价竞争一直是我国辖区政府间竞争的主要特征，但随着时间推移，竞争策略正在由单纯税价竞争向财政支出领域扩展，不仅如此，辖区政府在竞争对象选择上也呈现出区域性特征，即位于同一区域和经济发展程度相近的辖区间竞争更加明显。由于受经济能力的限制和辖区间经济发展程度差异的影响，辖区间竞争出现了两个必然结果：一是财政支出对非税收入的依赖程度呈现出明显上升趋势，其中落后地区对非税收入依赖程度更高；二是社会性支出相对于经济建设支出受到了冷落。

一、典型事实

自20世纪90年代末起，不断有观察家和主流经济学家预测中国经济的增长泡沫即将破灭，因为按照西方主流的经济学理论，中国缺乏实现经济持续高速增长的种种条件。但令人困惑的是，中国经济高速增长的势头没有任何减弱的迹象。根据国家统计局公布的数据，2007年的前三季度中国经济的增长率依然保持在10％以上。中国经济的持续高速增长，不仅创造了世界经济发展史上的奇迹，而且也对传统的经济增长理论提出了挑战。为了破解中国经济的持续增长之谜，探究推动中国经济持续高速增长的动力机制，学者们进行了不懈的努力。然而由于中国问题的复杂性，学者们立足于不同的层面，自然会提出不同的解说。但许多解

释都认同这样一个事实，即中国经济的持续高速增长很大程度上依赖于要素的投入，尤其是资本要素的持续投入。[①] 事实上，就劳动力而言，不管是投入数量还是投入质量，改革开放以来都有相当程度的上升，其中劳动力数量年均增长速度为 2.4%，反映劳动力供给质量的每十万人高中及高中以上人口的数量 2005 年较 1978 年也增长了近 2 倍。[②] 就资本形成而言，改革开放以来，资本形成占同期 GDP 的比重不仅远远高于经济发展水平相同的国家，年均达到了 38% 以上，而且一直保持上升的态势，2006 年更是高达 43% 以上。如此强劲的要素投入，即使政策制定者作出错误的决策，也不至于影响要素推动的持续经济增长（Dwight Perkins，2007）。然而问题不在于要素投入的多少和质量，而在于是什么机制促成这种要素投入的持续增长。由于相对于劳动力要素，资本增长的贡献更为重要（郑京海，2007），因此，我们更关心的是什么机制促成了中国经济的高资本形成率。在世界的其他地区，与中国有着相同资源禀赋和发展水平的国家有很多，为什么在这些国家或地区没有出现由高投入推动的持续经济增长（韦森，2006）？当然，对于这个问题的解释，我们可以将其归因为市场取向的经济改革。但我们还是会问，实行市场经济改革的国家很多，比中国市场经济改革更彻底的国家也有很多，为什么在这些国家没有出现明显的资本深化？当然，我们也可以将其归因于财政分权体制，不过这同样无法让人信服，因为在许多市场经济国家和转型国家，其财政分权的程度比中国更高，但并没有出现持续的资本累积。显然，从这两个角度都不可能获得令人满意的解释。

那么中国投资乃至经济持续增长的内在机制到底是什么？要完整回答这个问题，我们还需要从另一个层面对中国的经济增长进行审视。众所周知，伴随着中国经济的持续快速增长，社会经济生活中也出现了另一幅景象，即社会资本的严重短缺，社会财富的增长并没有为所有民众

---

① 当然，从世界范围看，影响经济增长的因素有很多，而其中要素的投入和投入的效率（即所谓的全要素生产率）是最关键的。但关于中国要素投入效率，许多学者的研究表明，中国的要素投入效率自 20 世纪 90 年代中后期就一直处于下降趋势，最起码没有出现人们想象的增长（郑京海、胡鞍钢，2005；OECD，2005；张军，2004）。这一经验证据表明，投资效率不可能成为中国经济增长的源泉。

② 根据大多数的经验研究，经济学家几乎一致地发现，中国的经济增长主要（平均 70% 以上）可以用要素的投入增长来解释。而中国之所以能够实现由工业化推动的经济增长，在很大程度上归功于青壮年劳动力的持续增长，这一点对于理解中国以及东亚经济曾经达到过的高速增长纪录都是非常重要的（张军，2004）。

所共享，看病难、上学难等一系列关乎国计民生的问题非常突出。不仅如此，在投资增长的同时，中国的消费，尤其是居民消费并没有成为经济增长的三驾马车之一，相反，经济增长对出口需求保持着非常高的依赖程度。另外，严重扭曲的资源配置在市场改革的过程中也广泛存在。为什么在中国经济的持续增长过程中会出现如此不协调的现象？显然，这两个方面都不可能是孤立的现象，两者之间肯定有着某种内在的联系，即经济中存在某种内在的机制使得经济社会中这两种现象同时出现。那么这种机制是什么？实际上，自 20 世纪 90 年代中期起许多学者就对此进行了深入的研究。目前基本一致的看法是，我国在长期的经济分权过程中保持了政治上的高度集权体制，这种体制在塑造良好市场激励的同时，强化了政府经济和政治激励，使得经济增长无形中具有了政治化倾向（程晓农，2003）。这种市场经济的激励结构在政治领域的延伸不仅使中国具有了市场经济国家的激励机制，而且也使中国克服了单纯集权制的种种弊端。政治和经济上的双重激励使得中国市场经济在其发展过程中具有明显强势政府的特征。一方面，政治上自上而下的集权体制使得政府间的经济行为具有显著的外部性与零和博弈的特征，这样，为了获得政治领域的竞争优势，作为上级政府代理人的地方政府必然尽量使同级地方政府负的外部性最小化，这种行为选择的一个必然后果就是同级地方政府之间的模仿和追赶行为，而零和博弈使得这种行为进一步激化。另一方面，分权的财政体制使得政治领域的竞争得以实现和强化。因为，虽然政治集权必然会导致同级地方政府之间的竞争，但在缺乏经济自由权的情况下，地方政府之间的竞争只是表现出对上级政府的服从程度，换句话说，地方政府的竞争优势体现在对上级政府服从程度的高低上，正如我国计划经济时期一样。而当地方政府获得了一定的经济自由权之后，具有双重代理身份的地方政府在实现其政治领域的竞争优势时有了较大的能动性，它们会尽力组织资源，凸显其能被代理人识别的竞争优势，而在内部资源有限的情况下，这必然会导致政府之间对辖区外资源的竞争。不仅如此，这种竞争在赋予委托人不对称权重、有限任期和责任的情况下，必然会同时出现两种结果，即牺牲权重较轻的委托人利益和资源配置中的短期行为。实际上，财政分权除了为政府间竞争提供了广阔的空间外，还通过强化预算约束为地方政府进行各种可能促进地方经济发展的尝试性改革提供了较大的激励（张维迎等，1998；Maskin et al.，2000；朱恒鹏，2004）。

上述分析表明，政治集权和经济分权的混合激励结构是支撑中国经济持续增长的内在机制，而这种内在的激励机制发挥作用的一个有效实现手段就是政府间的竞争。政府间为政治资源的竞争正是中国不同于其他转型经济和市场经济国家的重要特征。但对政治资源的竞争只是竞争的最终目的。如何实现政治上的竞争优势？一个有效的途径就是通过经济领域的竞争首先实现经济上的竞争优势。[①]　这里就产生几个问题：同级地方政府在经济领域竞争什么？采取的竞争策略是什么？竞争策略能否帮助其获得经济上的竞争优势？这些问题虽然在中国经济增长机制的研究中被几乎所有的学者所认识，但除了沈坤荣等（2006）给出了有限的经验证据外，从经验上给出的具有说服力的证据还很不足。本章将基于政府间财政领域的竞争行为对上述问题进行实证研究。全章的结构安排如下：第二部分对政府竞争的逻辑关系进行分析，在此基础上提出本章的研究命题；第三和第四部分给出政府间竞争策略及其策略转化的典型化事实，以及不同竞争策略对竞争目标的实现程度，以此对本章研究命题进行检验；最后一部分是结论和政策建议。

二、理论分析与研究命题

完全竞争市场一直被认为是一种最有效的市场结构，而完全竞争也被认为是实现资源合理配置的有效机制。正是基于这样一种逻辑，在政府间引入竞争被几乎所有的经济学家所认可，并在实践中被普遍推行，这也是财政分权的根本出发点。但如何在政府间引入竞争，显然不是一个简单的问题，因为政府间竞争不像完全的市场竞争。市场竞争，不管是要素市场还是产品市场，都可以实现完全意义上的竞争，即这个市场中可以有无穷的供给者和需求者，任何单个的交易者都不具有垄断势力，单个交易者的行为对这个市场和任何其他的交易者不具有外部性。但政

[①]　竞争优势仅仅是一个相对概念，因为我国具有一个典型的多元经济结构，在这种地区间差距比较明显的国家，落后地区无法通过有效的手段在同级政府间获得竞争上的绝对优势。在这种情况下，上级政府对下级政府考核时也会考虑到这一因素，否则经济基础本身就比较落后的辖区政府在晋升无望的情形下就会出现"破罐子破摔"的可能。基于上述事实，上级政府在对下级政府考核时往往会对下级政府进行分类，然后在同类中进行比较。上级政府的这种考核机制使得下级政府在竞争对象上会有所选择，不会盲目地追赶最好。

府间竞争不同，一是在任何一个国家，同级地方政府的数量是有限的，这意味着单一地方政府的行为对其他政府都具有一定的外部性；二是地方政府不可能是同质的，这意味着异质的地方政府都具有一定的垄断势力。上述两个方面的差异使得政府间竞争与完全的市场竞争具有一定的差异，我们不可能指望通过在政府间引入竞争实现像市场竞争一样的效率。但既然是竞争，也必然有相同的地方，不仅如此，和产品或要素的竞争一样，只要有竞争，就有实现效率的可能，只是竞争的程度与效率实现的程度存在差异而已。就前一个问题而言，在市场当中之所以会有竞争存在，最本质的原因在于资源的稀缺性，由于资源的稀缺性，市场主体之间必然会为争夺资源而开展竞争。不过，虽然政府间竞争也是在争夺资源，但资源的内容不同。在政府之间，不管是在政治集权体制中还是在分权体制下，竞争总是围绕着稀缺的政治资源，即获取当选或提升的政治机会。如果我们排除政治寻租的存在，那么这种提升政治上竞争优势的行为在代理人努力程度无法被决定其政治生命的委托人所识别时，必然表现为对其他显性并可被识别指标的追求。[①] 这些指标在实践中主要表现为就业、通货膨胀以及经济增长。委托人可以通过观察这些显性指标来判断代理人的努力程度，从而决定其手中选票的去向。在政治资源有限的情况下，委托人这种观察代理人努力程度的方式对代理人构成了一种外在的压力，这种压力使得代理人之间形成了所谓的标杆竞争（Besley, Case, 1995; Breton, 1996）和模仿行为。例如在我国，代理人之间的标杆竞争和模仿行为表现为地方保护主义、地区产业结构雷同、重复建设等（Yang, 2000; 周黎安, 2004）。[②]

然而，辖区政府为了在显性指标的竞争中获得相对优势，必然会在两个方面做出努力，一方面要尽其可能增加要素的投入，因为要素的投

---

① 当代理人的努力无法被委托人亲身感受到时，委托人只能根据一些可以观测的指标对代理人的努力程度或忠诚度进行衡量。从代理人的角度来说，当委托人的评价成为其效用函数的一个重要变量时，代理人就必然会选择能提高委托人评价的行为，换句话说，就是代理人必须投委托人之所好。

② 标杆竞争和模仿行为并不必然意味着地区间产业结构的雷同与地方保护主义以及重复建设问题。当辖区间政府不是为了政治晋升而竞争时，换句话说，如果政府间的竞争只是出于本辖区委托人利益的最大化，那么竞争行为在地区之间不应该是同质的，辖区政府必然会根据本辖区的比较优势采取异质化的竞争策略。这种竞争就是蒂布特（1956）所指的辖区间政府竞争。但在假定辖区间委托人的偏好一致的情况下，中间投票人定律也会使得各辖区出现雷同的竞争策略和行为选择，但这与政治晋升引致的同质竞争存在差异（Poterba, 1997）。

入永远是促成经济增长的主要手段；另一方面必须提高辖区内可控资源的使用效率。[1] 由于辖区政府行为较强的外部性，为了增加要素投入，辖区间政府就必须为流动性资源展开竞争，流动性资源成为了辖区间政府竞争的标的物。不仅如此，由于相对于国内流动性资源，国外流动性资源被认为具有更高的生产效率，所以流动性资源无形中被辖区间政府进行了一个排序，辖区间政府首先为排序靠前的流动性资源展开竞争。根据我国的实践，相对于国内资本，外国资本具有更高的生产率，不仅如此，依附于外国资本的还有先进的管理经验和技术，所以地方政府对外国资本的竞争要甚于对国内资本的竞争[2]，这种竞争的一个主要表现就是对国外资本实施比国内资本更优厚的待遇。而这种竞争偏好的一个直接后果就是国外资本对国内资本的挤出。杨柳勇、沈国良（2002），张倩肖（2004），王志鹏，李子奈（2004），王永齐（2005），雷辉（2006）等通过对我国省级数据的分析就发现外商直接投资对国内投资具有一定的挤出效应。在国外，类似的现象也被发现（Noovzoy，1980；Agosin，Mayer，2000）。[3]

由于资源总是追逐利益的，这意味着，为了争得资源，辖区政府会在两个层面作出响应：一是实施经济激励，二是改善内部的投资环境。为了实施经济激励，作为辖区政府可以采取的手段有很多，但最容易也最具吸引力的就是降低外来资源的投入成本，其中最主要也最常见的就是税收手段。尤其是在竞争初期，由于信息沟通和搜寻成本的存在，税收手段更是起到了一种信息传递的作用。[4] 但经济激励总是相对的，因为经济激励对外部资源的吸引力不仅取决于本辖区的税收策略，而且也取决于其他辖区的税收策略。这样在不同的辖区之间必然会产生税收策略的博弈行为，即为了提高本辖区的竞争能力，辖区之间必然开展税收

---

[1] 这种使用效率并不是从市场效率的角度进行衡量的，而是针对竞争主体的行为目标而言的。从某种程度上说，如果竞争主体的行为目标与市场配置资源的目标相同，则政府间竞争可以促进市场效率；相反，如果竞争主体的行为目标与市场目标相悖或存在扭曲，则政府间竞争对整个社会或辖区内居民福利而言就是苦不堪言的。

[2] 这里的资本不仅包括物质资本，也包括人力资本。

[3] 实际上，对于国外资本是否对国内资本存在挤出效应，目前的理论研究还存在诸多分歧。Lubiz（1966）、陆建军（2003）等的研究表明，国外资本对国内投资不仅没有挤出效应，而且还有明显的挤入效应。

[4] 实际上，在信息有限的情况下，优惠的税收政策不仅可以直接降低投资者的经营成本，而且也被看成一个信号显示机制，向投资者展示地区经济的实力水平。

竞争。[①] 辖区间的这种税收策略性行为在国内外已被一些学者所证实（Wildsin，1988；Wilson，1999；Brueckner，2003；沈坤荣等，2006）。当然，在我国，由于税权高度集中，地方政府不具有税收的立法权，这意味着，我国的地方政府不具有利用税收手段进行竞争的条件。所以严格来说，我国地方政府间存在的税收竞争不是真正意义上的税收竞争，只能算是一种变相的税式支出或税收优惠竞争。另外，在我国，除了税收手段外，地方政府间的竞争还包括零地价批租（刘健等，2005）[②]、财政补贴（李芳芳，2006）[③] 等。[④]

然而税率设定上的策略性博弈行为最终必然会导致对外部资源征收零税收，从而导致政府收入的较大损失。不仅如此，通过较优惠的税收吸引外资还会引致内外部资源之间的不公平竞争，扭曲市场的配置效率。[⑤] 所以粗放式的税价竞争不可能是一个持续策略。另外，由于辖区间经济发展的不平衡，随着时间的推移，辖区之间的竞争策略必然出现分化。这种分化会在两个方面表现出来：一是辖区间政府竞争出现群分现象，即在和谁竞争这一点上，辖区政府将会有所选择；二是随着辖区间竞争的深化，辖区间的竞争策略也变得更加多样化，由原先单纯的税收竞争逐步向财政支出领域扩展，这种扩展的一个主要表现就是辖区间财政支出和税率设定一样存在明显的策略性行为（Case et al.，1993；Shroder，1995；Figlio et al.，1999；Baicker，2004）。基于上述分析，我们提出本章的第一个命题。

命题1：在我国，政府间的竞争行为不仅使辖区间的税率设定表现出明显的策略性博弈特征，而且也使财政支出行为具有同样的策略性博弈特征。而二元或多元经济的存在，使得政府间的财政竞争表现出明显的群分现象。不仅如此，在不同的辖区，两种竞争策略的转换存在一定的

---

① 但也有学者认为，由于各个辖区在整种经济中的规模都相对较小，因此单个辖区不可能通过设定税率影响资本的平均回报率，从而不存在辖区间税收的策略性行为（Boskin，1973）。

② 参见刘健、李永文：《"零地价"高成本招商 地方财政填窟窿病在何处》，载《经济参考报》，2005-07-20。

③ 参见李芳芳：《我国吸引外资格局继续趋好》，载《人民日报》（海外版），2006-12-07。

④ 宋金平（2005）认为，中国的地方政府还通过压低劳动力的价格降低外部资源的经营成本。

⑤ 税收竞争的存在往往会诱致辖区政府对流动性要素和非流动性要素实行有差别的税收待遇，这一点已为众多学者所研究。

差异，经济落后地区将会更多地依靠粗放式的税收竞争。

　　不管是通过税收手段还是通过支出手段参与政府间竞争，对地方政府来说都意味着相当数量的资源投入（或丧失）。而在任何辖区，政府可控的资源毕竟是有限的，为了能够利用有限的资源实现最大的政治收益，辖区政府必须具有较高的理财能力。实际上，财政竞争某种程度上就是政府理财能力的竞争。而在外部资源的竞争中，这种理财能力就体现为尽可能提高财政可控资源的使用效率。这种效率的一个重要衡量标准就是，投入既定的资源引进的外部资源最大化。为此，辖区政府就必须在财政支出项目上作出一定的选择，这种选择的一个直接后果就是，辖区政府更热衷于在有利于增加其引资竞争力的项目上投入更多的资源。或者说，财政支出的结构更偏向于能直接增加其引资竞争力的项目上。而在财政支出项目中，能直接增加其引资竞争力的项目主要是指基础设施投资支出。实际上，政府偏好基础设施支出除了上面的原因之外，还因为基础设施支出对促进地方经济具有直接的效应，一是基础设施投资本身就是当年 GDP 的一个组成部分；二是基础设施投资具有较强的溢出效应，不仅可以增加社会的供给，而且可以通过就业创造更多的社会需求。正是因为基础设施支出的特殊功效，所以在财政支出中，基础设施支出在政府支出中一直处于非常重要的地位。在我国，基础设施支出更是受到辖区政府的青睐，这一点已被一些学者所证实（Keen and Marchand，1997；张恒龙等，2006；张军等，2007）。相比较而言，一些不能直接提高其引资竞争力的支出项目，在资源有限的情况下，就相应处于次要的地位。像教育支出、社会保障支出、医疗卫生支出等一些社会性支出就不被辖区政府所重视（傅勇等，2007；中国经济增长与宏观稳定课题组，2006）。辖区政府在财政支出项目上的偏好必然使财政支出的结构失衡。当然，由于辖区间经济发展的不平衡，不同辖区可以控制的财力也就存在较大的差异，一些经济实力较强的辖区，虽然基础设施仍是财政支出的一个重要部分，但相比较而言，一些社会性支出也没有被过分忽视。这意味着，在经济实力较强的辖区，财政支出结构的失衡程度要小于经济落后的辖区。而另一方面，由于落后辖区可控资源的有限性，为了尽可能提高其在基础设施方面的竞争力，这些辖区政府就会通过其他非规范的手段获取收入。这其中的两个重要表现就是预算外收入的膨胀和辖区政府各种形式的债务产生。这种预算上的软约束，使得辖区政府有了持续扩大财政支出的可能（平新乔，2007）。而这种软的预算约束和分权型财政体制反过来也进一步增加了辖区政府获取预算外收入的能力（周飞舟，2007）。辖区政府的上述行为在实践中就表现为：落后地区的财政收入对非税收入的依赖要高于经济发达地区。基于上述分析，我们提出本章的第二个命题。

命题 2：辖区间政府竞争使得财政支出结构明显地偏向能提升辖区竞争外部资源能力的项目，但辖区政府对财政支出不同项目的偏好在经济发展不同的地区有所差异，经济越落后的地区，财政支出结构的失衡程度越严重。为了增加财政支出的能力，在增量调整的收入分配方式下，经济落后地区的财政收入更多地依赖于非规范的收费形式，即非税收入在政府收入中占有比经济发达地区更高的比例。

从辖区政府竞争的最终目的看，辖区间通过采取财政策略获取竞争外部资源的优势，本身不是目的，目的在于通过外资数量的增加和外资的各种溢出效应，促进本辖区的经济增长，以获得增长优势的中间目标和政治资本排序上升的最终目标。但外部资源，尤其是外商直接投资，其本身对经济增长的促进作用不仅依赖于外资的数量和质量，更重要的是当地必须具备最低限度的社会能力（Abramovitz，1986）。只有具备了这个最低限度的社会能力，引资方才具备了一定的吸收能力（赖明勇等，2005）。这里的吸收能力主要指当地的人力资本水平、研发能力、区域规划等。这一点已为众多的经验证据所证实。Borensztein 等（1998）对 69 个发展中国家的经验数据所进行的分析表明，东道国的人力资本水平只有越过 0.52 年（男性接受中等程度的教育时间），外商直接投资对东道国经济增长才会产生积极效应。Blomstrom 和 Kokko（2003）的研究也表明，尽管外商直接投资带给东道国的溢出效应潜力很大，但这种潜力的实现受制于东道国人力资本存量、当地企业促进技能流动的兴趣以及竞争的环境。在我国，类似的证据也被秦晓钟（1998）、何洁（2000）以及陈涛涛（2003）、沈坤荣等（2002）的研究所发现。然而，相对于基础设施，人力资本等社会能力的提高属于软环境建设，不仅不易观察，而且需要时间的累积。在财政资源有限的情况下，辖区政府更热衷于前者。财政支出结构上的这种偏好使得外商直接投资对当地经济增长的贡献必然受到影响。但从地区结构上看，经济发展的典型二元结构和增量调整的财政资源分配方式使得辖区间在支出结构偏好上的程度存在差异。这种差异反映在社会能力上，就是经济发达地区的社会能力往往高于经济落后的地区。社会能力上的差异使得外商直接投资对当地经济增长的影响必然存在地区差异。基于上述分析，我们提出本章的第三个命题。

命题 3：在我国，由于财政能力上的巨大差异，地区之间在外商直接投资的吸收能力上存在一定的分化，从而使得外商直接投资对经济增长的促进作用在地区之间存在明显的差异，经济越落后的地区，外商直接投资对经济的促进作用越小。

三、估计模型的设定

辖区政府之间的横向竞争行为，在国外早就引起了学者的关注，Brueckner（2003）和 Revelli（2005）对这方面研究进行了有益的评述。从相关的研究中可以看出，单个辖区在作出税收和支出决策时，临近辖区的财政决策往往作为一个重要因素被考虑。辖区间财政决策的这一经验证据意味着，财政决策在辖区之间具有空间上的相互依赖性。[①] 如果用 f_i 表示辖区 i 的财政决策，f_{-i} 表示临近辖区的财政决策，则上述的经验证据就意味着存在如下的关系式：$f_i = Q(f_{-i}, X)$，其中 X 表示影响辖区财政决策的其他因素。对这个关系式左边求关于 f_{-i} 的一阶导数，就可以得到辖区 i 对临近辖区财政决策的反应函数。然而，不管是从理论上还是从已有的经验上，我们都无法对这个反应函数的斜率作出事前的预测，辖区间财政决策的相互依赖性只能依赖对特定地区所作的经验估计。为此，我们需要将上式转换为可估计的模型。转换的结果如（4—1）式。考虑到临近辖区的异质性，（4—1）式对临近辖区的财政决策赋予了不同的权重，式中的 W 即为不同临近辖区的权重矩阵。k 表示第 k 项财政决策。

$$f_i^k = \alpha X_i + \beta W f_{-i}^k + \varepsilon_i \qquad (4—1)$$

式中的 α、β 分别表示除临近辖区财政决策之外的影响因素对本辖区财政决策的影响程度和临近辖区财政决策的影响。理论上，如果辖区政府之间在财政决策上存在策略性行为，则 β 一定显著异于 0，但对于 β 是大于 0 还是小于 0，理论上还无法作出预测，不过 β 的绝对值大小却可以反映

[①]　不同的研究对辖区间财政决策空间相关性的解释存在一定的差异，具体包括财政政策的溢出效应、对流动性要素的竞争、标杆竞争等。

临近辖区财政决策在本辖区财政决策中的相对重要程度。ε 是一个误差项。但是在将（4—1）式作为估计模型时，有两个问题必须注意：一是 β 显著异于 0 本身并不能表示辖区间财政决策存在策略性行为。因为可能存在某种被模型遗漏的变量，这个变量的作用使辖区之间的财政决策存在相同或相反的运动特征。例如当所有辖区遭遇共同的外生冲击时，辖区之间的财政决策在模型估计时也会出现显著异于 0 的估计系数。二是变量的内生性。因为根据（4—1）式，如果不区别财政决策的地区特征，则（4—1）式可以简化为：

$$f = \alpha X + \beta W f + \varepsilon \qquad\qquad (4—2)$$

很明显，根据（4—2）式，f 具有明显的内生性，因为每个辖区的财政决策都依赖于临近辖区财政决策的一个加权平均。实际上，如果对（4—2）式稍作变化，我们就能得到：

$$f = (I - \beta W)^{-1} \alpha X + (I - \beta W)^{-1} \varepsilon \qquad\qquad (4—3)$$

（4—3）式表明，X 中的每个变量都依赖于所有的 ε，这一结果意味着（4—1）式中的因变量与扰动项存在相关性。由于上述两个问题的存在，Anselin（1988）认为，如果用最小二乘法，一定会导致参数的不一致估计。

上述两个问题说明，如果不考虑（4—1）式存在的空间相关性，参数的 OLS 估计就可能导致虚假的财政决策策略性行为。考虑到这一点，对（4—1）式进行估计需要寻找其他的估计方法。实际上，根据已有的文献，在进行具有空间相关性的参数估计时，主要采用的方法有两种，即最大似然估计（maximum likelihood methods）和广义空间两阶段最小二乘法（GS2SLS）。然而，虽然这两种方法都可以解决空间相关性问题，但相对于后者，最大似然估计还可以通过似然值的比较对模型空间特征的真正源泉进行鉴别。

除了估计方法外，在对（4—1）式进行估计时，还有一个问题非常重要，即权重矩阵 W 的设置。根据变量空间相关性的特征和辖区政府间的竞争行为，W 的设置可以有不同的考虑，从已有的文献看，辖区间的距离因素、人口因素、经济因素等都可能成为 W 设置时考虑的主要方面。从 W 设置的本身含义和目标看，在空间相关问题中之所以考虑权重，一个很重要的方面就是确定哪些地区将成为单个辖区的竞争对手，即确定"临近辖区"的范围。以人口因素为例，国外诸多学者将黑人的比例作为权重，这意味着，单个辖区是根据黑人比例这个因素选择竞争对手并赋予不同竞争对手不同的重要性。在本章的研究中，W 的设置主要考虑了区位因素（东部、中部、西部）、板块因素（东北、华北、华东、华中、华南、西南、西北）、边界因素（是否有共同边界）、经济发展程度因素（人均 GDP）。具体的设置如下：就区位和板块因素而言，与单个辖区位于同一区位或板块的，权重为 $1/n$，其中 n 为同一区位或板块内除本辖区以外的地区数量。就边界因素而言，与单个辖区接壤的地区，其权重设置为 $1/n$，其中 n 为所有与该辖区具有共同边界的辖区数量。就经济发展程度而言，我们根据人均 GDP 将所有地区分为三类，即发达地区（1995 年人均 GDP5 000 美元以上、2005 年人均 GDP20 000 美元以上）、欠发达地区（1995 年人均 GDP3 000～5 000 美元、2005 年为 10 000～20 000 美元）和落后地区（1995 年人均 GDP3 000 美元以下、2005 年为 10 000 美元以下）。位于同一类的地区数量如果为 m，与某一辖区位于同一类的地区所赋权重就为 $1/(m-1)$，不符合上述规定的其他辖区所赋权重都为 0。上述权重的设置方法实际上隐含着：对单个辖区而言，位于同类的其他辖区对自己竞争策略的影响同等重要。通过上述不同权重的设置，我们就可以根据系数 β 的显著程度和数值大小判断单个辖区在竞争对手的选择上是否具有针对性。

四、数据说明和估计结果

为了检验辖区间财政决策是否存在策略性特征，我们将财政决策分为两类，即税收决策和支出决策，其中税收决策仅考虑税率的设定。但与沈坤荣等（2006）不同的是，本章选择的税率仅仅是辖区对进入本辖区的外商投资实际征收的税率（李永友，2007）。之所以没有选择辖区的综合税率，主要是因为综合税率缺少针对性，同时还与辖区的经济结构有关，这些都会对估计结果产生扭曲。在支出决策上，考虑到不同支出项目的差异性，我们根据支出项目将支出决策分为经济建设支出（包括城市维护）和文教卫支出、社会保障支出。为了比较辖区间横向竞争引致的财政决策策略性行为在不同时点是否存在差异性，同时考虑到数据的可得性，本章选择了 1995 年和 2005 年作为分析的时点。之所以选择 1995 年和 2005 年作为分析的时点，还出于以下两个方面的考虑：一是我国 1994 年正式确立市场经济改革的方向，所以选择 1994 年之后的时间就避免了体制不同或体制改革目标不明确对比较结果的扭曲；二是 1995 年正好是正式明确市场经济改革之后的第一年，为了考察随着市场的不断完善政府财政行为的变化，我们必须选择距 1995 年足够长的时点，只有这样，我们才能看到财政行为变化是否显著，如果时距太短，政府财政决策变化的显著程度就会下降，而 2005 年是距 1995 年时间最长又是数据可得的时点。由于重庆市是在 1996 年之后从四川省分离出去的，所以 1995 年的数据不包括重庆市。再有，考虑到西藏地区的数据异常，我们在地区的选择上也将西藏排除在外。这样 1995 年的地区数量为 29 个，2005 年为 30 个。

作为辖区对外部资源（为简化分析，以下仅指外资）竞争的主要手段，税收策略应体现在对外资课征的所得税率上，所以理想的税率测度应该是外资的经营所得实际缴纳的所得税占经营利润的比重。但在现有公布的统计数据中，我们无法获得本辖区所有外资的经营所得。为此，本章选择了《中国税务年鉴》上公布的外商投资和外国企业、港澳台企业当年缴纳的所得税收与当年年底各辖区吸引的外资存量比值，即单位资本的税收负担率。数据来源于 1996 年与 2006 年《中国税务年鉴》和《中国统计年鉴》以及中经网年度数据库（部分数据经计算所得）。而经济建设支出（包括城市维护费）、文教卫支出和社会保障支出都来自 1996 年与 2006 年《中国财政年鉴》中公布的年度决算数据，其中经济建设支出（包括城市维护费）是指辖区用于基本建设和城市维护方面的支出，文教卫支出包括文化教育和卫生支出，社会保障支出包括抚恤、社会福利、社会救济、社会保障补助支出、政策性补贴支出（1997 年之后）、价格补贴（1995 和 1996 年）。为了检验三类支出在辖区竞争中的相对重要性，三类支出都采用相对量形式，即各类支出占总支出的比重。

在对（4—1）式进行估计时，控制变量 X 的选择非常重要。实际上，在现有的文献中，由于研究的对象不同，控制变量的选择有一定的差异。考虑到样本数量的限制，本章从经济和社会两个角度各选择了一个指标，即人均 GDP、人口数量。一般认为，人均 GDP 水平反映了一个地区的经济发展程度，人均 GDP 越高，说明该地区的经济发展水平越高，税收筹集的能力就越高，辖区财政提供公共物品的能力也就越强，另一方面，对外资实施税收优惠的余地相对较大。考虑到人均 GDP 与因变量之间可能存在非线性关系，控制变量中还增加了人均 GDP 的平方项。人口数量主要度量一个地区社会因素对财政决策的影响，人口数量越大，意味着对公共需要的压力也就越大，进一步地，对税收的要求就越高，实施税收优惠的余地相对就越小。考虑到变量之间量纲差异可能对估计结果产生影响，对上述变量进行了对数处理。上述数据中的 GDP 数据来自 1996 年与 2006 年《中国统计年鉴》中的人均 GDP 数据，人口数据来自中国经济信息网公布的年底人数。

　　表 4—1 对财政变量的变异程度在 1995 年和 2005 年的情况进行了直观描述。可以看出，单位外资的所得税负除了西部地区外，10 年中都呈现出一种收敛的趋势，其中中部地区最为明显，其次是东部地区。就全国范围而言，收敛趋势也比较显著。仅就数据看，上述事实说明了两个问题：一是税收策略仍然是不同地区竞争的一个重要手段；二是税收竞争在不同区域存在差异，中部地区的税收竞争最为激烈，东部地区次之，相反，西部地区由于地区间的差异较大，税收并没有成为地区间竞争的重要手段。从支出策略看，就全国范围而言，经济建设支出 10 年中出现了一定程度的收敛趋势，相反，社会保障支出却呈现出明显的发散趋势。分地区看，东部地区除了社会保障支出外，经济建设支出虽然收敛的趋势不是很明显，但收敛还是存在的。相比较而言，西部地区在经济建设方面的收敛性更显著。相反，中部地区出现了较明显的分化。上述数据表明，支出策略虽然还没有取代税收的作用成为辖区间竞争的主要策略，但利用支出策略获取竞争优势在东部和西部地区正在发生。相比较而言，由于受财政能力的限制，非经济建设支出在地区间出现了明显的分化现象。当然，上述仅仅是根据常见的地区分类进行的分析。为了对辖区间的财政竞争特征进行更准确的描述，我们利用权重的不同设置对（4—1）式进行了估计。

表 4—1　　　　　　　　财政变量在不同地区内的趋同或变异程度

	1995 年				2005 年			
	全国	东部	中部	西部	全国	东部	中部	西部
实际税率	1.17	0.95	0.98	0.57	0.80	0.75*	0.42	1.04
经济建设支出	0.39	0.36	0.13	0.41	0.36	0.35	0.27	0.36
文教卫支出	0.12	0.13	0.07	0.16	0.14	0.15	0.12	0.15
社会保障支出	0.33	0.33	0.26	0.16	0.47	0.52	0.36	0.34

　　说明：表中数字都为变异系数。
　　* 2005 年海南省的单位资本所得税负仅有 1.2 左右，如果剔除海南省，东部地区 2005 年该值仅为 0.68。

　　表 4—2 的估计结果表明，辖区间政府的竞争策略在不同的财政工具

之间有明显的差异。首先，税收工具不管在 1995 年还是 2005 年都是政府间竞争的一个重要工具，这与表 4—1 的直观是相一致的。但税收工具在竞争策略中的重要性在不同的时点存在一定差异。从估计系数看，1995 年，临近辖区的税率每下降 1%，该辖区的税率就会下降 2.2%。到了 2005 年，这种影响的程度出现了明显的下降，由 2.2% 下降到 1.46%。不仅如此，尽管临近辖区的税率设置对本辖区的税率设置在两个时点都有非常显著的影响，但仅就 t 统计量而言，2005 年的显著程度出现了一定下降。从不同权重设置的情况看，辖区间税收竞争具有明显的聚类特征，这说明，单个辖区在利用税收工具参与政府间竞争时，在竞争对象上是有所选择的。从四种权重设置对估计系数的影响看，目前我国辖区间竞争主要体现在东中西三个板块内部，而与是否有共同的边界或临近区域无关。我国目前对东中西部的划分不仅与地理区位有关，还与经济发展水平有关，这说明，辖区政府在选择竞争对手时，经济发展水平是否相近也是一个考虑的因素。这一点在表 4—2 中也得到了证实。

表 4—2　　　　　　　　　辖区间财政政策的策略性程度估计

	1995 年		2005 年	
	β	标准差	β	标准差
实际税率：				
权重 1	2.21	0.31	1.46	0.44
权重 2	0.05	0.28	0.03	0.22
权重 3	0.17	0.39	0.15	0.27
权重 4	0.83	0.51	1.09	0.45
经济建设支出：				
权重 1	0.03	0.40	0.22	0.13
权重 2	−0.14	0.23	0.21	0.07
权重 3	−0.23	0.31	0.26	0.08
权重 4	0.28	0.17	0.34	0.15
文教卫支出：				
权重 1	−3.69	0.84	0.13	0.38
权重 2	0.17	0.11	0.23	0.17
权重 3	0.24	0.35	0.29	0.38
权重 4	−0.78	0.84	0.28	0.47
社会保障支出：				
权重 1	0.78	0.31	0.55	0.39
权重 2	−0.03	0.24	0.78	0.45
权重 3	−0.04	0.26	0.55	0.36
权重 4	0.11	0.50	0.73	0.49

　　说明：表中第 1 栏的权重 1，2，3，4 分别是指按区位因素（东部、中部、西部）、板块因素（东北、华北、华东、华中、华南、西南、西北）、边界因素（是否有共同边界）、经济发展程度因素（人均 GDP）进行赋值的权重设置方法，具体见文中解释。

　　从支出决策看，表 4—2 的结果表明，辖区间政府在支出决策上的竞争与税收竞争有所不同。不仅如此，不同的支出项目在竞争中的重要性也不一样。就经济建设支出而言，1995 年，除了经济发展水平相近的辖区间存在一定程度的竞争外，在经济建设支出方面，辖区间财政支出决策不存在明显的策略性。这一结果意味着，在市场化改革之初，虽然地方政府之间已经存在激烈的竞争，但竞争的手段还主要停留在粗放式的税价竞争上，支出手段还没有成为政府间竞争的工具。相比较而言，2005 年的数据反映，临近辖区的经济建设支出对单个辖区决定本辖区的经济建设支出具有明显的影响，不仅如此，这种影响在四种权重的设置下都较为明显。但从影响的显著程度看，在具有共同边界或位于临近区域内的不同辖区间，这种影响更为显著。这一结果表明，经济建设支出的竞争与税收竞争存在一定的差异，差异的主要表现是：虽然经济发展程度和区位因素是辖区选择竞争对手时考虑的两个重要因素，但地理位置更是辖区政府考虑的因素。辖区政府在决定本辖区经济建设支出水平时更多会考虑邻近辖区的决策。这一点为辖区间支出领域存在的标杆竞争提供了最直接的经验证据。但随着人口流动范围的不断扩大，发生在临近辖区之间的标杆竞争也在不断扩大，这一点与本章所估计出的四种权重设置都产生较明显的策略行为是相一致的。

　　就文教卫和社会保障两类社会性支出而言，这两类支出对 GDP 的增长虽然有很大的促进作用，但这种作用的发挥需要很长时间，尤其是在目前人口流动性较高和政府任期有限的情况下，将有限的财政资源投资于这些方面，对辖区政府而言显然不是一个最佳的决策。从表 4—2 的估计结果看，1995 年，临近辖区文教卫支出每上升 1%，本辖区的文教卫支出就会下降近 3.69%。这一结果表明，文教卫支出在辖区之间具有明显的溢出效应，即临近辖区文教卫支出增加，本辖区就会相应减少文教卫支出。但到了 2005 年，辖区间的这种溢出效应已经不复存在，这可能是因为辖区政府已经意识到，在人口流动频繁的情形下，增加文教卫支出短时间内不仅对自己无利，反而使自己的竞争对手得到好处。在这种情形下，降低本辖区的文教卫支出无疑是一种最优的选择。实际上，这一结果在各地区文教卫支出占整个财政支出比重的平均水平上也得到了验证。2005 年较 1995 年，各省财政用于文教卫的支出平均下降了近 8.5%。和文教卫支出一样，社会保障支出在地方政府的财政决策上一直没有成为一个有效的竞争手段。实际上，上述结论在国内的诸多相关研究中得到了证实。例如，平新乔等人（2006）在估计预算外支出与教育需求的关系时发现，预算外支出对教育需求不敏感。乔宝云等（2005）在研究财政分权对小学义务教育投资的影响时也发现类似的结论。

辖区政府为了提高本辖区对外资的吸引力，一方面利用税收手段，通过增加外资的利润空间获取竞争优势；另一方面通过经济建设支出改善本辖区的投资环境，以降低外资的成本和投资风险，从而间接获取竞争上的优势。但这种竞争方式的一个直接后果就是，纯粹地依靠税收将无法达到上述目标，尤其是在经济基础本身就比较落后的地区。这是因为，一方面，粗放式的税价竞争直接导致政府收入的下降；另一方面，改善本辖区的投资环境还需要大量的经济建设支出，同时，受中央层面的外在约束，地方政府压缩其他支出的可能性又较少。因此，为了解决上述两个方面的矛盾，财政支出在经济基础相对薄弱的地区就会更多地依靠税外收入，比如政府性收费、罚没收入、土地收入等各种预算外收入等。图 4—1 根据《中国财政年鉴》的数据对上述情况进行了实证描述。

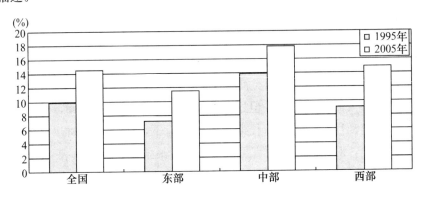

图 4—1　辖区政府对非税收入的依赖程度

可以看出，在内部竞争最激烈的中部地区，非税收入（主要包括政府性收费、罚没收入及其他收入）占整个财政收入的比重 2005 年高达约 17.9%，这意味着，地方的财政支出有 1/5 是依赖于非规范的财政收入。其次是西部地区，2005 年也达到了近 15%。那么为什么经济更不发达的西部地区对非税收入的依赖反而比中部地区低呢？原因有两个：一是位于西部的各地区差异性较明显，地区间的竞争不是非常激烈；二是西部地区的许多支出可以依赖于中央政府的支持，因而对内部财力的要求就相对较低。相比较而言，在经济较发达的东部地区，由于有充足的税源，因而对非税收入的依赖相对较小，2005 年还不到 11.5％。当然，如果将非税收入扩大到所有公共部门获取税收以外的收入，那么上述结论可能会有所不同。例如，如果将土地收入纳入我们的分析框架内，各个地区对非税收入的依赖可能更强，尤其是在竞争程度较高的东中部地区。同时，也没有考虑地方利用政府信誉借债支出或提供担保以使非公共部门承担公共职能的情况。

　　除了通过税外收入解决竞争过程中的财力不足问题，辖区政府还有另外一个途径以最大限度地提高有限资金的短期经济收益。这就是通过财政支出结构调整，一方面增加经济性支出所占比重，另一方面减少社会性支出所占比重。不仅如此，随着市场规模和经济社会关系日趋复杂，维持性支出不可能成为削减对象，相反，随着时间推移，这些用于直接满足公共部门需要的支出不仅不会下降，反而在部门利益最大化驱动下会有所上升。表 4—3 中的数据对这一现象进行了总结。表 4—3 显示，社会性支出不管是就全国层面，还是就地区层面，都出现了一定程度的下降，最为严重的是西部地区，下降幅度超过 4％。相比较而言，维持性支出在所有地区都呈现出较大幅度的增长，经济建设支出除了在东部地区出现了一定程度的下降外，在中西部地区都有增加。

表 4—3　　　　　　　　　　　财政支出结构的变化特征

	1995 年			2005 年		
	经济性	社会性	维持性	经济性	社会性	维持性
全国	18.19	36.08	24.87	18.55	31.12	32.38
东部	23.09	33.33	21.70	21.21	29.14	30.98
中部	14.98	38.88	26.25	15.63	34.30	33.17
西部	15.39	36.64	27.37	18.24	30.44	33.22

　　说明：表中的三类支出并没有涵盖财政支出的所有项目，所以三类支出的加总并不是100％。其中经济建设支出包括基本建设支出、企业挖潜改造支出和城市维护建设支出；社会性支出包括文教卫和社会保障方面的支出；维持性支出包括行政管理支出、各部门的事业费等。

五、本章小结

　　在政治生命或晋升机会被上级政府牢牢控制的政治集权体制中，官本位的浓厚情结造就了层层对上负责的官员行政取向。在这种体制下，地方政府为了获取政治上的晋升机会，在排除政治受贿的情况下，对晋升机会的竞争就转化为了对经济增长的竞争，因为经济增长是一个最能体现地方政府政绩的手段和外在的显性指标，这一指标不仅能被上级政府轻易识别，而且也是最容易在较短时间内做到的事情，这一点在较短任期和缺乏事后责任追究的情况下可能更为重要。为了获取促进增长的经济资源，地方政府之间展开了激烈竞争。本章的实证结果表明，地方政府之间的竞争和商品市场竞争一样，在初始阶段都是表现为一种粗放式价格竞争，税收成为了地方政府最重要的竞争手段。

但地方政府之间的竞争和商品市场的完全竞争不同，政府间的竞争具有显著外部性，尤其是在外部资源有限的情况下，地方政府决策外部性更加显著。以税收为例，为了吸引流动性资本，地方政府往往会采取降低税率措施，但本地降低税率必然会使同级其他辖区的相对税率上升，继而竞争力下降，这样其他辖区也就会采取降低税率的策略，因为这是其占优策略。地方政府之间竞争策略的相互作用机制使得它们之间的竞争策略具有了明显的策略性特征。本章实证结论验证了这一理论推测。但粗放式税价竞争的一个直接后果就是地方政府的财力紧张。为了缓解财力的紧张状态，同时不至于降低本辖区竞争力，政府间竞争策略开始出现分化，即随着经济差距扩大，虽然税收仍然是政府间竞争的主要手段，但竞争策略开始向支出延伸，从而导致地方政府财政支出出现结构性偏向。

第5章 转移支付制度与地方财政收支策略

本章提要： 本章主要分析大规模转移支付下的地方政府财政收支决策，结论显示：（1）转移支付对地方财政收支决策的影响存在明显差异，地方支出决策对转移支付变化的反应非常明显，地方收入决策对转移支付变化的反应却不明显；（2）地方财政支出决策对转移支付周期变化的反应并不对称，转移支付增加对地方财政支出决策的影响要弱于转移支付减少的影响；（3）地方财政收支决策对专项转移支付变化的反应都非常显著，这种反应并不受专项转移支付周期变化的影响；（4）地方财政收支决策对转移支付变化的反应显著受到地区间竞争程度和地区开放程度的影响，其中，地区间竞争程度增加了地方财政收支决策对转移支付变化的反应程度，而地区开放程度却在一定程度上减缓了上述反应。

一、问题导出

在标准财政联邦制理论中，财政职能适当分工一直被认为是有效政府治理的重要机制。其中，由于收入流动性和偏好异质性，中央政府在课税上具有相对效率优势，而地方政府在支出上具有相对效率优势。收支效率的不一致，使得中央、地方两级政府间的收支分权程度出现一定程度的差异，这种差异的直接表现就是财政收支上的纵向不平衡。为了解决政府间财政收支的纵向不平衡，在各国财政体制设计中，转移支付成了一项不可或缺的内容。在我国，1994年的分税制改革在使财政收入集中程度跳跃性上升的同时，实施了较高程度的支出分权。财政收入集中与财政支出分权使得财政收支在中央地方之间的初始分配出现了失衡，其中中央集中了50%以上的财政收入，却承担了不到30%的财政支出，而地方分享的财政收入不足50%，却承担了70%以上的财政支出。财政收支初始分配上的不均衡使得地方各级财政收支矛盾异常突出。为了解决地方财政的收支矛盾，中央对地方实施了较大规模的转移支付，甚至在某些地方，转移支付成了财政支出的主要融资手段。以 2006 年为例，2006 年地方财政支出对中央财政转移支付依存度为 44.4%，其中，有 19 个省（或自治区）的财政支出对中央财政转移支付依存度超过 50%，最高的青海省有近 84% 的财政支出依赖中央财政转移支付（由于西藏的特殊性，这里并不考虑西藏对转移支付依存度问题）。如此大规模的转移支付对地方财政收支决策是否会产生影响？

从理论上说，上级政府对下级政府实施转移支付有很多原因，其中包括公共品的跨区溢出、均等化公共服务以及引导地区财政资源配置等。如果不考虑地区间异质性偏好和转移支付实施目标，对下级政府来说，无论出于什么原因，来自中央政府的转移支付总是增加了本级财政的可支配收入。可支配收入增加对接受转移支付的地方政府来说，意味着预算约束线发生了改变。所以，在分散决策机制下，大规模的转移支付必然会影响地方政府的最优财政收支决策。这种影响又会通过地方政府的财政收支传递到区域经济增长和社会整体福利上。从这个意义上说，理解上级政府转移支付如何影响下级政府财政收支决策对一国转移支付制度的设计无疑非常重要。本章的目的就是从实证层面揭示面对大规模的转移支付，地方政府财政收支决策的反应是否显著，反应程度到底有多大。

实际上，针对我国如此大规模的转移支付，已有大量文献对其影响进行过研究，例如马俊（1997）、Knight 和 Li（1999）、曾军平（2000）、刘溶沧和焦国华（2002）、Tsui（2005）、解垩（2007）、尹恒等（2007）、Kiril Tochkov（2007）等就我国不同时期的转移支付对下级政府财政能力或地方财政人均支出差异的作用效果进行的研究，Raiser（1998）、Yao（2006）等关于转移支付与地区差异的研究，马拴友和于红霞（2003）关于转移支付是否促进区域经济收敛的研究，江新昶（2007）关于不同转移支付项目对平衡区域发展的影响研究，等等。然而上述这些研究基本上都是针对转移支付的间接效果，对大规模转移支付下地方政府财政收支决策的研究还比较少。实际上，根据转移支付作用效果的传递路径，转移支付对公共品供给能力与区域经济增长的影响都是通过地方政府的财政收支决策传递的。面对如此大规模的转移支付，地方政府财政收支决策的不同反应方式直接决定了不同的公共品供给水平和经济增长效应。正是基于上述考虑，本章将专门研究大规模转移支付下的地方政府财政收支决策。和已有文献相比，本章的贡献主要体现在如下两个方面：一是构建了地方财政收支决策对大规模转移支付的反应函数，并从经验上对其反应程度进行了估计；二是对反应程度地区间差异的影响因素进行了分析，揭示了反应程度与地区间竞争程度、市场化程度等变量的关系。本章结构安排如下：第二部分对国内外相关文献进行评述；第三部分建构地方政府财政决策的理论模型；第四部分为计量模型和估计方法的选择，在此基础上对地方政府的财政收支决策进行实证分析；第五部分为研究结论。

二、转移支付制度的激励效应：基于文献的归纳

下级政府对来自上级政府的转移支付会作出怎样的反应，关键取决于下级政府财政收支决策和转移支付特征，前者决定于下级政府的最优化行为目标，后者制约着下级政府的选择集。在下级政府追求辖区内社会福利最大化假定下，如果在接受上级政府转移支付之前，下级政府已经在地方公共品与私人消费之间作出了最优安排，那么来自上级政府的一般性转移支付只会产生收入效应，即仅使地方政府的预算约束线发生平行移动，不会对地方政府财政收支行为产生扭曲效应。在这种情况下，Bradford 和 Oates（1971a，1971b）借助一个简单的财政决策模型证明了对下级政府的财政拨款等价于给地方选民的现金支付，模型同时预测政府间拨款和地方私人部门收入的增加对地方公共支出产生同样影响。然而这一结论在经验上并没有得到明确支持。实际上，后来诸多经验证据表明，上级政府的财政拨款被不成比例地花在公共服务上。这种经验结论即是 Arthur Okun 所说的苍蝇纸效应（flypaper effect）。之所以出现理论与经验上的不一致，原因主要是理论模型的假定过于理想化。实际上，下级政府的财政决策往往会受到政治过程的影响，同时，上级政府在决定转移支付时也会考虑下级政府的某些特征。这意味着，转移支付在实践中不是完全外生的。不仅如此，转移支付也不都是无条件一般拨款，还有条件拨款，有时还出现封顶配套拨款。正是因为上述复杂性，Turnbull 和 Djoundourian（1994）认为，基于中间投票人的财政决策模型虽然解释了地方政府的支出水平，但在理解地方政府预算决策上过于简单和天真。

　　鉴于地方政府预算决策和转移支付的复杂性，后来的文献放宽了假定。例如：Dougan 和 Kenyon（1988）研究了当利益集团对地方政府预算决策存在较大影响时，压力集团的政治势力会如何影响地方政府对转移支付的反应。Sørensen（1995）研究了政治家偏好会对转移支付下的地方政府支出决策产生怎样的影响。在经验上，Besley 和 Case（1994）利用政治变量作为工具变量，将上级政府拨款分为内生和外生，经过这样的处理后，研究发现内生性拨款对下级政府支出决策没有产生显著影响，这时拨款对地方政府预算决策仅产生收入效应。Knight（2002）则使用了一个立法交易模型研究对公共服务有更强偏好的州的财政支出决策对联邦拨款的反应。除了考虑政治过程和拨款内生性外，最近出现的部分文献还从计量上讨论了转移支付对地方财政支出决策的影响。Becker（1996）、Worthington 和 Dollery（1999）就认为，早期关于转移支付对地方财政支出决策的研究结论与使用的估计方程有关，因为如果将线形函数形式改为对数函数形式，转移支付对地方财政支出就不再产生显著影响。Knight（2002）、Gordon（2004）、Dahlberg 等（2008）认为，苍蝇纸效应的经验证据受忽缺变量偏误影响，通过纠正那些与政府间转移支付有关的忽缺变量，就会得出与苍蝇纸效应不同的结论。

　　实际上，转移支付对地方财政支出是否产生影响以及影响程度，在经验上还远未取得一致。这种情况除了上述已经提到的原因，可能还与其他因素有关。例如 Moisio（2002）的研究证实，转移支付效应在不同类型的地区和不同类型的项目上存在较大差异；Gramlich（1987）、Gamkhar 和 Oates（1996）、Bruno（2001）、Karlsson（2006）的研究表明，地方财政支出对上级政府拨款增加和减少的反应是不对称的；Turnbull 和 Geoffrey K（1992）研究了不完全信息和不确定环境下的中央拨款对地方财政支出的影响，研究表明，在不确定环境下，信息上的不完全使得上级拨款对地方支出具有更大的刺激作用。

　　上述文献都是讨论地方财政支出对转移支付的反应，而地方财政决策不仅包括支出决策，还包括收入决策。从地方政府的约束集考虑，转移支付首先是增加地方政府的可用财力。在支出水平一定的条件下，地方政府可能会降低辖区内的课税程度以提高辖区内经济的灵活性，尤其是在面临较大区域间竞争压力下，策略性课税决策对地方政府而言更是一种占优策略。然而由于地方税收决策的复杂性，经验证据与理论预测可能并不一致。Smart（1998）使用一个最优课税模型研究了加拿大均等化转移支付对地方税收决策的影响，研究表明，当转移支付产生的收入效应不是非常高时，均等化转移支付反而会引致较高的均衡税率水平。这一结论在后续 Kothenburgen（2002）与 Bucovetsky 和 Smart（2006）的研究中得到了进一步分析。然而上述研究仅考虑了地区间税基流动，没有考虑地区间税收竞争效应的影响。针对上述缺陷，Leonzio Rizzo（2008）利用美国和加拿大面板数据研究了均等地方税基的转移支付对地方税收决策的影响，研究表明，均等化转移支付在一些假定下不会影响地区间的税收反应函数。[①] 上述研究仅考虑地方政府在税率确定上的反应，而事实上，地方政府还可能通过改变课税努力程度对转移支付作出反应。我国学者乔宝云等（2006）的研究表明，我国以税收返还和总量转移支付为主要内容的转移支付制度抑制了地方财政的努力，但其程度存在明显的区域效应。这一结论在张恒龙等（2007）的研究中得到了进一步证实。

通过前述文献回顾可以看出，无论是地方政府支出决策还是税收决策，转移支付的影响至少在经验上还存在较大差异。从上述文献研究内容看，基本上都是集中讨论转移支付对地方财政收支某一方面决策的影响，这一点可能与现实并不相符。实际上，地方财政收入决策与支出决策基本上是同时作出的，不仅如此，在平衡预算约束下，无论是以支定收还是以收定支，都意味着支出决策与收入决策之间存在着相互作用。[②] 在考虑到地方财政收支决策同时决定并相互影响之后，转移支付的影响会是一个什么样的结果可能还需要给出经验上的判断。鉴于上述考虑，本章将在效用最大化目标和平衡预算约束下，分析转移支付对地方财政收支决策的影响。与已有研究不同的是，本章将重点讨论地方财政收支决策同时决定和相互影响时，地方财政对转移支付的反应。

三、理论模型

这一部分主要沿用 Slack（1982）的分析框架，从理论上构建地方财

[①] Leonzio Rizzo. "Local Government Responsiveness to Federal Transfers: Theory and Evidence," *International Tax and Public Finance*，Springer，2008，vol. 15 (3)，pp. 316 - 337.

[②] Slack（2001）虽然在分析地方财政对转移支付反应时考虑了收支决策的同时决定，但研究的着力点还是落在支出对转移支付的反应上。参见 Enid Slack. "Local Fiscal Response to Intergovernmental Transfers," *The Review of Economics & Statistics*，1980，vol. 62 (3)，pp. 364 - 370。

政收支决策对转移支付的反应函数。假定地方政府的财政决策目标是在一系列约束条件下最大化代表性当事人的效用。其中，代表性当事人效用只取决于公共品和私人品的消费数量，如（5—1）式所示。

$$\max U(Q_G, Q_P) \tag{5—1}$$

效用函数满足 $U_{Q_G}>0$，$U_{Q_P}>0$，$U_{Q_G Q_G}<0$，$U_{Q_P Q_P}<0$。对代表性当事人来说，无论是 Q_G 还是 Q_P，都受地方政府预算决策的影响。其能够消费的公共品受政府预算约束影响，能够消费的私人品受政府税收政策影响。为了避免私人品界定上的困难，在最大化效用假定下，当事人消费的私人品完全可以用私人的税后净收入表示。即私人存在（5—2）式的预算约束，其中 y 和 y' 分别表示当事人收入与应纳税所得额。如果将整个区域就看做一个代表性当事人，则 y 和 y' 相应就变为地区生产总值与课税基数。对政府来说，提供 Q_G 水平的公共品受到政府的预算约束，即（5—3）式表示的不等式，其中 TRS_g 和 TRS_s 分别表示一般性转移支付和专项转移支付①，两类转移支付占全部转移支付的比重分别为 m 和 n，两者之间满足 $m+n=1$。根据我国转移支付特征，税收返还和体制补助部分依赖于地方税收，而专项转移支付又往往与各地区自身特征有关，比如农村税费改革补助支出、民族地区转移支付等。上述制度安排意味着，我国转移支付确定具有显著内生性。为此，设定 $TRS_g=\delta ty'$，$TRS_s=\alpha X$，其中，δ 和 α 分别表示两类转移支付的确定系数，X 代表所有与确定专项转移支付有关的地区特征变量。

$$Q_P \leqslant y - ty' \tag{5—2}$$
$$Q_G \leqslant ty' + TRS_g + TRS_s \tag{5—3}$$

经过上述设定，地方政府最大化代表性当事人效用就可以表示为求如下 Lagrangian 函数的一阶最优条件，以此确定最优的 Q_G 和 t。为此，我们将当事人的效用函数设定为 C-D 函数形式，其中 β_1 与 β_2 小于 1，即无论是公共品还是私人品，对当事人来说都存在边际效用递减特征。将（5—5）式代入（5—4）式并对（5—4）式分别求 Q_G 和 t 的一阶导数，得

---

① 为了简便起见，本章将全部转移支付分为两类，即一般性转移支付和专项转移支付，暂不考虑配套与非配套之间的差异。为简化起见，一般性转移支付定义为税收返还与原体制补助，其他都被划入专项转移支付。下文中如果不作特别说明，专项转移支付都是指同样的含义。

到（5—6）式和（5—7）式。对求解结果进行简单化得到（5—8）式和（5—9）式，（5—8）式和（5—9）式即是我们所要求的 Q_G 和 t 函数式。从（5—8）式和（5—9）式可以看出，无论是支出水平确定，还是税率确定，两类转移支付都会对其产生影响。不仅如此，如果考虑到 $\delta ty' = \dfrac{m}{n} TRS_s$，那么两类转移支付的比重对支出决策与税率确定也会产生影响，影响的方向关键取决于 $\beta_1 - \beta_2 (1+\delta)^2$ 是否大于 0，如果大于 0，则专项转移支付增加对支出水平和税率都会产生正的影响。相比较而言，一般转移支付的影响较为复杂。另外，从财政支出决定方程式中可以看出，地区生产总值对支出水平也会产生正向作用，如果我们将财政支出水平看做地区居民对公共品的需求，y 表示居民收入水平，则（5—8）式表明，随着收入上升，居民对公共品的需求也会增加。这一理论推导与苍蝇纸效应的经验证据是相一致的。

$$L = U(Q_G, Q_P) + \lambda (Q_P - y + ty') + \mu (Q_G - ty' - TRS_g - TRS_s) \quad (5\text{—}4)$$

$$U = Q_G^{\beta_1} Q_P^{\beta_2} = Q_G^{\beta_1} (y - ty')^{\beta_2} \quad (5\text{—}5)$$

$$\frac{\partial U}{\partial Q_G} = \beta_1 Q_G^{\beta_1 - 1} (y - ty')^{\beta_2} + \mu = 0 \quad (5\text{—}6)$$

$$\frac{\partial U}{\partial t} = -\beta_2 Q_G^{\beta_1} (y - ty')^{\beta_2 - 1} y' - \lambda y' + \lambda y' - \mu y'(1+\delta) = 0 \quad (5\text{—}7)$$

$$Q_G = \frac{\beta_1 TRS_s + \beta_1 y (1+\delta)}{\beta_1 - \beta_2 (1+\delta)^2} \quad (5\text{—}8)$$

$$t = \frac{\beta_2 (1+\delta) TRS_s + \beta_1 y}{\beta_1 y' - \beta_2 (1+\delta)^2 y'} \quad (5\text{—}9)$$

然而，地方财政收支方程并不非常切合我国实际，因为我国税收政策是由中央政府先行决定的，对地方政府来说，税率确定是一个先决条件。在这种情况下，地方政府在税收上的相机权限只能是改变征税努力程度，从而改变当事人的实际税负。在考虑到地方政府面临的实际约束后，（5—2）式和（5—3）式就变化为如下的（5—10）式和（5—11）式，其中 ϕ 为地方政府征税的努力程度。在这种情况下，重复上述求解过程，我们可以得到如下一阶条件决定的支出决策和税收努力方程式。根据传统认识，专项转移支付对地方政府预算决策不仅产生收入效应，而且会产生相对价格效应，而根据（5—12）式和（5—13）式的推导结果，可以看出我国专项转移支付对地方政府税收努力程度产生的价格效应要小于收入效应，因为在一般的假定下，$\dfrac{\partial Q_G}{\partial TRS_s} = \dfrac{\beta_1}{\beta_1 + \beta_2} > 0$，

$\dfrac{\partial \phi}{\partial TRS_s} = -\dfrac{\beta_2}{(\beta_1 + \beta_2)\ ty'} < 0$。但很明显，专项转移支付对税收努力的边

际影响要远远小于对支出的边际影响。就一般转移支付而言，存在 $\dfrac{\partial Q_G}{\partial \delta} =$

$\dfrac{\beta_1 ty'}{\beta_1 + \beta_2} > 0$，$\dfrac{\partial \phi}{\partial \delta} = -\dfrac{\beta_2}{\beta_1 + \beta_2} < 0$。和专项转移支付相比，虽然两类转移支

付的影响方向基本一致，但一般转移支付对税收努力的影响程度要大于

专项转移支付。

$$Q_P \leqslant y - \phi ty' \tag{5—10}$$

$$Q_G \leqslant \phi ty' + \delta ty' + TRS_s \tag{5—11}$$

$$Q_G = \frac{\beta_1 y + \beta_1 \delta ty' + \beta_1 TRS_s}{(\beta_1 + \beta_2)} \tag{5—12}$$

$$\phi = \frac{\beta_1 y - \beta_2 \delta ty' - \beta_2 TRS_s}{(\beta_1 + \beta_2) ty'} \tag{5—13}$$

四、计量模型、估计方法与变量选择

为了检验上述理论预测，本节将利用我国各地区 1995—2006 年的面板数据进行实证研究。[1] 为此，我们需要将（5—12）式和（5—13）式变成可以计量的模型。从（5—12）式和（5—13）式可以看出，影响地方财政收支决策的因素主要包括地区生产总值、课税基础、两类转移支付、法定税率等。所以我们对（5—12）式和（5—13）式作如下转换。

$$Q_G = f(y, y', t, \delta, TRS_s, X) \tag{5—14}$$

$$\phi = g(y, y', t, \delta, TRS_s, X) \tag{5—15}$$

其中，考虑到理论分析简便性造成的变量遗漏，在财政收支决策模型中都增加了一个控制变量 X，以控制因变量遗漏可能造成的问题。控制变量 X 实际上是一组变量的总称。由于支出决策和收入决策的差异性，所以控制变量 X 在支出方程和收入方程中并不完全一致。这在后续分析中

---

① 考虑到西藏的特殊性，本节中各地区范围是指除西藏以外的大陆 29 个省、市、自治区。

将会进一步讨论。经过上述处理后，将（5—14）式和（5—15）式作进一步转换，得到如下的计量模型。

$$Q_G = \alpha_0 + \alpha_1 y + \alpha_2 y' + \alpha_3 t + \alpha_4 \delta + \alpha_5 TRS_s + \sum_{i=1} \nu_i X(x_i) + \zeta \quad (5\text{—}16)$$

$$\phi = \gamma_0 + \gamma_1 y + \gamma_2 y' + \gamma_3 t + \gamma_4 \delta + \gamma_5 TRS_s + \sum_{j=1} \sigma_j X(x_j) + \xi. \quad (5\text{—}17)$$

（5—16）式和（5—17）式即本节的实证估计模型，但直接对上述方程进行 OLS 估计会产生较大偏误，因为在理论分析中我们曾指出，无论是一般性转移支付还是专项转移支付，其确定对地方政府而言，都不会是先决条件。相反，转移支付和地方政府财政收支决策可能是同时被决定。对地方政府来说，来自中央政府的转移支付就像意外资源，这种意外资源越多，意味着地方可用于发展的资源越多，如果用转移支付替换税收，对本辖区而言还可以因增加经济灵活性而提高辖区内经济增长活力。所以地方政府有动机获得更多转移支付，而从辖区内筹集更少税收或者降低辖区内资源的筹集效率。尤其是在面临激烈区域间竞争的情况下，地方政府的上述财政决策更是一种占优策略。与此同时，上级政府在确定转移支付水平时又往往选择地方政府某些重要指标作为依据，比如地区支出水平、经济发展程度、区位差异等。上述分析表明，方程中的变量极有可能表现出典型的内生性。为了解决估计方程存在的内生性问题，必须使用工具变量，该工具变量必须与残差无关。如何选择工具变量，本章的方法是，用各省份征收的增值税乘以 25% 与消费税之和作为工具变量。之所以作如此选择，一是因为两税返还既与中央转移支付有关，又与地方财政能力有关；二是因为两税返还既不受地方政府控制也不受中央政府控制，这是由 1994 年体制改革规定下来的。本章将工具变量定义为 ITRS，除了这一工具变量，本章在不同估计模型中还选择了转移支付、专项转移支付的一阶滞后作为工具变量以消除内生性问题。除了内生性问题可能产生偏误外，如果对上述两个估计方程联合估计，还可能存在方程间残差相关性问题。因为在（5—16）式和（5—17）式中，主要解释变量是相同的，这说明支出方程和收入方程的估计残差可能存在相关性。为了避免上述问题造成估计偏误，本章对两个方程分别进行独立估计，但考虑到收支决策可能存在的交叉影响，在支出方程（5—16）式中增加了一个重要解释变量——人均财政收入，在课税努力方程（5—17）式的解释变量中增加了财政收支压力一项。

　　在估计方法上，考虑到支出方程的非线性特征以及拨款的内生性，
Slack（1982）使用了三阶段最小二乘法对转移支付的收入效应与支出效
应进行估计。Knight（2002）针对缺省变量偏误，使用了简单最小二乘
法、固定效应模型和两阶段最小二乘法等三种方法并进行了比较研究，
比较结果表明这三种方法都存在一定问题，最后使用了有限信息极大似
然估计。而 Mikael Witterblad（2007）在研究居民收入异质情况下地方
财政支出对上级拨款的影响时，采用的是面板估计方法。根据本章研究
目的和需要，以及数据特征，我们在 Hausman 检验的基础上采用 2LS 方
法消除方程的内生性，并在 F 和 Hausman 检验基础上确定面板数据的具
体估计模型，这将在后续分析中作进一步分析。

　　在控制变量选择上，本章主要考虑以下几个方面因素。就支出方程
（5—16）来说：一是支出惯性作用。Sharkansk（1967）认为，原先支出
对当前支出具有多重效应，这一结论比较符合经验证据，因为在财政支
出中，有些项目具有多年投资特征，过去发生的支出需要后续支出补充。
除了这一原因外，原先支出的作用还表现在与支出相伴的利益结构上。
因为过去的财政支出往往与一定的利益结构相联系，为了维护既得利益，
既得利益者会通过各种手段，比如游说等，固化这种利益结构。这意味
着财政支出的刚性特征非常明显。二是经济开放程度。Jeanneney 和 Hua
（2004）等研究表明，地区开放程度与政府支出之间存在着显著相关性，
较高开放程度往往伴随有较高政府支出。实际上，随着地区开放程度的
提高，经济社会关系也变得更加复杂，需要政府承担的职能也就相应增
加，政府需要的支出也就更多。三是地区间政府支出的相互影响。经验
证据表明，相邻地区政府支出活动往往对本地区财政支出决策产生显著
影响（Case et al.，1993；Baicker，2005；Albert，2007；李永友等，
2008）。[①] 随着竞争加剧，地区间财政决策具有了明显的策略性特征，即
地方政府决定财政支出水平时往往将相邻地区支出水平作为一个重要因
素。此外，随着地区间人员流动和信息渠道的多元化，居民在判断本地
区政府财政支出时也会将相邻地区的财政表现作为参照，这也在很大程
度上给地方政府带来了压力。四是地区内人口结构。首先，一个地区穷

[①] Albert Solé-Olle. "Expenditure Spillovers and Fiscal Interactions: Empirical Evidence from Local Governments in Spain," *Journal of Urban Economics*, 2006, vol. 59 (1), pp. 32-53.

人越多，为保障这些穷人基本生活需要，政府需要的支出水平也越高。其次，老年人越多，也会导致该地区政府的负担越重，因为老年人越多意味着养老资金的支付越高。最后，学生越多，政府负担也越重。尤其在我国，经验数据表明，教育支出在某些地区成为最大的一笔财政支出。五是区位因素。从我国实际情况看，由于地区间存在较大差异，各地区政府在决定财政支出水平时的参照因素也存在一定差异，受到的约束条件也会有所不同。以我国中部地区为例，诸多经验证据表明，中部大部分地区的人均支出在全国一直处于较低水平，这种情况与我国财政制度安排和国家发展战略有很大关系。

就方程（5—17）而言，一是当期的财政压力。我国《预算法》明确规定，地方财政应保持年度收支平衡。这一规定意味着在支出水平一定的情况下，税源充裕时，较低的税收努力程度就可以筹集到足够多的税收收入；而在税源较贫瘠的地区，课税就可能需要较高的努力程度。此外，我国计划征收的惯例也会使税收努力程度在税源充裕程度不同的地区出现较大差异。二是经济结构。由于经济结构与税源结构有很大联系，所以不同的经济结构往往预示着不同的税源质量。从我国税收收入的产业结构看，我国在1994年税制改革后确立了以流转税为主体的税制结构，其中又以增值税为主体税种，而增值税主要来自第二产业。所以一个地区第一产业所占比重越高，意味着税收能力越低，为达到既定的收入目标，相应就需要有较高的税收筹集效率。三是对非税收入的依赖程度。根据财政收入的组成，财政收入包括税收收入和非税收入，一般而言，税收收入比较固定，相比较税收收入，非税收入的获取相对较为简单，地方具有较大的相机权限。在能够获取非税收入的情况下，地方可能会通过非税收入与税收收入间的相互替代满足自己的财政需要。四是地区间税收竞争程度。沈坤荣等（2006）研究表明，我国地区间存在激烈的税收竞争，地区间的税收竞争使地方政府在无法改变法定税率的情况下，通过选择税收努力程度参与地区间流动性生产要素的竞争。

除了上述控制变量外，针对已有研究中提出的财政收支决策对转移支付的不对称反应，在进行支出方程和税收努力方程的估计时，本章在控制变量中也考虑了转移支付的增减变化，以考察其对地方财政收支决策是否存在不对称影响。不过需要说明的是，本章中所指的转移支付增减变化并非是绝对的增减变化，而是通过消除趋势后的增长率变化，即增长率位于趋势线之上定义为相对增加，增长率位于趋势线以下定义为相对减少。之所以这么处理，是因为无论是全部转移支付还是专项转移支付，都存在明显向上的趋势，所以不可能有绝对减少的情况。该变量定义为 $zq(i)=0$，$g \geqslant \bar{g}$；反之 $zq(i)=1$，其中 i 表示本章的两个主要解释变量——全部转移支付与专项转移支付。

五、变量定义、数据说明与估计结果

（一）变量定义与赋值

根据实证分析需要，本节对估计模型中涉及变量进行定义与赋值。首先看本章的两个被解释变量：支出水平（cz）和税收努力（zn）。其中，支出水平定义为地方本级人均财政支出水平，不包括地方上解支出，数据来源于历年《中国财政年鉴》中各地区财政收支决算统计，其中地区总人口根据《中国统计年鉴》中支出法国内生产总值与人均生产总值计算得到。相对于支出变量，税收努力的定义较为复杂。根据美国政府间关系顾问委员会（ACIA）定义，税收努力是指政府利用税收能力（tax capacity）的程度，通常采用平均税率表示。根据国际货币基金组织的一系列研究，税收努力是指实际课税与理论预测的一个比率，通常采用统计方法获取理论上应该课征的税收，再和实际课税水平进行比较，得到税收努力指数。相比较而言，后者也是大部分研究通常使用的测度方法。[①] 我国学者乔宝云等（2006）、张仑仑（2006）和张恒龙等（2007）在测度税收努力时就是采用这一方法。然而 Kim（2007）认为，上述两

---

① 实际上，两种方法侧重点存在一定差异，前者度量的可以看做相对税收努力程度，同时假定税收与 GDP 之间存在一个固定的关系，全国不存在针对某个区域的税收优惠政策，在这些假定下，平均税率越高，说明征税努力程度越高。后者度量的是一个绝对税收努力程度，通过回归找到对应 GDP 的理论课征水平，然而这种回归得到的理论课征水平却是通过实际课征水平在考虑其他影响因素的情况下回归得到，其假定前提就是各地的课征水平围绕 GDP 的某个比例沿着某个趋势变动（估计时也考虑了时间因素影响），所以反映的只能是某个地区不同年份之间税收的相对努力程度，缺乏地区间的可比性。但问题是如果所有地区都表现为较高的税收努力程度或较低的税收努力程度，这种回归就无法反映各地真实的税收努力程度。这种情况同样存在于 Kim（2007）的研究中。就我国而言，前一种方法相对更可取一点。因为我国各地没有税收立法权，所以所有地区执行的税法和税收政策完全一样，在这种情况下，如果所有地区都严格按照税法征税，则各地的税负水平应该相同，如果不同，则只能说明征税努力程度不同。当然，这种情况没有考虑针对部分地区的区域税收优惠政策和地区间经济结构的差异。

种方法在统计上都存在较大缺陷，所以他提出了卡尔曼滤波方法，通过利用蒙特卡罗模拟比较了三种方法的精准程度，证实后者较前两者有更好的估计结果。[①] 本章在测度我国各地税收努力程度时并没有采取上述三种方法中的任何一种，而是针对我国实际情况采取了基于平均课征水平的理论课征水平。具体方法如下：首先，将历年《中国税务年鉴》中税务部门组织税收收入分地区数据作为各地税收收入，由于税务年鉴数据只是统计税务部门征收的收入，不包括由财政部门征收的税，所以我们可以将《中国统计年鉴》中各地第二和第三产业作为税收收入的来源，以此计算各地第二、三产业 GDP 的课税水平，作为各地实际课征水平；然后，分年计算全国的平均课征水平和全国二、三产业的相对比重作为基数；再次，根据各地二、三产业相对比重与全国二、三产业相对比重的差异程度调整各地的实际课征水平，以此作为各地理论课征水平；最后，采用实际课征水平与理论课征水平的比值作为各地税收努力指数。本章采取上述方法测度各地税收努力指数的合理性在于：第一，我国的税收立法权在中央，除了中央实施的部分区域性税收政策外，各地都是执行完全相同的税收政策，这样如果假定各地的经济结构完全相同，即课税基础相一致，那么各地的课征水平应该是相同的，不同只能归结为各地税收努力程度不同。[②] 第二，本章测度的税收努力指数实际上是一个相对指数，即各地税收努力的相对程度。由于计算各地在严格遵照税法的情况下应该课征多少税近乎不可能，目前被学者广泛使用的方法度量的充其量只能说是统计上应该课征的税收，所以度量绝对税收努力指数不太现实。相比较而言，度量相对税收努力程度却简单得多，只需以平均水平为依据，在前一个假定下通过技术调整计算各地应该课征的水平。除了上述两个原因，本章测度的相对税收努力指数也符合研究的需要，因为本章研究目的在于分析各地税收努力对转移支付的反应是否存在差异。[③]

　　其次，对主要解释变量进行定义和赋值。方程（5—16）和（5—17）的主要解释变量 y 用《中国统计年鉴》中各地人均 GDP 表示（$pgdp$）。由于 y' 和 t 都无法找到对应的实际值，为了简便起见，也为了避免用过多

[①] Sangheon Kim. "A More Accurate Measurement of Tax Effort," *Applied Economics Letters*, 2007, 14, pp. 539-543.

[②] 税收努力程度实际上被理解为各地执行税法的严格程度，当然这里有个假定，即各地的偷逃税程度相同，各地的征收技术相同。

[③] 受篇幅所限，税收努力的计算结果就没有在文中报告。

代理变量造成较大误差，本章将这两个变量综合为一个变量，即地方政府从本地实际筹集到的财政收入（cs），其中财政收入包括了预算内财政收入和预算外财政收入。用财政收入综合上述两个指标信息还有一个重要作用，即考察收入对地方财政支出决策的影响程度，以此反映收入决策对支出决策的影响。该变量同样采取人均形式，数据来源于《中国财政年鉴》和《中国统计年鉴》。δ 用各地来自中央财政的税收返还和原体制性补助占该地区税务部门组织的税收收入总额比重表示。之所以采取这一指标，主要是因为在转移支付中，税收返还和原体制补助是 1994 年财政体制改革时一次性决定的，对中央、地方而言，是一个先决条件，其比重高低更多取决于地方自身因素。TRS_i 用除税收返还和原体制补助以外地方从中央获得的所有其他转移支付总额表示。相对于税收返还和原体制补助，这一部分的转移支付无论对中央还是对地方，相机决策权较大，地方能够获得多少这类转移支付，很大程度上取决于中央、地方之间讨价还价的相对能力。上述数据同样来源于《中国财政年鉴》和《中国税务年鉴》，其中税收返还根据财政体制相关规定计算出增值税、消费税和所得税返还，原体制补助同样根据 1994 年税改相关制度推算得到。在此基础上，利用各地的转移支付减去上述两项，得到其他转移支付。

最后讨论控制变量的赋值，相对于主要解释变量，控制变量较为复杂。就方程（5—16）而言，支出惯性（czz）采用人均财政支出的一阶滞后值表示。采用一阶滞后值表示支出惯性作用与我国的预算编制是相一致的，因为我国目前预算编制的方法主要还是基数法，即预算编制以上一年实际执行数为基数，在此基础上根据当年的特殊需要进行编制。经济开放程度（$open$）采用地区进出口贸易额占地区生产总值的比重表示。① 财政支出决策的相互影响（lcz）采用相邻地区财政支出占地区生产总值的比重表示。但已有文献关于"相邻"有多种定义，为了简便起见，本章对"相邻"的定义只考虑一种情况，即以经济发展程度相同的地区作为相邻依据，即与本地区经济发展程度相近的所有地区都被看做相邻地区。由于与本地区经济发展程度相同的地区往往不止一个，所以就需要将所有相邻地区综合为一个地区。本章的综合方法是：首先计算

---

① 严格来说，这种度量用于国家之间的比较相对更为准确，但用于地区之间开放度的比较则存在一定问题，因为对地区而言，其开放程度应该针对的是其地区内贸易，也就是说，地区开放程度不仅包括与国外的贸易，也应包括与国内其他地区间的贸易。但由于数据的可得性，本章还是沿用了国内大部分研究采用的这一度量方法。

所有相邻地区财政支出占地区生产总值比重，然后计算各地区生产总值占所有相邻地区生产总值的比重，最后以后者为权重乘以前者，得到相邻地区财政支出决策变量。[①] 人口结构由于包含的信息较多，所以本章利用了两个指标加以反映，一是城镇登记失业率（sy），二是 15 岁以下、65 岁以上人口的比重（$pstr$）。数据来源于中国资讯行数据库。区位因素（$local$）采用 0、1、2 赋值法，即将全国分为东部、西部和中部三类地区，其中东部地区赋值 0，中部地区赋值 1，西部地区赋值 2。东中西部的划分同国内已有标准。

就方程（5—17）涉及的控制变量而言，当期财政压力（$czyl$）采用本级财政预算内外收入与财政预算内外支出比值表示，该值越小，表示地区当期财政压力越大。经济结构主要是度量税源结构，考虑到本章税收努力的定义，经济结构（acb）仅采用第一产业比值表示。相比较而言，我国针对第二产业主要征收的是增值税，针对第三产业主要征收的是营业税。增值税是我国税收收入的主要来源，增值税根据销售额课征，通过增值税发票进行相互监控，征收相对简单，实际征收基本上能与应该征收的相一致，而营业税是地方财政收入的主要来源。如果第一产业比重较大，意味着为达成预定的征收任务，对二、三产业的课税就可能更严厉。所以这一比值越大，在经验上应该反映出税收努力水平越高。对地区间税收竞争程度（lzn）的衡量，本章采用相邻地区的平均税率表示，其中对相邻的定义方法同支出方程的定义。最后，对非税收入的依赖程度（fsy）采用财政收入和税收收入的差额与预算外收入之和占财政支出的比重表示。方程中涉及的所有名义变量都以 1995 年为 100，利用 GDP

---

① 具体的计算公式可以表述为 $g_i = \sum_{-i} g_{-i} \cdot \dfrac{\text{GDP}_{-i}}{\sum \text{GDP}_{-i}}$，其中 $-i$ 表示与 i 相邻的所有地区。为了检验本章定义相邻的稳健性，在估计分析时，我们还根据是否具有共同边界作为相邻的依据替代这种定义，看主要解释变量的估计结果是否会发生较大变化。对经济发展程度相近的定义遵循李永友、沈坤荣（2008）的定义方法，即根据人均地区生产总值将全国分为经济发达地区、欠发达地区和落后地区。由于本章考察的是时间连续变量，所以在分类标准的确定上，首先将三个直辖市作为相邻地区，其他地区根据 1994 年的人均生产总值，将 5 000 元以上定义为发达地区，3 000～5 000 元定义为欠发达地区，3 000 元以下定义为落后地区，同时以 1994 年划分标准为基数，以全国人均生产总值平均增长率为时间调整因子，确定后续年份三类地区的划分标准。根据这一标准，其他 26 个样本地区的划分如下：1994 年发达地区为辽宁、江苏、浙江、福建和广东；欠发达地区为河北、内蒙古、吉林、湖南、山东、海南、新疆、黑龙江，其余为落后地区。2000 年之后，山东进入发达地区行列。

平减指数进行缩减。

（二）内生性检验和方程设定检验

为了谨慎起见，我们首先利用 Hausman 检验对全部转移支付和专项转移支付的内生性进行了检验，检验结果表明对支出方程而言，两者表现出显著的内生性。但对税收努力方程而言，两者并不具有显著内生性。所以对支出方程，我们通过 2LS 方法进行估计，而对税收努力方程，我们只需要用 OLS 方法进行估计。在上述操作基础上，我们继续对模型的设定进行了检验，首先利用 F 统计量的计算对方程采取固定影响模型还是混合模型进行了检验，计算结果表明在 95％水平上为通过检验。在排除了混合模型之后，继续对固定效应模型还是随机效应模型进行了 Hausman 检验，结果表明 Hausman 检验的 P 值为 0.000 21，拒绝零假设，所以应采取固定效应模型。考虑到本章控制变量中已经设置了区位控制变量，所以固定效应模型就直接采用了时点固定效应模型。

根据上述检验，结合本章的估计需要，将基本估计模型设定如下。其中 zb 代表全部转移支付。

$$\ln cz_{it} = \gamma_t + \beta_1 \ln zb_{it} + \beta_2 \ln pgdp_{it} + \beta_3 \ln cs_{it} + \beta_4 \ln sy_{it} + \beta_5 \ln open_{it}$$
$$+ \beta_6 \ln czz_{it} + \beta_7 local_{it} + \beta_8 \ln pstr_{it} + \beta_9 \ln lcz_{it} + \mu_{it} \quad (5-18)$$

$$\ln cz_{it} = \chi_t + \beta_1 \ln TRS_{S\,it} + \beta_2 \ln \delta_{it} + \beta_3 \ln pgdp_{it} + \beta_4 \ln cs_{it} + \beta_5 \ln sy_{it}$$
$$+ \beta_6 \ln open_{it} + \beta_7 \ln czz_{it} + \beta_8 local_{it} + \beta_9 \ln pstr_{it} + \beta_{10} \ln lcz_{it} + \nu_{it}$$
$$(5-19)$$

$$\ln zn_{it} = \psi_t + \beta_1 \ln zb_{it} + \beta_2 \ln pgdp_{it} + \beta_3 local_{it} + \beta_4 \ln fsy_{it} + \beta_5 \ln lzn_{it}$$
$$+ \beta_6 \ln acb_{it} + \tau_{it} \quad (5-20)$$

$$\ln zn_{it} = \kappa_t + \beta_1 \ln TRS_{S\,it} + \beta_2 \ln \delta_{it} + \beta_3 \ln pgdp_{it} + \beta_4 local_{it}$$
$$+ \beta_5 \ln fsy_{it} + \beta_6 \ln lzn_{it} + \beta_7 \ln acb_{it} + \zeta_{it} \quad (5-21)$$

（三）统计描述与估计结果

在对模型（5—18）至模型（5—21）进行估计之前，我们对各地人均转移支付、各地人均专项转移支付与各地人均财政支出、各地税收征收努力做了如下的散点图（见图 5—1 至图 5—4），其中横轴表示人均转移支付的对数值，纵轴表示人均财政支出或税收征收努力对数值。从图中看，各地转移支付与各地人均财政支出之间存在着明显的正相关关系，即转移支付增加，地方人均财政支出也会增加。和支出决策不同，各地税收努力与转移支付之间在散点图上两者间的趋势特征并不非常明显，不仅如此，全部转移支付与税收努力之间显示出一定程度的正向关系，而专项转移支付与税收努力之间则表现出一定的负向关系。统计描述只能反映变量间的趋势特征，并不能反映出变量间的真正关系以及相互影响程度。

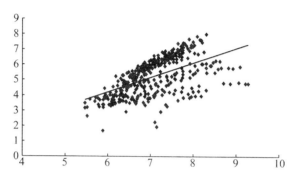

图 5—1　人均财政支出与人均专项补助散点图

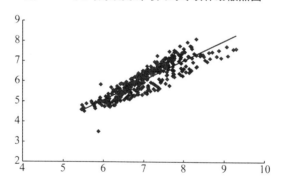

图 5—2　人均财政支出与人均中央补助散点图

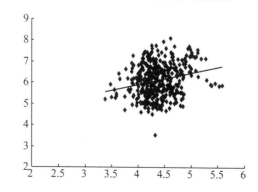

图 5—3　地方税收努力与人均中央补助散点图

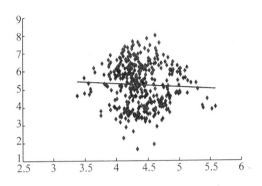

图5—4　地方税收努力与人均专项补助散点图

　　鉴于上述统计描述存在的缺陷，我们对变量间是否存在统计上的显著影响作了进一步分析。表5—1至表5—4呈现了模型（5—18）至模型（5—21）的估计结果。从表5—1至表5—4的估计结果看，相对于支出方程，税收努力方程的估计效果相对较差，所有估计方程的拟合程度都低于0.6，尤其是表5—3的各估计结果。这说明，税收努力的影响因素可能更为复杂，尤其在我国税收计划和税收任务作用非常强的情况下，一些内部隐性因素可能非常重要。另外，通过表5—1至表5—4各表模型1、模型4与其他模型的估计系数和拟合优度的比较，可以看出控制变量的重要性。尤其是在进行税收努力的估计时，全部转移支付对税收努力的影响在未增加控制变量之前都存在显著的正向影响，但增加控制变量后，主要解释变量对税收努力的影响就不再显著了。从各模型的估计系数看，除了表5—2中模型6和模型7外，相同方程的不同估计中，变量的估计系数大致相近，这从一个方面说明本章的估计是稳健的。

　　从表5—1至表5—4的估计结果看，地区经济发展程度在大部分估计模型中都不显著，不仅如此，在支出方程中，估计系数的正负还存在较大差异。从人均财政收入的估计系数看，人均财政收入对人均财政支出的影响不仅非常显著，而且影响程度较大。这表明地区的收入决策对支出决策的影响非常显著，人均财政收入每上升1%，人均财政支出就会上升0.6%～0.8%。再看表5—3与表5—4中的财政压力与税收努力的估计系数。根据财政压力的计算公式，收入除以支出值越大，表示财政压力越小，反之表示财政压力越大。从各估计模型看，财政压力的估计系数为负且都在99%水平上显著，而系数为负表示压力越大，税收努力就越高。财政压力每减少1%，税收努力指数就将下降0.58%～0.7%。财政收入对财政支出的影响以及财政压力对税收努力的影响表明，我国财

政收支决策之间存在显著的相互影响关系。之所以存在这种关系，一个
非常重要的原因在于我国《预算法》明确规定，地方财政应实现收支平
衡。从人均财政支出的滞后影响看，表 5—1 与表 5—2 的估计结果表明，
我国财政支出具有显著的刚性特征，上一年人均财政支出每上升 1%，其
人均财政支出就会上升 0.57%～0.79%。财政支出的刚性特征意味着，
我国财政支出的灵活性较低，同时也意味着在遭遇较大的正向外部冲击
时，财政支出政策的调控空间将可能非常有限。这一点可以通过我国 20
世纪 90 年代以来财政政策的调整路径加以说明。实际上，自 1998 年实施
扩大支出的积极财政政策之后，经济对支出扩张的依赖变得更加明显，
支出扩张成了经济保持持续增长的重要推动力。较强的刚性支出特征也
意味着在经济遭遇较大的负向外生冲击时，财政收支压力将会明显上升。
在没有其他协调机制的情况下，财政收支压力的上升必然使税收课征更
加严厉或者对非税收入的依赖增加，同时也有可能使政府计划调控经济
的可能性增加。将上述分析和表 5—3、表 5—4 联系在一起，估计结果进
一步证实：非税收入与税收征收努力之间存在相互替代关系，非税收入
的存在将会显著降低地方税收努力。

表 5—1　　　　　　　　　地方人均财政支出对中央转移支付的反应

	混合模型 OLS			时间固定效应 2LS			
	模型 1	模型 2	模型 3	模型 4	模型 5	模型 6	模型 7
C	2.449***	1.974***	1.950***	2.865***	2.097***	2.095***	2.140***
	(0.142)	(0.358)	(0.356)	(0.208)	(0.350)	(0.345)	(0.533)
zb	0.760***	0.305***	0.309***	0.693***	0.306***	0.312***	0.258***
	(0.023)	(0.011)	(0.011)	(0.034)	(0.011)	(0.011)	(0.014)
$pgdp$		−0.031	−0.035		−0.039	−0.044	−0.049*
		(0.030)	(0.030)		(0.031)	(0.030)	(0.028)
cs		0.674***	0.675***		0.667***	0.667	0.667***
		(0.024)	(0.023)		(0.025)	(0.024)	(0.025)
sy		0.028**	0.029***		−0.015	−0.015	−0.036***
		(0.011)	(0.011)		(0.013)	(0.012)	(0.012)
$open$		−0.013*	−0.015*		0.011	0.010	0.237***
		(0.008)	(0.008)		(0.009)	(0.009)	(0.048)
czz		0.697***	0.690***		0.619***	0.608***	0.620
		(0.035)	(0.034)		(0.035)	(0.035)	(0.030)
$local$		−0.013	−0.015*		−0.004	−0.007	−0.006
		(0.009)	(0.009)		(0.009)	(0.009)	(0.050)
$pstr$		−0.034	−0.029		−0.019	−0.217	0.906
		(0.098)	(0.096)		(0.102)	(0.101)	(0.670)
lcz		0.118***	0.120***		0.042**	0.044**	0.777***

续前表

	混合模型 OLS			时间固定效应 2LS			
	模型 1	模型 2	模型 3	模型 4	模型 5	模型 6	模型 7
		(0.016)	(0.016)		(0.020)	(0.020)	(0.102)
$zq\ (zb)^*\ zb$			−0.003**			−0.004***	
			(0.001)			(0.001)	
$lcz^*\ zb$							0.122***
							(0.015)
$open^*\ zb$							−0.035***
							(0.008)
$local^*\ zb$							0.000
							(0.008)
$pstr^*\ zb$							−0.155
							(0.106)
R^2	0.758	0.991	0.991	0.772	0.992	0.992	0.994

说明：*** 表示显著性水平为 1%，** 表示显著性水平为 5%，* 表示显著性水平为 10%，括号内为标准差。

表 5—2　　　地方人均财政支出对中央税收返还与专项补助的反应

	混合模型 OLS			时间固定效应 2LS			
	模型 1	模型 2	模型 3	模型 4	模型 5	模型 6	模型 7
C	1.489***	1.243**	1.266**	1.740***	1.435***	1.436***	−3.979**
	(0.173)	(0.525)	(0.524)	(0.191)	(0.541)	(0.542)	(1.954)
sfb	−0.205***	−0.123***	−0.125***	−0.214***	−0.121***	−0.121***	0.046*
	(0.027)	(0.025)	(0.025)	(0.028)	(0.028)	(0.028)	(0.027)
rzb	0.100***	0.063***	0.066***	0.092***	0.063***	0.634***	0.886**
	(0.014)	(0.014)	(0.014)	(0.014)	(0.015)	(0.254)	(0.348)
$pgdp$		0.050	0.051		0.038	0.038	−0.139***
		(0.043)	(0.043)		(0.047)	(0.047)	(0.042)
cs		0.777***	0.778***		0.807***	0.807***	0.889***
		(0.034)	(0.034)		(0.037)	(0.037)	(0.032)
sy		0.024	0.020		0.011	0.011	0.023
		(0.016)	(0.016)		(0.019)	(0.019)	(0.016)
$open$		0.024**	0.024**		0.015	0.015	0.279***
		(0.012)	(0.012)		(0.014)	(0.014)	(0.036)
czz		0.750***	0.731***		0.752***	0.752***	0.786***
		(0.028)	(0.032)		(0.034)	(0.038)	(0.030)
$local$		0.041***	0.041***		0.039***	0.039***	0.115***
		(0.012)	(0.012)		(0.013)	(0.013)	(0.042)
$pstr$		−0.115	−0.116		−0.142	−0.142	1.073**
		(0.154)	(0.154)		(0.165)	(0.165)	(0.524)
lcz		0.157***	0.150***		0.137***	0.137***	0.151*
		(0.025)	(0.025)		(0.032)	(0.032)	(0.085)
$zq\ (rzb)^*\ rzb$			−0.003			−0.160	
			(0.002)			(0.092)	

续前表

	混合模型 OLS			时间固定效应 2LS			
	模型 1	模型 2	模型 3	模型 4	模型 5	模型 6	模型 7
$lcz * rzb$	.						0.047***
							(0.013)
$open * rzb$							−0.054***
							(0.007)
$local * rzb$							−0.018**
							(0.008)
$pstr * rzb$							−0.160*
							(0.092)
R^2	0.589	0.982	0.982	0.973	0.983	0.983	0.989

说明：*** 表示显著性水平为 1%，** 表示显著性水平为 5%，* 表示显著性水平为 10%，括号内为标准差。

表 5—3　　　　　　　　　　地方征税努力对中央转移支付的反应

	混合模型 OLS			时间固定效应 OLS		
	模型 1	模型 2	模型 3	模型 4	模型 5	模型 6
C	3.674***	7.564***	7.604***	1.945***	7.085***	7.101***
	(0.141)	(0.936)	(0.936)	(0.296)	(1.061)	(1.063)
zb	0.114***	0.061	0.081	0.141***	0.086	0.091
	(0.023)	(0.073)	(0.075)	(0.036)	(0.073)	(0.075)
$pgdp$		−0.196**	−0.209**		−0.094	−0.100
		(0.084)	(0.085)		(0.101)	(0.103)
$local$		0.043	0.039		0.059	0.057
		(0.033)	(0.034)		(0.036)	(0.037)
fsy		−0.262***	−0.269***		−0.301***	−0.302***
		(0.077)	(0.077)		(0.082)	(0.083)
lzn		−0.219**	−0.218**		−0.249**	−0.245**
		(0.106)	(0.104)		(0.113)	(0.112)
$zcyl$		−0.572***	−0.603***		−0.596***	−0.604***
		(0.191)	(0.192)		(0.194)	(0.196)
acb		−0.263***	−0.259***		−0.226***	−0.225***
		(0.046)	(0.046)		(0.054)	(0.054)
$zq (zb) * zb$			−0.006			−0.002
			(0.005)			(0.006)
R^2	0.066	0.288	0.291	0.181	0.311	0.312

说明：*** 表示显著性水平为 1%，** 表示显著性水平为 5%，* 表示显著性水平为 10%，括号内为标准差。

表 5—4　　　　　　地方征税努力对中央税收返还与专项补助的反应

	混合模型 OLS			时间固定效应 OLS		
	模型 1	模型 2	模型 3	模型 4	模型 5	模型 6
C	0.999***	2.742***	2.587***	0.907***	1.953**	1.954**
	(0.289)	(0.857)	(0.865)	(0.329)	(0.958)	(0.959)
sfb	0.570***	0.777***	0.787***	0.581***	0.834***	0.834***
	(0.046)	(0.070)	(0.070)	(0.049)	(0.071)	(0.072)
rzb	0.235***	0.131***	0.127***	0.245***	0.139***	0.138***
	(0.024)	(0.033)	(0.034)	(0.031)	(0.034)	(0.034)
$pgdp$		0.001	0.013		0.081	0.081
		(0.051)	(0.052)		(0.068)	(0.068)
$local$		0.068**	0.071**		0.087***	0.087***
		(0.027)	(0.027)		(0.030)	(0.030)
fsy		−0.156**	−0.153**		−0.181***	−0.181***
		(0.065)	(0.065)		(0.069)	(0.069)
lzn		−0.321***	−0.325***		−0.378***	−0.378***
		(0.110)	(0.109)		(0.114)	(0.115)
$czyl$		−0.641***	−0.671***		−0.685***	−0.685***
		(0.152)	(0.154)		(0.158)	(0.158)
acb		−0.167***	−0.163***		−0.126***	−0.126***
		(0.037)	(0.037)		(0.043)	(0.043)
$zq\ (rzb)^*rzb$			0.006			0.000
			(0.005)			(0.006)
R^2	0.301	0.509	0.512	0.310	0.532	0.532

说明：*** 表示显著性水平为 1%，** 表示显著性水平为 5%，* 表示显著性水平为 10%，括号内为标准差。

从经济开放度的估计系数看，经济开放程度对地区财政支出的影响是不稳定的。就地理区位而言，表 5—1 的估计结果显示，地理位置上的差异对财政支出决策的影响虽然为负，但并不显著，而在表 5—2 的估计中，地理位置虽然影响程度较小，却相当显著。对于方程大部分解释变量相同的情况下出现如此大的估计结果，我们认为与我国财政支出地区的结构性差异有关。实际上，就我国各地人均财政支出而言，如果将所有地区分成四类，即三个直辖市（重庆暂将其放入西部地区）、东部发达地区（7 个）、东中部欠发达地区（10 个）和西部不发达地区（9 个），则地区间人均财政支出水平依次是三个直辖市最高，其次是东部发达地区和西部地区，东中部不发达地区最低。这种支出水平的结构特征与国内通常划分的东中西部无法表现出一致的趋势。就税收努力方程而言，情况也是一样，区位因素对税收努力的影响也是缺乏稳定性。这种情况出现的原因与财政压力的地区间差异有关。根据我国地区间财政压力的分布特征，中部地区财政压力最大，东部和西部相对较小。从相邻地区的财政收支决策的估计结果看，无论是支出方程，还是税收努力方程，相邻地区财政收支决策对本地区财政收支决策的影响是非常显著的。表5—1和表5—2的估计结果表明，相邻地区人均财政支出每上升 1%，本地区人均财政支出将会上升 0.04%～0.15%。表 5—3 和表 5—4 的估计结果表明，相邻地区税收努力每上升 1%，本地税收努力将下降 0.2%～0.4%。相邻地区财政收支决策的显著影响表明，我国地区间的确存在明显的竞争关系，地区间的竞争关系不仅存在于税收领域，而且也存在于支出领域。地区间的收支竞争在一定程度上改善了我国地方政府财政收支行为和服务质量。

　　在分析完控制变量影响后，我们回过头来分析模型的主要解释变量。分析分两个步骤展开。首先考察全部转移支付对财政收支决策的影响。表 5—1 与表 5—3 的估计结果表明，转移支付对地方财政支出的影响是非常显著的，人均转移支付每上升 1%，地方人均财政支出将会上升大约 0.3%。但对地方税收努力的影响却不显著。这一结果意味着，地方的财政收支决策对来自中央的转移支付的反应是不对称的，即支出决策反应较敏感，而税收努力没有明显反应。为了进一步考察地方财政支出决策对转移支付的相对增减变化是否存在一致的反应，我们在基础模型（5—18）的基础上增加了反应转移支付周期变化变量。估计结果表明，地方财政支出决策对中央转移支付的周期变化反应虽然很小，但非常显著，即地方财政支出决策对中央转移支付相对下降的反应要强于中央转移支付的增加。这一估计结果表明，我国地方财政支出与中央转移支付之间实际上存在一定的互补关系。这种互补关系在某种程度上消除了中央转移支付波动对地方财政支出的影响。为了考察地区特征和外部因素是否对地方财政收支决策对中央转移支付反应产生影响，我们又进一步在基础模型（5—18）的基础上增加了地区间竞争因素、经济开放程度、区位因素以及人口结构因素与转移支付的交互项。表 5—2 中模型 7 的估计结果表明，地区间竞争和经济开放度与转移支付之间存在显著的交互影响，而地区因素和人口结构因素与转移支付之间并不存在显著的交互影响。从地区间竞争看，地区间竞争关系的存在放大了地方财政支出对中央转移支付的反应程度，即相邻地区人均支出水平每上升1%，本地区财政支出对中央转移支付的反应程度就提高大约0.122%。而就开放程度而言，经济越开放，地方财政支出对中央转移支付的反应程度越低。实际上，这一结果也不难理解。随着地区开放程度的上升，地区间公共品的外溢效应就会越来越明显，这样本地财政支出也会越来越多，就意味着给其他地区带来的好处越来越多，而本地的相对竞争优势就越来越不明显。

其次考察地方财政收支决策对税收返还和原体制补助等制度性转移支付与专项转移支付的反应。表5—2和表5—4的估计结果表明，地方财政收支决策对制度性转移支付和专项转移支付的反应都是非常显著的。人均财政支出水平对各类制度性转移支付的反应为负，而对专项转移支付的反应为正，前者的反应程度为：制度性转移支付每上升1%，人均财政支出将会下降0.1%～0.2%。而专项转移支付每上升1%，则人均财政支出会上升0.06%～0.1%，尤其是模型6和模型7，反应更为敏感，达到了0.6%～0.9%的水平。之所以出现这种差异，与专项补助中地方配套的要求有一定的关系。税收努力对两类转移支付的反应与财政支出存在一定差异。制度性转移支付每上升1%，地方税收努力就会上升0.6%～0.85%，而对专项转移支付的反应相对较小，只有0.1%～0.25%。由于制度性转移支付是先行决定的，所以地方、中央的相机权限较小。而对中央、地方来说，专项转移支付水平却具有较大的讨价还价余地，所以我们将分析重点放在专项转移支付上面。从财政收支决策对专项转移支付的反应看，都显著为正。这说明，专项转移支付增加不仅会引致地方财政支出增加，而且也会同时增加地方的税收努力程度。为了进一步考察地方财政收支决策对专项转移支付周期变化的反应是否存在差异，我们在基础模型（5—19）和（5—21）的右边增加了反映专项转移支付周期变化变量与专项转移支付的交互项。表5—2的估计结果表明，地方财政支出决策对转移支付相对增减变化没有产生显著反应。同样，表5—4的估计结果也表明，地方财政努力对专项转移支付相对增减变化的反应也不显著。这说明对专项转移支付而言，专项转移支付的周期变化对财政收支决策的影响是对称的。在此基础上，我们又进一步考察了地区特征变量和外部因素是否会对专项转移支付的作用产生影响。表5—2的估计结果表明，地区间竞争和开放程度对地方财政支出对专项转移支付的反应产生显著影响，地区间竞争程度越高，地方财政支出对专项转移支付的反应就会越强烈，而经济开放程度将会弱化地方财政支出对专项转移支付的反应。

六、本章小结

自 1994 年实施分税制以来，来自中央的转移支付基本上占据了地方财政支出融资的半壁江山，甚至在部分西部省区，转移支付成为财政支出的主要来源。如此大规模的转移支付对地方财政收支决策是否会产生影响？本章基于效用最大化模型的实证分析表明，影响是非常显著的。在控制了其他影响变量之后，中央转移支付对地方财政收支决策的影响是不对称的，转移支付对地方财政支出的影响显著，但对地方税收努力的影响却不显著。但将中央转移支付作分解后，无论是支出决策还是收入决策对专项转移支付的反应都是非常显著的。除了考察转移支付的影响外，本章对转移支付的相对增减变化对于地方财政收支决策的影响是否存在显著差异也作了分析，结果表明，转移支付的增减变化对地方财政支出决策的影响是不对称的。在考虑地区特征变量和外部因素之后，我们进一步发现，地区间竞争会放大地方财政支出的反应，而地区开放程度会减弱地方财政支出的反应。

根据本章实证结论，我们可以得到如下启示：在转移支付对地方财政收支决策影响如此显著的情况下，转移支付的良好制度设计就显得特别重要。从转移支付存在的原因看，转移支付制度本身就是一种政府间收入的再分配，这种再分配无论是为了平衡地区间财政能力还是为了解决地区间公共品溢出问题，首先起到的就是一种激励作用，通过这种激励作用来引导地方政府资源的有效配置，实现中央政府的宏观调控目标。但转移支付制度本身并不一定意味着对地方政府财政行为产生的激励效应总是有好的一面，不良的制度设计甚至可能扭曲地方政府的财政收支行为。但良好的制度并不具有一致的特征，因为环境不同，地方政府的特征不同，相同的转移支付对地方政府财政收支行为的影响可能存在显著差异。例如本章实证结论中证实的，当地区间存在竞争关系时，地方政府的财政决策对转移支付的反应存在显著差异，同样，经济开放程度的影响也非常明显。这些证据都表明，在转移支付制度的设计中，必须结合转移支付作用对象的个体特征和发挥作用的环境，尽量减少个体特征差异和环境因素对转移支付正向激励作用的扭曲。

第6章 消费者信心、消费需求与财政政策

本章提要：本章利用 1999 年以来的季度数据和矢量自回归模型，在控制相关变量影响后，就我国消费者信心与消费者消费支出水平之间的关系进行了分析，并在此基础上，重点考察了过去 10 年中财政政策是否对市场信心具有显著提振效应。研究表明，作为消费者消费决策的重要影响因素，消费者的信心变化对我国 1999 年以来居民消费支出具有显著解释力，积极财政政策对恢复消费者信心作用显著，但作用在不同政策工具之间差异明显。紧缩性财政收入政策虽对消费者信心具有反向抑制效应，但并不显著；扩张性支出政策虽在萧条时期对消费者信心有显著促进效果，但主要是通过提高科教文卫等社会性支出实现的，而快速膨胀的行政管理费却恶化了消费者信心。

一、问题导出

为什么危机会在短时间内席卷全球经济，并使经济很快陷入深度衰退？这一问题在宏观经济学中并不是一个新问题，因为正如美国联邦储备银行主席伯南克（2008）所言，"历次危机蔓延的根源都在于投资者和公众信心的丧失"。诺贝尔经济学奖获得者斯蒂格利茨（2008）也曾针对 2008 年金融危机提出"当下的金融危机是由于信心的灾难性瓦解"。和经济学家们一样，决策者也普遍认为信心在经济危机中担当了重要角色。市场信心之所以如此重要，并可能左右宏观经济表现，主要源于市场信心具有较强的感染性和自我强化机制，不仅如此，信心的放大效应使得信心一旦丧失，将很快成为一种趋势从而很难恢复。正因如此，在经济危机期间，重建市场信心自然成为任何有效复苏计划的核心和关键。

在本轮经济危机中，市场信心的下降不仅是普遍的，而且程度较大。

图 6—1 和图 6—2 分别描述了我国 1999 年以来消费者和企业信心的季度变化[①]，以及 OECD 国家 1978 年以来消费者信心的季度表现。从图 6—1 我国消费者信心和企业信心的走势看，2007—2009 年年初，无论是消费者信心还是企业信心，都出现了前所未有的下降，尤其是企业信心指数下降幅度高达 50 点。从图 6—2 的走势看[②]，OECD 国家消费者信心的下降也是空前的。由于经济复苏需要企业和消费者投资消费的支撑，而投资消费决策不仅取决于决策者投资消费能力，也取决于消费者和企业的投资消费意愿（Katona，1975），后者完全建立在消费者和企业信心基础之上，所以复苏经济也需要这些关键因素的复苏。正因如此，面对经济的深度危机，包括 IMF 在内的国际组织，Blanchard，Krugman 等在内的经济学家、政府官员等极力呼吁应立即采取财政政策行动以防范市场信心进一步下降拖延经济复苏。而在实践层面，各国应对危机的财政扩张力度也是空前的。例如奥巴马政府连续两年实施了超过 GDP 3% 的财政扩张计划，这一强度远远高于罗斯福新政。我国政府也在 2008 年宣布 4 万亿财政刺激计划。那么，如此有力的财政刺激计划是否产生了显著的市场信心效应？然而，由于政策实施时间较短，我们还很难利用现有证据对这一问题进行科学评估。为克服时间因素造成的困难，本章在后续内容中主要通过财政政策与市场信心的长期变化关系，利用 VAR 模型推定财政政策的市场信心效应。

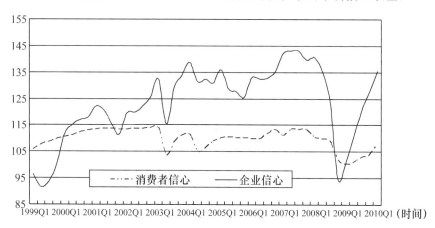

图 6—1　我国 1999 年以来消费者和企业信心指数走势图

① 由于我国在 1999 年才开始有关于消费者和企业信心指标的数据信息，所以本章关于我国消费者和企业信心的最早时间也只能追溯到 1999 年。

② 图 6—2 截图出自 OECD 网站 "Financial crisis sees collapse in OECD consumer confidence"，其中横坐标的 M1 表示第一季度，和图 6—1 中的 Q1 一样。

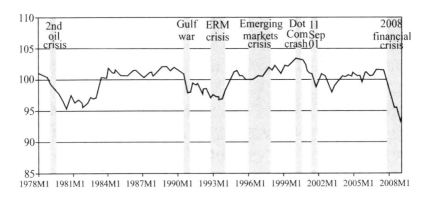

图6—2　OECD国家消费者信心指数走势图

二、相关文献与理论基础

消费者或企业信心（confidence）①，通俗理解即指消费者或企业对未来经济的预期。由于每个消费者或企业拥有的信息结构不同，风险偏好不同，所以预期总具有较强主观性，并充满了个人情感色彩，不同消费者或企业对未来的预期也许会存在较大差异。然而，和所有情感一样，消费者或企业关于未来的预期不仅会影响当事人的投资消费决策，而且具有较强感染性，其感染的扩散速度在通缩或通胀期将会更快。消费者或企业信心的这一特征使原本的个体行为因其较强感染性迅速演变为群体行为，从而影响整个经济走向。正因这一原因，至少自凯恩斯开始，经济学家就将消费者或企业信心引入宏观经济分析，思考其影响经济运行的方式。例如，凯恩斯在其《就业、利息和货币通论》中就曾将20世纪30年代经济危机归因于消费者或企业三大心理因素及其动物精神。和凯恩斯理论基本一致，哈伯勒（1937）也在其《繁荣与萧条》一书中强调，消费者或企业的行为偏见和预期冲击在产生与放大经济周期上具有非凡的影响。然而，无论是凯恩斯还是哈伯勒，都没有给出消费者和企业信心影响经济运行的理论与经验证据，所以自他们之后，一些学者开

---

① 消费者信心指数的概念和方法是由美国密歇根大学调查研究中心（Survey Research Center）的 George Katona 在20世纪40年代后期提出的。该指标是反映消费者信心强弱的指标，是综合反映并量化消费者对当前经济形势的评价和对经济前景、收入水平、收入预期，以及消费心理状态的主观感受。

始探讨消费者和企业信心引致经济波动的理论问题。例如 Oh 和 Wald-man (1990，1993)，Yew-Kwang Ng (1992) 等在 Woodford (1987)，Cooper 和 John (1988) 等人协调失灵理论基础上，研究了协调失灵的一般特征及与此特征相一致的消费者或企业行为方式。其中，Oh 和 Waldman 研究发现，当经济中存在策略性互补时，投资、消费和产出将会对人们关于未来经济走势的预期作出反应，即如果人们都对未来经济充满信心，那么投资、消费和产出就会一直走高，反之则相反，尽管信心可能建立在虚假信息基础上。Yew-Kwang Ng 则是在一般均衡框架内，使用宏观、微观分析方法对企业信心崩溃是否会导致经济深度下降进行理论分析。研究认为，经济均衡不是唯一的，在存在多重均衡的情况下，货币供给或企业信心等因素变化会使经济在不同均衡间产生波动。在企业信心下降时，企业就会降低产量，在工资等成本因素没有对产出下降作出足够反应时，整个市场产量将会出现系统性下降，产量下降必然反映到价格水平上，从而导致一般价格水平的下降。即使如此，企业也不会利用较低的成本优势选择进入或扩大生产。单个企业的这种行为会在市场间相互效仿，尤其是大企业或龙头企业决策的外部性更为重要。

　　相比较理论研究，有关消费者或企业信心影响经济运行的经验证据较为充分。由于消费者或企业信心会通过影响消费者和企业投资消费决策左右经济走势，所以从变量间因果关系看，消费者或企业信心应该对经济走势具有一定的预测能力，并成为经济运行的先行指标。[①] 因此，一些学者就开始通过变量间因果关系或长期趋势寻找消费者或企业信心影响经济走势的经验证据。在这一方面，Shapiro 和 Angevine (1969) 的工作具有开创性。他们从消费者购买意图的季度调查数据中获取消费者信心指标，研究该指标与耐用品消费支出的关系。研究得出该指标在预测社会消费支出上非常有用。在其工作基础上，Angevine (1974) 则进一步将消费支出范围扩展到耐用品以外的其他消费支出，研究发现，消费者心情指数对非耐用品消费、半耐用品消费与服务消费具有显著解释力。随后的研究基本上都是围绕消费支出展开的，例如 Denise 和 Marianne

---

　　① 既然消费者或企业信心可以作为经济的先行指标，一些机构和学者就通过社会调查着手构建消费者和企业信心指数，其中引用较为广泛的是密歇根大学调查研究中心构建的消费者信心指数。

（1998）将消费者信心放入消费方程中，考察方程的解释力是否发生显著变化，研究发现，消费者信心对真实收入、财富、失业等传统影响消费的变量是一个很好的补充。Ludvigson（2004）和 Souleles（2004）使用密歇根大学编制的消费者信心指数对消费者信心预测支出的合理性和有用性进行了研究。不过，Carrol，Fuhrer 和 Wilcox（1994）认为，由于消费者理论并没有给出消费者信心以怎样精确的方式进入消费方程，所以对如何将消费者信心纳入消费者支出结构模型需谨慎。

　　相比较对消费者信心的研究，对企业信心的研究相对较晚，然而，包括 Bodo，Golinelli 和 Parigi（2000），Taylor 和 McNabb（2007）等在内的最近研究表明，企业信心在预测经济周期波动方面比消费者信心更好。但和消费者信心的影响机制一样，当企业面临的不确定性增加时，企业将会停止投资、减少雇用，并观望经济走势。企业的这种观望情绪极容易将经济拖入持久萧条状态。例如 Bloom（2009），Bloom 等（2009）使用了定量方法和 RBC 模型研究了企业信心在外部冲击下如何导致经济的短期波动。Bachmann 和 Bayer（2009），Arellano 等（2010）采用数量模型和数值模拟方法研究了企业信心在遭遇未来不确定性外生冲击时经济活动的表现。Bachmann，Elatner 和 Sims（2010）则在这一基础上，利用结构 VAR 模型实证分析了企业不确定性预期与经济活动的关系，研究结论基本证实了已有文献所作的理论预测。但尽管如此，人们关于企业信心在预测经济活动中充当的角色和作用方式的研究还不充分。

　　从上述有关消费者或企业信心与经济活动关系的文献中，可以看出两者作用经济活动的基本方式。不稳定的消费者或企业信心是经济周期变化的一个重要因素。这一结论意味着任何经济稳定计划应能稳定消费者或企业信心，尤其在经济萧条时期，恢复消费者或企业信心至关重要。然而现有研究基本上都侧重于消费者或企业信心对经济运行的预测能力，以及作用经济的基本方式，而关于如何恢复信心的研究相对较少。虽然 Dailami 和 Masson（2009）探讨过如何恢复消费者与企业信心，但更多集中于政府管制，不仅如此，其所指信心并非本章所讨论的消费者或企业对经济未来的信心，而是消费者或企业对政策的信心，尤其是对财政赤字政策的信心。只有 Konstantinou 和 Tagkalakis（2010）最近的一项研究才针对金融危机下消费者和企业信心急剧下降这一事实，利用跨国面板数据，在控制相关因素后对扩张性财政政策是否促进消费者和企业信心进行定量分析。研究指出，消减直接税对消费者和企业信心具有正向促进效果，而增加政府工资性支出却会恶化消费者和企业信心。然而这一研究将财政政策看做一个外生因素作用于消费者和企业信心，显然这一假定并不符合现实。有鉴于此，本章在控制了相关变量之后，将财政政策看成消费者和企业信心变化的一个内生变量，利用兼容控制变量的 VAR 模型和季度信心指数，探讨我国财政政策的市场信心效应。

三、消费者信心对消费需求变化的解释力

虽然已有大量证据表明消费者信心是短期消费需求表现的关键决定因素①，但这一结论是否同样适用于我国还缺乏经验证据。尽管我国自 1999 年就开始编制消费者和企业信心指数，但这两个指标还未被学者所关注。接下来，本章将利用我国 1999 年以来消费者信心指数和居民消费支出数据，在控制一些经济基本决定因素后，考察两者的长期运动趋势。为了保证有足够多的样本量，并尽可能反映消费者信心的瞬间变化，在估计消费者信心对居民消费支出表现是否具有预测效果时采用了季度数据，其中居民消费支出数据为国家统计局公布的季度数据。由于无法找到对应的季度消费价格缩减指数，所以季度居民消费支出数据只能采用名义值，不过使用未经缩减的季度数据也有好处，不仅可以反映真实因素冲击产生的影响，也可反映名义因素冲击产生的影响，而消费者对经济的未来表现不仅仅针对真实因素。为了消除居民消费支出数据的季度影响，用于实证分析的居民消费支出采用同比增长率形式。消费者和企业信心指数是经中经网公布的月度数据计算得到，其中月度数据转换为季度数据的方法是季度内三个月度数据的简单平均。受数据所限，本章控制的经济基本决定因素只有货币供给，其中货币供给采用中经网公布的 M2 数据，由于 M2 是月末数，所以转换为季度数据时就是季度内三个月末数据的简单平均，为了对应起见，实证分析时同样采用同比增长率形式。

在估计方法上，考虑到消费者和企业信心与居民消费支出之间可能

---

① Alan Greenspan 于 2002 年 11 月 13 日在美国国会经济委员会的演讲中曾指出，企业和消费者信心对短期经济表现具有决定意义。具体参见 http://www.federalreserve.gov/boarddocs/testimony/2002/20021113。

存在的相互决定关系，估计模型采用了兼容外生控制变量的 VAR 模型。一般来说，如果消费者和企业信心对居民消费支出具有预测力，那么消费者和企业信心理论上就与居民消费支出变化构成了因果关系，即如果消费者和企业信心的变化有助于预测居民消费支出变化，那么消费者和企业信心就是居民消费支出变化的因。为此，我们的实证策略包括两步，第一步采用（6—1）式只考察消费者和企业信心与居民消费支出的因果关系，式中的 y_t，c_t 和 b_t 分别表示国民产出、消费者信心与企业信心。第二步考察这种关系在增加控制变量后是否依然存在。[①] 其中在进行第一步因果关系分析时，如果（6—1）式的 $b_1(L)$ 或者 $c_1(L)$ 不显著等于 0，我们就可以驳斥消费者信心或企业信心不是居民消费支出变动原因的假说。为了在上述分析基础上同时考察消费者和企业信心之间是否具有相互感染和强化机制，我们将两者同时纳入一个因果关系中进行分析。即在（6—1）式中，如果 $c_2(L)$ 和 $b_3(L)$ 不显著等于 0，那么就可证明消费者信心与企业信心存在相互感染。如果只有 $c_2(L)$ 或 $b_3(L)$ 不显著等于 0，则只能表明消费者信心对企业信心或者企业信心对消费者信心具有单向感染效应。当然，如果 $c_2(L)$ 和 $b_3(L)$ 都显著等于 0，则说明消费者信心和企业信心之间不存在相互感染。

$$\begin{bmatrix} y_t \\ c_t \\ b_t \end{bmatrix} = \begin{bmatrix} a_1(L) & b_1(L) & c_1(L) \\ a_2(L) & b_2(L) & c_2(L) \\ a_3(L) & b_3(L) & c_3(L) \end{bmatrix} \begin{bmatrix} y_t \\ c_t \\ b_t \end{bmatrix} + \begin{bmatrix} \varepsilon_{yt} \\ \varepsilon_{ct} \\ \varepsilon_{bt} \end{bmatrix} \tag{6—1}$$

在进行分析之前，我们对三个变量的平稳性进行了检验，结果表明三变量是平稳的。为了节省篇幅，我们省略了这一结果的报告。在此基础上，对三变量进行 VAR 分析，表 6—1 报告了具体估计结果。考虑到变量之间的相互影响可能存在时滞，表 6—1 报告了 1 至 4 阶滞后期估计结果。表 6—1 所报告的内容主要包括三个信息：第一个信息是检验系数是否联合等于 0 的 F 统计量相伴概率 p，如果 p 值小于 0.10，则说明可以在至少 90% 的显著水平上驳斥系数联合等于 0 的原假设，证明增加该变量有助于提高方程的预测效果；第二个信息就是变量的估计系数；第三个信息是变量估计系数的 t 统计量值。在表 6—1 报告的信息中，我们

---

① 由于在增加控制变量后估计结果并没有出现非常明显的变化，所以为节省篇幅，就没有报告增加货币供给后的估计结果。

表6—1

消费需求与市场信心的 VAR 模型估计结果

	1 阶滞后			2 阶滞后			3 阶滞后			4 阶滞后		
	企业信心	居民消费	消费者信心	企业信心	居民消费	消费者信心	企业信心	居民消费	消费者信心	企业信心	居民消费	消费者信心
居民消费												
F 统计量的相伴概率 p	0.000	0.730	0.047	0.003	0.317	0.072	0.030	0.168	0.025	0.050	0.167	0.172
估计系数	0.571	0.056	0.028	0.457	0.144	0.190	0.459	0.218	0.641	0.603	0.223	0.745
t 统计量	[6.11]	[0.52]	[2.09]	[2.90]	[1.00]	[1.92]	[2.18]	[1.38]	[2.21]	[2.54]	[1.38]	[1.37]
消费者信心												
F 统计量的相伴概率 p	0.086	0.870	0.308	0.053	0.557	0.172	0.030	0.182	0.062	0.015	0.062	0.014
估计系数	0.140	0.940	0.208	0.268	0.919	0.541	0.400	0.958	0.869	0.510	1.017	1.185
t 统计量	[1.72]	[9.98]	[0.76]	[1.94]	[7.27]	[1.36]	[2.17]	[6.87]	[1.87]	[2.44]	[7.14]	[2.47]
企业信心												
F 统计量的相伴概率 p	0.000	0.603	0.706	0.009	0.301	0.174	0.202	0.065	0.009	0.956	0.023	0.001
估计系数	0.187	−0.017	0.923	0.193	−0.070	0.656	0.127	0.139	0.261	−0.006	0.176	0.072
t 统计量	[4.31]	[−0.35]	[6.33]	[2.60]	[−1.03]	[3.10]	[1.28]	[1.84]	[1.04]	[−0.06]	[2.28]	[0.29]
A-R	0.808	0.488	0.661	0.212	0.109	0.436	0.214	0.257	0.235	0.355	0.272	0.441

说明：表中各变量的定义及赋值见文中说明，相关数据根据中经网宏观经济月度数据库数据计算得到。其中 F 统计量的相伴概率即指该变量的估计在增加另外两个变量的预测效果是否有显著改善，其原假设为没有显著效果，即增加其他变量并没有增加方程的整体解释力；如果 p 小于 0.01，则说明拒绝原假设，增加的变量对被解释变量的变化有显著的解释力。

首先考察各变量自身是否存在反馈效应，即滞后项的影响是否显著。可以看出，居民消费支出的滞后项影响都至少在95％的水平上显著，但短期影响的显著程度要高于长期影响。和居民消费支出一样，消费者信心的滞后影响同样非常显著，但其滞后项的影响强度和显著程度一般都高于国民产出，不过消费者信心滞后自反馈效应的衰减速度要快于国民产出，从表6—1看，消费者信心滞后4阶的影响远小于前三阶滞后项的影响。相比较而言，短期内，企业信心的滞后影响非常显著，但这种影响在三期内就很快衰减为不显著。分析的结果表明，当居民消费支出和消费者信心遭遇外生冲击时，这种影响将会是持久的，而企业信心在遭遇外生不利冲击时，负面影响会很快消失。这一结论意味着，企业信心的恢复可能较快，但消费者信心的恢复将会是缓慢的。

再看消费者和企业信心对居民消费支出变化是否具有显著解释力。从表6—1居民消费支出方程的 F 统计量相伴概率 p 值看，所有估计模型都至少在95％的水平上是显著的，这意味着，在居民消费支出的估计方程中，增加消费者信心和企业信心两个变量，对方程估计效果的提高将是显著的，消费者信心和企业信心的加入显著提高了方程的预测效果。这一结论说明，至少在经验上，我们可以据此推定消费者和企业信心变化是居民消费支出变化的一个原因。从估计系数看，消费者信心和企业信心对居民消费支出的影响除了企业信心4阶滞后项外，其他滞后项估计系数都为正，这说明，消费者和企业信心对居民消费支出变化具有同向放大效应，信心下降会导致居民消费支出下降，如果信心持续低落，则居民消费支出有可能出现持久衰退状态。但从影响的显著程度看，消费者信心和企业信心对居民消费支出的影响方式有很大差异。消费者信心对居民消费支出滞后影响的短期效应不显著，在短期内，市场信心对居民消费支出的影响主要是企业信心变化所致，即企业信心对居民消费支出的短期表现具有解释力，而消费者信心对居民消费支出短期表现的解释力较低，但对其长期表现的解释力较强。这也说明，企业信心对居民消费支出的影响是短期的，而消费者信心的影响却是长期的。上述实证结论意味着，我们可以根据企业信心的变化预测居民消费支出的短期表现，根据消费者信心的变化预测居民消费支出的长期表现。

从消费者信心和企业信心的方程估计结果看，短期内，消费者信心和企业信心之间相互感染的情况不明显，但在长期内，消费者信心和企业信心之间的相互感染情况较显著。这说明，消费者信心对企业的情绪影响或者企业信心对消费者情绪的影响都是长期的，我们可以根据消费者信心预测企业投资行为的长期表现，也可根据企业信心预测消费者消费支出的长期表现。就居民消费支出变化是否对消费者信心或企业信心具有反馈效应而言，方程的估计结果表明，居民消费支出对企业信心至少在短期内具有显著的反馈效应，但无论在短期还是在长期，居民消费支出的表现对消费者信心的影响都不显著。这一结果表明，企业信心与居民消费支出表现之间具有相互强化效应，如没有外部力量介入，则无论是企业信心下降还是居民消费支出不良表现，都可能使经济陷入长期萧条状态。而在消费者信心与居民消费支出表现之间，并不存在相互强化效应，这说明，在我国，消费者信心的变化可能是其他因素所致。①

四、财政政策能够提振市场信心吗？

作为政府宏观调控政策的重要组成部分，财政政策在调控经济运行上，尤其是在经济萧条时期拉动经济的作用效果，一直饱受争议。特别自 20 世纪 90 年代初一些学者发现财政政策在一些国家呈现出顺周期现象之后，人们在经济萧条时期是否应启动扩张性财政政策上变得更加谨慎。理论上，财政政策对宏观经济将会产生何种影响关键看消费者和企业如何对财政政策作出反应，消费者和企业的反应不仅会影响财政政策乘数大小，甚至会改变财政政策乘数方向。而消费者和企业对财政政策的反应主要表现为消费者和企业对未来经济表现与政策的预期。例如 Bertola 和 Drazen（1993），Sutherland（1997）以及 Perotti（1999）在分析财政政策总需求效应时，虽然方法有不同之处，但都指出私人部门预期的重要性。就我国而言，近年来有关财政政策的非线性效应也受到了学者关注。例如郭庆旺、贾俊雪（2006）在利用省级面板数据研究财政政策转换对宏观经济的影响时发现，我国财政收入政策具有显著非凯恩斯效应。王立勇、刘文革（2009）利用区制转移矢量自回归模型研究 1952—2008 年我国财政政策与经济增长关系，方红生、张军（2010）分析不同经济状态下财政政策的稳定效应等，同样发现财政政策的非线性效应。但这

---

①　大量证据表明，我国内需不足，尤其是消费需求不足，虽然原因有很多，但主要是制度和治理结构，这其中包括我们的收入分配制度、城乡分割治理、户籍制度等。

些研究并没有研究我国财政政策非线性效应的原因，虽然王立勇、刘文革（2009）与方红生、张军（2010）的研究曾就财政政策非线性效应的原因作过简要分析，但两者的结论并不一致，前者认为预期并不是非线性效应产生的必然因素，而后者却认为并不能排除预期因素生成非凯恩斯效应。

从上述关于财政政策非线性效应的研究看，当期赤字财政政策会对私人部门的未来预期产生影响，改变私人部门对未来税收政策的信心，正是信心的变化造成经济陷入深度而又持久的萧条（Gordon and Leeper，2005）。然而，当期财政政策对消费者或企业信心的影响并不完全是因为初始财政条件和赤字财政政策，有时表现为当期财政政策力度不够。尤其当经济遭遇较强外生冲击时，财政政策能否逆转经济走势，恢复正常状态，就取决于财政政策能否改变消费者和企业对经济未来表现的信心。如果消费者和企业对经济状态的未来变化持悲观态度，消费者和企业的理性选择就是保持原先决策。而因协调失灵，个体的理性决策将会使经济整体失去理性，从而使经济陷入持久萧条或过热状态。在这种情况下，扩张或紧缩的财政政策可能打破这种僵局。所以在特殊时期，财政政策力度要能够显示出政府治理经济的坚强决心，因为这种决心将会影响消费者和企业对经济未来表现的预期。除了财政政策力度外，财政收支策略对消费者和企业信心的影响也很重要。例如 Konstantinou 和 Tagkalakis（2010）的研究表明，如果财政扩张仅表现为政府工资性支出上升，扩张性财政政策反而会恶化消费者和企业信心。

从图6—1我国消费者和企业信心指数的走势看，自1999年开始，无论是消费者信心还是企业信心，基本上都呈上升趋势，但在2002年第3季度至2007年第1季度期间，消费者和企业信心的变化非常不稳定，而自2007年第2季度开始，消费者信心和企业信心都出现了相当幅度的下降，直到2009年第2季度，消费者信心和企业信心才由下降转向上升。再来对照我国1998年至今的财政政策，为应对东南亚金融危机的影响，虽然1998年第4季度宣布了积极财政政策，但大部分政策主要是从1999年开始逐步落实的，直到2003年，积极财政政策开始逐步退出，虽然在决策层面，直到2005年才正式宣布积极财政政策转向稳健财政政策。2008年第4季度，为应对全球金融危机的影响，政府再一次宣布实施积极财政政策。那么，消费者和企业信心变化与财政政策变化是否有关？财政政策变化对消费者信心和企业信心的影响是否相同？我们接下来将从经验上对这些问题展开分析。为了能够了解财政政策是否具有显著的市场信心效应，我们使用了（6—2）式的矢量自回归模型。其中，COF_i 代表市场信心指数，当 i 为 c 时，代表消费者信心指数；当 i 为 b 时，代表企业信心指数。x 代表控制变量。之所以选择矢量自回归模型，主要源于两点考虑：一是对市场信心而言，财政政策可能并不是外生变量；二是矢量自回归模型可以分析财政政策对市场信心影响的时滞特征。在（6—2）式中，我们主要考察 $\gamma_1(L)$，如果 $\gamma_1(L)$ 显著不等于 0，那么财政政策具有显著的市场信心效应假说就能被接受，否则财政政策对恢复市场信心没有效果。

$$\begin{bmatrix} COF_{i(c,b),t} \\ FP_t \end{bmatrix} = \begin{bmatrix} \alpha_1 \\ \alpha_2 \end{bmatrix} + \begin{bmatrix} \beta_1(L) & \gamma_1(L) \\ \beta_2(L) & \gamma_2(L) \end{bmatrix} \begin{bmatrix} COF_{i(c,b),t} \\ FP_t \end{bmatrix}$$

$$+ \begin{bmatrix} \eta_1 & \cdots & \eta_n \\ \xi_1 & & \xi_n \end{bmatrix} \begin{bmatrix} x_{1t} \\ \cdots \\ x_{nt} \end{bmatrix} + \begin{bmatrix} \varepsilon_{(COF)t} \\ \varepsilon_{(FP)t} \end{bmatrix} \qquad (6—2)$$

对财政政策而言，考虑到财政收入缴库和支出拨付制度安排可能导致的数据问题，我们将财政政策分为收入政策和支出政策。同时，对财政收入政策和支出政策的定义，我们不是采用 $\Delta FP = FP_t - FP_{t-1}$ 环比变化形式，而是采用同比增长率。这样做的另一个原因也是出于消除季节因素产生的估计问题。[①] 为了进一步考察财政收入政策结构和支出政策结构是否具有显著不同的市场信心效应，我们根据现有数据选择了直接税和非税收入两种财政收入政策工具，在此基础上，我们对直接税又做了进一步细分，考察企业所得税和个人所得税在影响市场信心方面是否存在差异。同时根据现有数据选择了行政管理支出、科教文卫等社会性支出以及支农支出三类政策工具。其中，各类政策工具定义为该类收入占当期全部财政收入的比重、该类支出占当期全部财政支出比重。财政政策各指标数据根据中经网宏观月度数据库和中国资讯行经济快报相关数据计算得到。为消除其他影响市场信心的因素对估计结果产生的影响，我们根据 Helena 和 Alain（2003）等的研究，结合数据的可获得性，在（6—2）式加入了影响消费者或企业信心的三个变量，即资产价格、真实

---

① 从我国目前公布的财政收支月度数据看，每年 12 月份的数据都缺失，但在用全年数据减前 11 个月数据得到 12 月数据时会出现 12 月份的财政收支都很大，有些年份甚至占到整个财政收支的 1/4。在这种情况下，经月度数据计算得到的季度数据，如果简单采用环比变化形式，必然存在明显的季节波动。

利率和人均国民收入。其中,资产价格采用中经网公布的上证综合指数月度数据的简单平均值表示。真实利率根据消费者信心和企业信心差异有所不同。在消费者信心方程中,真实利率为银行一年期存款利率减去通货膨胀率。在企业信心方程中,真实利率为银行一年期贷款利率减去通货膨胀率。由于没有对应的人口季度数据,所以在计算人均国民收入时采用季度 GDP 除以当年末总人口计算得到。上述相关数据都经中经网和中国资讯行数据库相关数据计算得到。

在矢量自回归分析中,我们主要根据 AIC 和 SC 最小标准选择滞后项,同时将财政政策以外的影响市场信心的因素作为外生变量处理。具体估计结果见表 6—2 和表 6—3。从表 6—2 估计结果看,消费者信心具有显著的自我强化效应,这一结论与表 6—1 的估计结果完全一致。但人均国民收入对消费者信心具有正向促进作用,但除模型 3 外,其影响都不显著。而资产价格对消费者信心的影响在所有方程中都至少在 90% 的水平上显著。这说明资产价格的财富效应在我国是非常显著的。资产价格如果出现大幅度缩水,消费者信心将会受较大打击;反之,资产价格如果出现暴涨,消费者信心也会随之膨胀。资产价格与消费者信心之间的相互强化机制,使得我国股票市场总是经受暴涨暴跌的痛苦。[①] 就真实利率的影响而言,和资产价格不同的是,真实利率对消费者信心的影响并不稳定,虽然真实利率的上升对消费者信心具有正向促进作用,但这种作用在部分模型中并不显著。和资产价格一样,真实利率对消费者信心的影响同样是通过真实利率变化的财富效应体现的。

表 6—2　　　　财政政策对稳定消费者信心是否具有显著效果的经验证据

	模型 1	模型 2	模型 3	模型 4	模型 5
C	3.837**	2.852	3.004	3.136	1.958
	[2.416]	[1.581]	[0.695]	[1.039]	[0.046]
ZCJG	0.017**	0.014**	0.014*	0.013	0.016*
	[2.067]	[1.965]	[1.947]	[1.579]	[1.714]
ZSLV	0.247***	0.246***	0.185	0.297***	0.243
	[2.802]	[2.915]	[1.199]	[2.893]	[1.348]
GDP	0.121	0.136	0.196*	0.158	0.102

① 在我国投资渠道相对较少以及投资者结构中散户比重较大的情况下,股票市场变化对消费者信心的影响更为明显。同时,这一实证结论也表明,股票市场的阴晴变化对预测消费者信心具有非常显著的效果。

续前表

	模型 1	模型 2	模型 3	模型 4	模型 5
	[1.005]	[1.380]	[1.904]	[1.461]	[0.892]
CF (−1)	0.503***	0.454***	0.482***	0.672***	0.536***
	[2.733]	[3.425]	[3.782]	[3.863]	[2.893]
CS (−3)	−0.030				
	[−0.655]				
CZ (−1)		0.033**			
		[2.517]			
XZGL (−1)			−0.327**		
			[−2.125]		
KJWW (−1)			0.056***		
			[2.649]		
NY (−1)			0.143		
			[0.364]		
FSYL (−2)				−0.093	−0.095
				[−0.463]	[−0.405]
ZJS (−2)				−0.122	
				[−1.534]	
QYSDS (−2)					−0.033
					[−0.426]
GRSDS (−1)					−0.064
					[−1.706]
A-R	0.598	0.677	0.658	0.749	0.593

说明：表中括号内为 t 统计量，第一栏的 C 为常数项，ZCJG 代表资产价格，ZSLV 代表真实存款利率，GDP 代表人均 GDP，CF 代表消费者信心。CS，CZ，XZGL，KJWW，NY，FSYL，ZJS，QYSDS，GRSDS 分别代表财政收入、财政支出、行政管理支出、科教文卫等社会性支出、农业支出、非税收入、直接税、企业所得税和个人所得税。其中，行政管理支出 2006 年之前与财政年鉴统计的行政管理支出口径一致，2007 年及之后由于科目调整，即指一般公共服务支出减去还本付息支出，不过这还是远远大于 2006 年之前的行政管理支出口径，为此我们根据 1999—2006 年行政管理支出占全部财政支出比重对 2007 年之后的数据进行了相应调整。科教文卫等社会性支出 2007 年之后包括科学、教育、卫生、文化体育、社会保障，2007 年之前包括科教文卫、社会保障、抚恤、政策性补贴。支农支出和现有财政年鉴统计口径一致。非税收入即指税收以外的财政收入。直接税包括企业所得税和个人所得税。***、**、* 分别指在 1%、5% 和 10% 水平上显著。

从财政政策的估计系数看，不同的财政政策对消费者信心的影响存在很大差异。就财政收入政策而言，模型 1 的估计系数为负，说明财政收入增加将会打击消费者信心，但并不显著。就财政支出政策而言，模型 2 的估计系数为正，说明财政支出扩张将会提振消费者信心，不仅如此,从影响的相对程度看,财政支出同比扩张超过 1%,消费者信心指数就会增加 0.033,这一幅度远远高于资产价格的作用。结合我国两次应对危机的财政策略,财政支出政策一直占主导地位,尽管在 1998—2002 年积极财政政策实施期间,平均接近 3 的税收增长弹性也没有对消费者信心产生显著影响,但急剧扩张的财政支出政策通过显示政府治理经济的决心,极大促进了消费者信心的恢复,从而成为消费者信心增加的主导力量。就财政政策结构而言,所有财政收入政策对消费者信心的影响都是负的,但除了个人所得税的影响在 90% 的水平上显著外,总的直接税、企业所得税以及非税收入的影响都不显著。这一结论与 Konstantinou 和 Tagkalakis(2010)的结论存在一定差异,后者的实证结果是:总的直接税和个人所得税在美国、英国等发达国家对消费者信心的影响非常显著。造成这种差异的原因应该与我国的财政收入结构有很大关系。在美国、英国等发达国家,直接税占财政收入的比重基本上都在 80% 以上,有些国家甚至超过了 90%,且直接税主要以个人直接缴纳为主。但在我国,直接税占财政收入的比重不到 15%,其中个人所得税占比不到 5%,这种以流转税为主的财政收入结构很难让消费者直接感受到税收负担的痛苦,从而导致消费者对财政收入的增减变化反应不敏感。在现行收入结构下,财政收入政策的宏观调控效果一般不会非常理想。

就财政支出结构政策而言,和财政收入政策不同的是,财政支出政策的市场信心效应对于不同的支出项目差异较大。如果财政支出扩张仅表现为行政管理费用的增加,不但不能促进消费者信心的增加,反而会恶化消费者信心,这一结论与 Konstantinou 和 Tagkalakis(2010)关于政府工资性支出增加的研究结论基本一致。相比较行政管理费,科教文卫、社会保障等这些社会性支出会让普通消费者感到更明显的实惠,特别是在 20 世纪 90 年代中后期推行社会事业领域的市场化之后,政府重返社会事业领域无疑降低了普通老百姓未来的支出预期,提高了消费者对未来的信心。所以以增加社会性支出为主的财政扩张计划更有利于提振消费者信心。从支农支出的作用效果看,支农支出对消费者信心的影响虽然具有正向促进作用,但效果不显著。

为了进一步考察财政政策对消费者信心的影响是否存在明显的时滞效应和持久特征,我们在矢量自回归模型估计基础上考察了消费者信心对财政政策一个标准差冲击的脉冲反应。从图 6—3 和图 6—4 的响应时间路径看,消费者信心对财政政策冲击都基本上在一个季度内作出明显反应,并很快达到最高。但除了财政收入政策外,其他财政政策变量对消费者信心的影响几乎不具有累积效应,基本上都会在一年内衰减为 0。消费者信心对财政政策变化的反应模式说明,在经济遭遇较强外生冲击,消费者对未来极具悲观的情况下,需要持续不断的财政政策刺激,但这会使财政政策在扩张之后陷入很难退出的困境,形成所谓的财政依赖症。

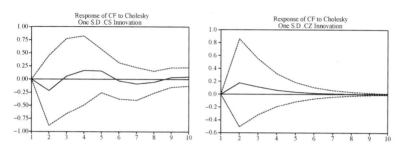

图 6—3　消费者信心对财政收入政策冲击与财政支出政策冲击的脉冲响应模式

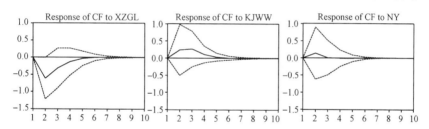

图 6—4　消费者信心对不同财政支出冲击的脉冲响应模式

从表 6—3 的估计结果看,各变量对企业信心的影响与对消费者信心的影响存在很大差异。资产价格对企业信心的影响为正,虽然在部分方程中并不显著。这说明资产价格的变化与企业信心变化具有同向运动特征。真实贷款利率对企业信心的影响都为负,由于贷款利率的上升会增加企业的资金成本,而根据历年统计年鉴的数据,我国企业新增固定资产投资的资金平均有 20% 以上来自银行贷款,所以利用利率机制稳定企业信心,进而调控经济运行,应该是中央银行的重要工作。和表 6—1 的结论基本一致,企业信心具有显著的自增强效应,企业信心的这种自我强化机制会使企业信心在遭遇外生冲击时陷入恶性循环状态,从而导致经济陷入持久的萧条或通胀。这一结论也为稳定企业信心提供了经验证据。从财政政策对企业信心的影响看,和消费者信心一样,财政收入政策虽然影响为负,但不显著。这种情况可能同样源于我国的财政收入结构，因为就收入结构而言，除了企业所得税和各种收费组成的非税收入外，大部分针对企业的税收都可以通过隐蔽方式转嫁给消费者，所以对于税收的增减变化，企业同样不会很敏感。当然，这一结论可能仅限于预算内财政收入，因为对我国大部分企业而言，真正的负担可能来自其他方面，比如应对政府部门产生的各种费用等。这一点可以通过非税收入这个指标得到反映。根据非税收入的估计系数和符号，可以看出非税收入占比的上升对企业信心的负面影响大而显著，不仅如此，非税收入对企业信心既有短期影响也有长期影响。当然，除了这些非税收入外，直接作用于企业的企业所得税对企业信心的影响同样非常显著，但其程度不及非税收入。所以在经济萧条时期，恢复企业信心，除了减税外，减少企业的非税负担甚至更为重要。

表 6—3　　　　　　　　　　财政政策稳定企业信心的经验证据

	模型 1	模型 2	模型 3	模型 4	模型 5
C	5.511	6.966	18.566	82.575	157.661*
	[1.389]	[1.247]	[1.515]	[1.593]	[1.634]
ZCJG	0.035	0.049**	0.054**	0.034	0.036*
	[1.395]	[2.060]	[2.554]	[1.183]	[1.754]
ZSLV	−0.157*	−0.036**	−0.445*	−0.445	−0.807**
	[−1.825]	[−2.187]	[−1.751]	[−1.555]	[−2.102]
GDP	1.358**	0.341	0.181	1.540***	0.887*
	[2.113]	[0.597]	[0.362]	[2.988]	[1.620]
BF (−1)	0.330***	0.619***	0.792***	0.945***	0.672***
	[3.342]	[3.062]	[4.510]	[4.399]	[2.971]
CS (−2)	−0.125				
	[−0.993]				
CS (−3)	−0.133				
	[−1.157]				
CZ (−1)		−0.148			
		[−0.732]			
CZ (−2)		−0.273			
		[−0.381]			
XZGL (−1)			−1.542***		
			[−2.805]		

续前表

	模型 1	模型 2	模型 3	模型 4	模型 5
KJWW（−1）			−0.098		
			[−0.404]		
NY（−1）			0.144		
			[0.131]		
ZJS（−2）				−0.384**	
				[−2.091]	
FSYL（−1）				−2.236***	−1.636***
				[−4.537]	[−3.090]
FSYL（−2）				−0.901*	
				[−1.626]	
QYSDS（−2）					−0.215**
					[−2.159]
GRSDS（−2）					0.534
					[1.112]
A-R	0.695	0.727	0.788	0.644	0.837

说明：表中括号内为 t 统计量，栏 1 各字母代表的含义同表 6—2，其中 BF 代表企业信心，ZSLV 在表 6—3 中代表的是真实贷款利率。***、**、*、分别指在 1%、5% 和 10% 水平上显著。

就财政支出政策而言，和消费者信心的反应完全不同，企业信心对财政支出变化的反应不仅不显著，而且符号为负。这说明，我国财政支出政策对企业信心的恢复作用非常有限。但和消费者信心一样，当财政支出扩张主要表现为行政管理费增加时，企业信心也会作出向下的反应。而科教文卫等社会性支出的增加同样会降低企业信心。这种情况出现的原因与我国科教文卫等社会性支出现行的融资途径有关。在我国，财政收入的 70% 以上来自企业，在这样的融资结构下，这些仅针对个人的社会性支出增加无疑会增加企业的各种税收和非税负担，所以社会性支出增加可能会导致企业信心的下降。但从另外一个方面看，社会性支出增加会通过减少消费者未来支出预期增加当期社会总需求，从而改善企业的运营环境，提高企业信心。正反两方面效应的力量对比使得科教文卫等社会性支出对企业信心的影响不显著。和消费者信心一样，我们同样考察了企业信心对财政政策冲击的脉冲响应模式。从图 6—5 和图 6—6 看，企业信心会在一个季度内对财政政策变化作出反应，所以财政政策对企业信心的作用时滞很短，但和消费者信心不同，企业信心对财政政策变化的反应虽然也呈衰减趋势，但衰减为 0 的速度较为缓慢。这说明财政政策对企业信心的影响是长期的。

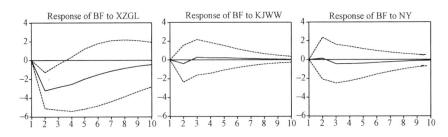

图6—5　企业信心对不同财政支出冲击的响应模式

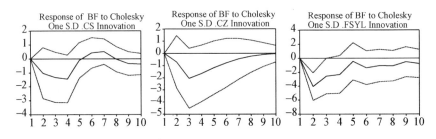

图6—6　企业信心对财政收入、财政支出以及非税收入冲击的响应模式

五、本章小结

宏观经济表现总是有其微观基础。作为社会资源配置的市场主体，消费者和企业决策将会直接决定社会资源的配置效率与宏观经济走向。而消费者和企业决策总是受制于一定的约束条件，这些约束条件决定了消费者和企业可能作出的行为反应与资源配置决策。这意味着，所有影响消费者和企业决策的因素都会通过作用于消费者和企业行为而作用于宏观经济。但影响消费者和企业决策的因素有很多，既有客观的也有主观的，前者比如消费者的消费决策或企业的投资决策可能受制于收入多少的影响，在边际消费倾向或边际投资倾向一定的情况下，收入的高低将会决定着消费者的消费水平和企业的投资水平，进而决定社会总需求水平。但影响消费水平或投资水平的不仅是收入多少，还包括消费或投资意愿，如果消费意愿或投资意愿非常高，即使收入水平相同，消费水平或投资水平也会较高，消费和投资意愿将会通过作用边际消费或投资倾向影响社会总需求。而消费意愿或投资意愿完全是主观的，它们主要取决于消费者或企业对未来的预期或信心，如果消费者或企业对未来充满信心，消费者或企业就会增加当期消费和投资，反之则反是。

正是因为消费者和企业信心对消费者与企业决策的上述影响，许多国家将消费者和企业信心视为一个重要的经济先行指标，通过监测这一指标预测宏观经济的未来表现，从而制定出相应的宏观调控政策。然而由于消费者和企业信心完全受制于主观情绪或情感，所以很容易受到外界环境的影响，并使消费者和企业信心具有很强的感染性与自我强化效应，消费者和企业信心的上述特征会使经济在遭遇外生冲击时陷入持久的萧条或通胀状态。为此，宏观调控政策的重要目标之一就是稳定消费者和企业信心，尤其是在经济萧条时期，恢复消费者和企业信心非常重要。我国经济自 20 世纪 90 年代起不断经受着外部冲击的影响，为了稳定宏观经济运行，财政政策自 20 世纪 90 年代中期就走到了宏观调控的前沿，并成为历次应对经济危机的主导政策。本章的实证结论表明，我国以扩张支出为主的积极财政政策对稳定消费者信心，尤其对恢复消费者信心发挥了积极作用，虽然在其间，我国的财政收入政策主要表现为紧缩特征，但这并没有对消费者信心产生显著的负面影响。虽然积极扩张的财政支出对消费者信心产生了正向促进作用，但这种促进作用主要是通过增加科教文卫等社会性支出实现的，而日益膨胀的行政费用支出却显著恶化了消费者和企业信心。财政政策对消费者信心和企业信心的影响并不完全相同，虽然消费者信心和企业信心对财政政策变化的反应都比较快，但反应衰减为 0 的速度不同，财政政策变化对企业信心的影响具有长期效应。除此之外，财政支出政策对企业信心不仅不具有显著的促进效应，反而产生了一定的负面影响，尽管这一影响并不显著。造成这一情况的主要原因与科教文卫等社会支出的增加以及日益膨胀的行政费用支出有关，因为这些支出增长在现行的财政收入结构下增加了企业的财政负担。

本章的实证结论表明，针对我国失衡的增长结构，财政政策的短期作用就是刺激社会总需求，尤其是社会消费需求的增长，但财政政策刺激社会总需求的效果关键看财政政策在多大程度上提高了消费者和企业对未来经济前景的信心，而目前我国以扩大社会性支出为主的财政支出政策对提高消费者和企业信心起到了显著的促进作用，不过不断攀升的财政收入在某种程度上降低了企业信心，尤其通过不规范的各种非税收入筹集财政支出资金的融资方式，对企业信心的影响更为明显。

第 7 章　市场主体信心与财政政策效应的交互作用

本章提要： 近年来有关财政政策非线性效应的研究表明，拥有财政效应非线性特征的先验知识对提高财政政策运用能力非常关键。本章基于 SVAR 模型的反事实分析，对我国 1999 年以来财政乘数效应非线性特征进行的研究表明，市场主体信心在我国财政政策传导机制中扮演着重要角色。在经济遭遇外生冲击时期，以扩大支出为主的需求管理产生了显著的信心提振效果，伴随市场主体信心的恢复，短期内财政乘数效应被放大。但随着政策实施时间延长，增支的边际增长效应开始递减，匹配支出扩张的增税负面效应开始递增，扩支增收效应的相互叠加使财政乘数效应迅速下降。不仅如此，在这个过程中，不适当的财政收支结构调整策略又进一步恶化市场主体信心。所以长期看，以扩支增收为主要特征的需求管理策略会造成市场主体更强的谨慎动机。本章的政策含义非常明确，充分利用市场主体信心与财政非线性特征的先验知识，适时转换财政调控策略，对提高财政调控效果、降低财政压力具有非常重要的意义。

一、一些典型化事实

经济增长结构失衡自东南亚金融危机以来就一直被认为是我国经济运行的一个显著特征，也是过去十多年宏观调控的重点。为扩大内需，实现内外需结构平衡和经济平稳增长，中央政府实施了以财政政策为主的宏观调控。在这个过程中，无论是宏观调控还是需求结构抑或是整体经济表现，都呈现出一些值得探究的特征。在宏观调控方面，财政政策一直是宏观调控的主要工具，虽然货币政策也被经常使用，但货币政策更多被用于调控物价和过剩流动性。应对内需不足，财政政策无论收支总量还是收支结构在过去十多年都发生了很大变化。总量上，财政收支年均真实增长率，1999—2010 年较 1991—1998 年高出约 8.5%，尽管 2005 年中央提出财政政策由积极转向稳健，但这种稳健化措施不是表现为削减支出，而是表现为增加收入，这一点通过财政收支真实增长率变化可以得到直观反映。2005—2007 年，财政支出真实增长率较 2003 年和 2004 年高出近 8%，和 1999—2004 年平均水平相当，而收入年均真实增长率 2005—2007 年不仅远高于 2003 年和 2004 年，即使和 1999—2004 年平均水平相比也高出近 6%，其中 2007 年超过了 25%，为过去 20 年之最。从工具选择的综合效应看，财政政策以支出为主的特征相对较为明显，因为在 1991—2010 年，财政支出变化与经济变化之间的相关系数接近-0.5，而财政收入变化与经济变化之间的相关系数不仅绝对水平较小，仅为 0.15，而且方向为负。[①] 对比结果说明，尽管在宏观调控的财政政策运用中，税收也会被相机使用，但整体看，税收的融资功能相对更加突出，为满足日益上升的支出需要，增税一直是我国财政运行的一个显著特征，即使在经济相对低迷的 1999 年和 2009 年，也是如此。[②]

结构上，税收工具在直接税和间接税之间相对侧重前者。1999 年之前，直接税与间接税年均增长率基本相当。1999—2010 年，前者年均增长率高出后者近 6.5%。分时段看，上述税收融资结构并不完全相同，最典型表现在两次积极财政政策实施期间。在 1998 年第一次宣布实施积极的财政政策之后的三年中，间接税年均增长率仅为 14.49%，与积极政策实施前基本相当，而直接税年均增长率却高达 39%，不仅远高于间接税，也较积极政策实施前增长近 1.5 倍。在 2008 年第二次宣布实施积极的财政政策之后的两年中，间接税年均增长率近 20%，与之前稳健政策实施期间基本相当，而直接税年均增长率仅为 9%，不仅低于前者，而且较稳

---

① 数据根据中经网综合年度数据库相关数据计算所得，其中财政收支的真实增长率是利用 GDP 缩减指数计算得到。需要说明的是，在国内一些文献中，计算税收弹性或支出弹性时，财政收支增长率使用的都是名义增长率，而 GDP 增长率却是真实增长率，这样计算得到的弹性不仅有问题，而且会误导政策实践。此外，文中所用数据仅是预算内数据，如果考虑整个政府收支水平，分析结果虽然会发生较大变化，但这种变化只会进一步凸显政府持续扩张的特征。

② 本书所指增税与增加税率或扩大税基的传统认识并不完全相同，作者认为，尽管在过去十多年税制没有发生大的变化，但税收收入却始终保持超常增长态势，造成这种情况的原因可能有很多，比如强化税收征管等，但无论何种原因，私人部门的税收负担整体上是上升了。

健政策实施期间下降近 20%。相比较税收，支出结构变化主要表现为政府消费增加，社会性支出（包括科教文卫和社会保障）基本未变，前者自第一次积极财政政策实施至今一直呈上升趋势，从 1998 年的 12.8% 上升到 2010 年的约 20%，后者在过去十多年基本保持在 34% 左右，对农业投入占比只是在 2007 年之后有一定幅度的上升。在财政支出结构中，预算内投资的变化非常特殊。两次积极财政政策实施期间，预算内投资增速只是在政策宣布次年有跳跃性上升，但随后就大幅度持续下降；相反，在稳健财政政策实施期间，预算内投资增速却持续上升。纵观财政政策结构调整，增加直接税融资和政府消费比重、反向操作投资支出的工具运用特征非常明显。

在需求结构方面，按现有统计口径，在 1998—2010 年，居民消费需求和私人部门投资需求年均真实增长率分别为 8.8% 与 18.7%。从变化路径看，两者在第一次积极财政政策实施期间的变化有一定相似之处。居民消费需求年均增长率为 7.68%，远低于此前紧缩时期 21.53% 的年均增长水平。私人部门投资需求在积极政策宣布次年也出现较大幅度下降，1999 年真实增长仅为 3.33%。但和居民消费需求不同的是，前者在跳跃性下降后就开始持续上升，到宣布实施稳健财政政策的当年，已达到 23.89%，后者却基本稳定在 10% 水平以下。在第二次实施积极财政政策期间，消费需求同样出现跳跃性下降，由 2008 年的 15.08% 下降到 2009 年的 9%，2010 年保持基本稳定。私人部门的投资需求在积极政策宣布次年出现跳跃性上升，由 2008 年的 15.16% 升至 2009 年的 31.69%，但第三年就开始急速下降到 22.13%。在稳健财政政策实施期间，两类需求变化不尽相同，居民消费需求不降反升，从 2005 年稳健政策宣布当年的 10.75% 升至 2007 年的 15.84%，私人部门的投资需求则基本保持稳定。在经济表现方面，和需求变化基本一致，在积极财政政策宣布次年，经济总体上都处于低谷，但从第三年开始反弹，并持续上升。和积极政策实施期间相比，在财政政策宣布退出积极、转向稳健的三年中，经济增长速度不仅没有下降，反而出现更大幅度的增长，2005—2007年，经济增长由 10.7% 升至 13.6%。综合需求结构和经济表现变化，需求和GDP 对财政政策变化的反应与凯恩斯理论预测似乎并不完全一致。①

---

① 当然，依据这些典型化事实，包括表 7—1 相关性初步分析，得到的任何结论都是初步的，因为这些仅就数据间关系进行的推演没有考虑时滞、其他变量影响等，变量间的相互作用关系是否果真如此，还需要通过科学的计量分析。

表 7—1　　1998—2010 年期间财政政策变化与一些宏观总量变化的相关性

	积极财政政策实施期间			稳健财政政策实施期间		
	投资需求	消费需求	国民产出	投资需求	消费需求	国民产出
财政支出	−0.42 (0.22)	−0.52 (0.15)	−0.76 (0.02)	−0.86 (0.34)	0.87 (0.33)	0.79 (0.42)
预算内投资支出	−0.16 (0.72)	−0.23 (0.58)	−0.49 (0.22)	0.15 (0.91)	−0.13 (0.92)	−0.27 (0.82)
税收	−0.76 (0.03)	−0.26 (0.53)	−0.42 (0.30)	−0.96 (0.18)	0.97 (0.16)	0.92 (0.26)
财政收入	−0.80 (0.02)	−0.34 (0.41)	−0.56 (0.15)	−0.98 (0.14)	0.98 (0.13)	0.94 (0.22)

说明：表中为 stata11 软件给出的相关系数，括号内为显著水平 p 值。

　　表 7—1 以更为直观的方式呈现了上述典型化事实，可以看出，大部分财政工具与投资需求、消费需求以及国民产出之间具有较高相关系数，尽管显著性都较低。从表中相关系数方向看，三项指标对积极财政政策的反应都是负的；对稳健财政政策的反应，除投资需求依然为负外，消费需求和国民产出的反应都是正的。不仅如此，和积极财政政策相关系数相比，尽管显著度依然较低，但相关度却有较大幅度上升，尤其与税收相关度，几乎接近 1。根据表 7—1 相关性初步分析结果，可以看出，积极财政政策中支出工具性效果与凯恩斯理论预测不同，呈现出显著非凯恩斯特征，税收或财政收入工具性效果却与凯恩斯理论预测一致，呈现出显著凯恩斯效应。随着财政政策由积极转向稳健，财政政策工具性效果也发生变化，仅从相关系数符号看，除投资需求外，财政支出变化产生凯恩斯效应，税收或财政收入变化产生非凯恩斯效应。从整个时段分析结果看，我国财政政策对国民产出和消费需求的影响是不对称的。上述直观结论与郭庆旺、贾俊雪（2006），王立勇、刘文革（2009），方红生、张军（2010）等研究发现基本一致，也与我国 1998 年以来居民消费率持续下降这一事实基本吻合。

　　我国财政政策影响为何表现出非线性特征？实现需求结构再平衡，我国应采取何种财政调控策略？这些问题似乎在上述文献中都曾有过细致分析，例如王立勇、刘文革（2009）曾利用巴罗-格罗斯曼一般非均衡模型研究认为，财政政策非凯恩斯效应主要源于短缺经济和政府数量约束。方红生、张军（2010）的分时段研究认为，在不同时段，财政政策非线性效应原因不同，在第一次积极财政政策实施期间，财政政策非凯恩斯效应主要源于劳动力市场机制。然而，已有文献在讨论非线性效应时实际上都有一个隐含假定，即市场主体的消费投资决策独立于市场主体关于未来形势的主观判断。显然这一假定并不符合经济现实，因为 Ng（1992）；Carroll，Fuhrer 和 Wilcox（1994）；Bram 和 Ludvigson（1998）；Taylor 和 McNabb（2007）；Ludvigson（2004）等研究表明，市场主体关于未来的主观判断对其消费决策有显著影响，如果研究中包括市场主体未来的主观判断，经济周期模型的预测力将会显著提高。Ackerlof 和 Shiller（2008），Barsky 和 Sims（2010）等的研究也同样证明市场主体的未来信心在经济波动中充当重要角色。在我国，陈彦斌和唐诗磊（2009）、李永友（2011）的研究也证实，市场主体的未来信心对经济变化也有相当显著的解释力。由于市场主体的未来信心会影响市场主体的资源配置决策，所以也会通过这种机制影响宏观政策调控效果，Westerhoff 和 Hohnisch（2010），Bachmann 和 Sims（2011）等最近的研究为此提供了充分的经验证据。① 市场主体的未来信心对经济周期变化的重要影响说明，财政政策如果能够有效增强市场主体的信心，不仅可以大大提高宏观调控效果，而且可以有效降低宏观调控的财政压力。② 这一点在我国显得尤为重要。为此，探究市场主体的信心在多大程度上影响财政政策调控效果，以及过去十多年的财政调控是否有助于改进市场信心，自然成为提高我国财政政策运用能力的一项重要工作。

然而研究市场主体信心与财政调控的关系，一个关键步骤就是获得市场主体信心的有效度量。由于市场主体信心是一个极其主观概念，所以准确捕获这一信息显然非常困难。为处理这一问题，学术界的一个通用做法就是编制市场主体信心指数，该指数通过对当事人有关当前和未

① 需要说明的是，市场主体信心对财政政策运用的重要性一直是经济学家研究的一个重要内容，但在很多文献中，市场主体信心与本章所要分析的含义不尽相同，前者主要指市场主体对政府未来合理融资和财政巩固计划的信心，而非本章所指市场主体对经济未来的信心。例如 Feldstein（1982）等。本章之所以特别关注市场主体对经济未来的信心，一方面源于已有大量文献提供的经验证据，另一方面源于早期有关策略性互补与经济多重均衡的研究，两方面的文献都指出，消费者对经济未来的信心会左右经济波动，也会放大或缩小宏观政策调控效果。最近学者关于大萧条的研究表明，大萧条的一个很重要的原因是政府政策导致市场主体信心下降。

② 市场主体信心的重要性自凯恩斯以来一直备受关注。一些经济学家认为，市场主体信心下降及其相互传染是历次经济危机的一个重要形成机制，所以任何经济复苏计划都应以提振市场主体信心为重要内容。例如 Spilimbergo，Symansky，Blanchard 和 Cottarelli（2008）等。

来五个方面的主观判断综合打分获得。在我国，最早编制市场主体信心指数是在 1997 年，但正式公布数据是在 1999 年。根据我国市场主体信心指数编制方法，市场主体信心指数包括消费者信心指数和企业信心指数。其中，消费者信心指数用于度量消费者对家庭和宏观经济当前与未来状况的主观认知和情绪，该指数按月公布。企业信心指数用于反映企业家对宏观经济的看法和信心，该指数按季公布。市场主体信心指数的编制为研究市场信心的重要性及其作用机制提供了可能，本章有关市场主体信心的度量就是采自我国国家统计局景气监测中心编制的消费者信心指数和企业信心指数。和同类研究相比，本研究的贡献主要表现在三个方面：一是在 SVAR 框架下引入了市场主体信心，并通过关闭市场主体信心对财政冲击响应的反事实分析，推断出市场主体信心在财政调控中所扮演的重要角色；二是在已有财政政策非线性效应研究文献基础上，利用非线性 SVAR 模型，研究市场主体信心在不同经济周期阶段的重要性差异，为财政政策非线性效应的产生逻辑提供新的证据；三是不仅考察市场主体信心变化对财政调控效果的影响，而且在 Konstantinou 和 Tagkalakis（2011）基础上考察财政调控工具选择对市场主体信心的影响，为最大化财政调控效果的策略选择提供经验支持。全章结构安排如下：第二部分借助总量经济恒等式从理论上建立市场主体信心对财政工具乘数效应的作用机制，通过与传统凯恩斯乘数比较，量化市场主体信心对财政工具乘数效应的影响；第三部分在 Blanchard 和 Perotti（2002）等文献基础上提出本章理论分析的实证策略，通过应用反事实分析与非线性 SVAR 模型讨论财政政策冲击和市场主体信心重要性的识别方法；第四部分为数据说明和实证结果分析；第五部分在第四部分与 De Boef 和 Kellstedt（2004）等研究基础上，通过建立分布滞后多项式模型，对 1999 年以来财政调控与市场主体信心变化关系作进一步分析；第六部分为全章总结，并对本章研究作简要评估。

二、理论模型

考虑一个封闭经济体总量经济恒等式 $y_t = c_t + i_t + g_t$，在这个恒等式中，人均国民产出等于私人部门人均消费投资支出与人均政府购买性支出之和。为了能够考察市场主体信心的重要角色，我们需要在这个恒等式基础上对每个组成部分进行微观分解。首先看私人部门消费，理论上，影响消费的因素有很多，但无论这些因素多么复杂，都可以归结为两个方面，即消费意愿和消费能力。这样我们就可以将私人部门当期消费表达为当期消费意愿和消费能力的函数，即 $c_t = c_t(\beta_t, \widetilde{y}_t) = \beta_t \widetilde{y}_t$，其中 β 为当期消费意愿，$\widetilde{y}$ 为消费能力。在不同的消费理论中，$\widetilde{y}$ 的含义存在较大差别，但对一个追求终生效用最大化的消费者而言，约束跨期消费决策能力的因素主要是收入，即 $\widetilde{y}$ 可以表示为 $\widetilde{y}_t = \widetilde{y}_t + E_t(\widetilde{y}_{t+1})$，其中 $\widetilde{y}_t$ 为当期收入，E_t 为依据 t 期信息对未来收入的预期。在通常情况下，β 和 $\widetilde{y}$ 被认为是相互独立的，但最近的研究表明，这两者之间是相互联系的，其中 β 的高低取决于消费者对未来收入增长的信心，如果消费者对未来收入增长信心较高，则消费者的跨期最优决策必然产生较高的当期消费意愿；如果消费者对未来收入增长信心较弱，则出于终生效用最大化的考虑，消费者会选择一个较低的当期消费倾向。① 依据上述分析，在假定其他因素不变的情况下，我们可以将 $c = c(\beta, \widetilde{y})$ 进一步表达为当期收入与信心的函数，即 $c_t = c(\widetilde{y}_t, mc_t)$，其中 mc_t 表示当前消费者的信心，该函数满足 $\partial c_t / \partial \widetilde{y}_t > 0$，$\partial^2 c_t / \partial \widetilde{y}_t^2 < 0$，$\partial c_t / \partial mc_t > 0$，$\partial^2 c_t / \partial mc_t^2 > 0$。

在上述函数中，消费者对未来收入增长的信心主要依据过去和当前信息建立起的主观认知，为简化起见，我们假定这种信息仅来自收入，这样 mc_t 实际上就是过去和当期收入的函数。不过，上述分析还不能完全刻画消费者当期消费决策，因为最近一些研究表明，消费者当期消费决策不仅取决于消费能力，还与消费者对未来支出的预期有关，即在未来收入预期一定的情况下，如果消费者对未来支出预期较高，则理性的消费者就会选择一个较低的当期消费倾向。这一事实意味着，我们需要在消费者当期消费决策中引入支出预期这一因素。为了不至于使问题变得过于复杂，我们根据未来支出预期的相关研究，只考虑政府社会性支出对消费者支出预期的影响。如果政府在社会保障等社会性项目上投入较高，消费者对未来的信心就会较高，当期消费倾向就会相应较高。我们

① 本章对消费者最优决策的分析与基于效用最大化的消费者最优消费路径的分析是一致的。后者在建立消费者终生效用函数时使用了一个固定不变的贴现率，这一假定并不符合现实，贴现率并非固定量，即贴现率也是个变量。当消费者对未来充满信心时，消费者更看重当前消费，从而选择一个较高贴现率；反之，如果消费者对未来没有信心，则会选择一个较低贴现率。如果将这一情况与当期收入联系在一起，就表现为消费者消费倾向在不同信心水平下有所差异。

假定消费者对政府未来社会性支出高低的预期仅依据过去和当前政府社会性项目投入信息。如果过去和当期政府社会性投入比重较高，消费者对未来的信心就会较高。结合前述分析，我们可以将消费者对未来的信心 mc_t 表示成 $mc_t = mc_t\left(\sum_{k=0}^{n} \bar{y}_{t-k}, \sum_{k=0}^{m} g_{t-k}^s, \cdots\right)$，其中 g^s 为政府社会性支出。为便于后续分析，在消费者未来信心的影响因素中，仅考虑当期收入和政府社会性支出信息。经过上述一系列分析和假定，我们现在可以将消费者当期消费水平表示成（7—1）式，其中 mc_t 满足 $\partial mc_t/\partial \bar{y}_t > 0$，$\partial mc_t/\partial g^s > 0$，$\partial^2 mc_t/\partial \bar{y}_t^2 > 0$，$\partial^2 mc_t/\partial g^s > 0$ 条件。为了建立消费与国民产出的关系，将（7—1）式中的 $\bar{y}_t$ 表示为 $\bar{y}_t = y_t(1-t_t) + TR_t$，其中 t 与 TR 分别表示税率和政府转移性支出。

$$c_t = c_t(\bar{y}_t, mc_t(\bar{y}_t, g^s)) \tag{7—1}$$

就投资支出而言，我们依然从微观视角考察一个投资者的投资决策。作为一个理性投资者，选择最优投资水平应满足利润最大化目标，即 $\max\Pi = \sum_{t=0}^{\infty} \frac{1}{(1+r)^t}[\pi(K_t)k_t - I_t - C(I_t)]$，其中 k_t 为愿意保有的资本存量水平，I_t 为本期投资水平，K_t 为整个社会资本存量，$\pi(.)$ 为全社会单位资本利润率，满足利润方程的一般特征，$C(I_t)$ 为资本的调整成本，满足 $C(0)=0$，$C'(0)=0$，$C''(.) > 0$。在这个利润函数中，r 是贴现率，在利润函数分析中被认为是一个定量，在凯恩斯投资需求函数中被设定为市场利率，投资水平与其呈反向变动关系。在利润最大化一阶条件下，可以得到 $1+C'(I_t)=q_t$，其中 q 为用当期货币表示的下一期 1 单位额外投资的价值，等于 $(1+r)\lambda_t$，λ_t 为拉格朗日乘子。为确定最优资本存量，通过求 k_t 一阶条件，并整理得到 $\pi(K_t)=rq_t-\Delta q_t-r\Delta q_t$，该式满足 $\lim_{t\to\infty}\frac{1}{(1+r)^t}q_t k_t = 0$ 的横截性条件。在假定折旧率为 0 的情况下，归纳上述一系列说明过程可以得到 $I_t=k(t)=f(q(t))$，该式表示当期的投资水平是资本价值的函数，投资水平与其呈动态调整关系。在这个关系式中，资本价值并不是一个确定性变量，它不仅取决于一系列客观因素，比如投入产出效率、市场结构等，还取决于投资者对未来市场的信心，这里既包括对未来资本价格变化的主观判断，也包括对未来利润的预期，而这两者都取决于投资者对未来经济和市场变化的信心。

依据上述分析，在对投资函数作进一步细分的基础上，可以将其表示成产出、资本使用成本和未来信心的函数，即 $I_t = f(Q_t, c_t, mc_t)$，其中 Q 表示产出，大小取决于投入和生产效率。根据公共经济学相关研究成果，私人部门生产效率与政府生产性投入有关，两者间满足 $\partial Q / \partial g^p > 0$。$c$ 为资本使用边际成本，在通常情况下，使用市场利率表示，为简化起见，这里也遵循这一设定，用市场利率 r 简化处理。mc 为投资者对未来市场和经济变化的信心，它和投资水平的关系呈现为 $\partial I / \partial mc > 0$，$\partial^2 I / \partial mc^2 > 0$。和消费者信心一样，投资者对未来的信心也取决于当期经济表现和政府干预行为，这里既包括政府的公共投入也包括政府征税。综合上述分析，可以将投资者当期投入水平表示为（7—2）式，并满足 $\partial mc_t / \partial Q_t > 0$，$\partial mc_t / \partial t_t < 0$，$\partial^2 mc_t / \partial t_t^2 < 0$，$\partial mc_t / \partial g^p > 0$。

满足综合私人部门消费与投资行为分析，人均产出恒等式可以表达成（7—3）式的形式，其中 g_t^z 为人均政府转移性支出占人均产出比重。考虑到影响消费者效用的不仅包括政府社会性支出，也包括政府其他消费性支出，所以为简化起见，对（7—1）式政府支出作了扩展，将整个政府消费性支出纳入消费者消费函数。这种处理方法也是为与财政支出结构的传统分解方法保持一致。在（7—3）式中既包括财政政策工具，也包括货币政策工具。接下来，我们利用（7—3）式考察财政工具的乘数效应与市场主体信心间的关系。通过求 y_t 关于各财政工具一阶导数并整理得到（7—4）~（7—6）式，其中 m 表示乘数，下标表示相应财政工具，式中右边所有下标表示一阶导数。从（7—4）~（7—6）式可以看出，财政工具的乘数效应与市场信心有密切关系。就消费性支出与消费者信心的关系而言，消费性支出的乘数效应与未考虑市场主体信心的财政工具乘数相比，多了市场主体信心对消费的边际影响和经济表现的消费者信心效应乘积项，如果经济表现增强了消费者对未来的信心，则分母就会较传统乘数公式的分母要小，这意味着会有一个较大的乘数效应，反之则会有一个较小的乘数效应。从消费者信心与财政工具的乘数关系看，两者间存在某种内生关系，即信心会提高财政工具的乘数效应，财政乘数越大，说明财政工具刺激经济效果越好，这又会进一步提高消费者信心。就生产性支出与企业信心关系而言，（7—5）式分子是一个大于 1 的数，因为分子中的后两项都是正数，而分母是一个小于 1 的数，所以和消费性支出乘数一样，都是一个大于 1 的数。和支出乘数相比，税收乘数较为复杂。但从税收乘数符号看，和传统税收乘数一样，依然是负的，因为分子 $mc_{t_t} < 0$，$I_{mc_t} > 0$。不过，在数值上与传统税收乘数相比，其绝对水平要高很多，因为传统税收乘数仅为 $(-c_{\overline{y}_t} y_t)/[1-c_{\overline{y}_t}(1-t_t+g_t^z)]$，而考虑信心因素后的分子的绝对值增加了，分母则因 I_{Q_t}，Q_{y_t}，I_{mc_t}，mc_{y_t} 都为正数而变得更小。

$$I_t=f(Q_t(y_t,g_t^p),r_t,mc_t(y_t,t_t,g_t^p)) \tag{7—2}$$

$$\begin{aligned} y_t=&c_t[y_t(1-t_t+g_t^z),mc_t(y_t(1-t_t+g_t^z),g^c)]+I_t(Q_t(y_t,\\ &g_t^p),r_t,mc_t(y_t,t_t,g_t^p))+g_t^p+g_t^c \end{aligned} \tag{7—3}$$

$$m_{g^c}=1/[1-c_{y_t}(1-t+g_t^z)-c_{mc_t}\cdot(mc_{y_t}(1-t+g_t^z)+mc_{g_t^c})] \tag{7—4}$$

$$m_{g^p}=(1+I_{Q_t}\cdot Q_{g_t^p}+I_{mc_t}\cdot mc_{g_t^p})/(1-I_{Q_t}\cdot Q_{y_t}-I_{mc_t}\cdot mc_{y_t}) \tag{7—5}$$

$$\begin{aligned} m_t=&[I_{mc_t}\cdot mc_{t_t}-(c_{\overline{y}_t}+c_{mc_t})y_t]/[1-(c_{\overline{y}_t}+c_{mc_t}\cdot mc_{\overline{y}_t})\\ &(1-t_t+g_t^z)-I_{Q_t}\cdot Q_{y_t}-I_{mc_t}\cdot mc_{y_t}] \end{aligned} \tag{7—6}$$

前述基于人均国民产出恒等式的分析说明：一方面，市场主体信心变化会影响财政工具乘数大小；另一方面，财政政策也会通过影响市场主体信心作用于国民产出。例如消费性支出，其乘数大小与 $mc_{g_t^c}$ 有关，而 $mc_{g_t^c}$ 是个非负数，这意味着，消费性支出如果增强了消费者信心，会放大乘数效应；消费性支出如果降低了消费者信心，则会减弱乘数效应。类似结论也表现在生产性支出和税收政策上。然而，上述结论是建立在财政政策有助于提振市场主体信心假定上的，但事实上，财政政策是否一定存在市场主体信心提振效应，即使存在，市场主体信心效应的方向是否为正，实际上还是一个经验问题。因为近年来的一些研究表明，财政政策在某些特殊时期不是增强消费者信心，而是减弱了消费者信心。所以，为揭示市场信心在财政政策乘数效应中实际充当的角色，以及财政政策是否会产生市场信心效应，在接下来的内容中，将利用我国 1999 年以来的季度数据对此作进一步分析。

三、实证策略

从数量上揭示市场信心与财政政策的关系并不是一件容易的事，因为这里需要处理两个问题，一是正确识别财政政策冲击，二是构造没有市场信心作用下的国民产出对财政政策冲击反应模式。就第一个问题而

言，虽然识别财政政策冲击的主流方法主要有线性结构矢量自回归模型
（SVARs）和线性化动态随机一般均衡模型（DSGE）[①]，但就使用情况而
言，前者使用更为广泛。使用该方法的经典研究来自 Blanchard 和 Perotti
（2002），其文章在一系列假定下基于结构 VAR 模型估计了美国政府购买
和税收乘数。尽管在随后的文献中，对结构 VAR 方法作了一些扩展，例
如 Auerbach 和 Gorodnichenko（2010）、Hauzenberger（2011）等，但基
本上还是在矢量自回归框架内。基于 SVAR 方法的财政政策冲击识别都
有个共同假定，即财政政策在一个季度内不会对经济变化作出反应。就
第二个问题而言，一种被广泛使用的方法就是构造反事实脉冲反应，即
在 SVAR 框架内一个变量对另一个变量冲击的内生反应被关闭。例如
Bernanke，Gertler 和 Watson（1997），Boivin 和 Giannoni（2002），Sims
和 Zha（2006），Kilian 和 Lewis（2010）等研究货币政策作用；Jin 等
（2008）等研究美国经济波动；Bilbiie 等（2008），Bachmann 和 Sims
（2011）等研究美国财政政策转换机制与冲击传导机制，都是使用这种方
法。虽然这种方法使用的环境不同，但都隐含一个非卢卡斯型经济假定，
从而通过递归分析刻画反事实情形。[②]

　　从上述两个问题的处理方法看，虽然在具体细节上存在一定差异，
但都是基于 SVAR 模型的 choleski 分解技术，这为本章在同一个框架内
处理上述两个问题提供了可能。为此，本章基于 Blanchard 和 Perotti
（2002），Mountford 和 Uhlig（2009），Bachmann 和 Sims（2011）等人的
研究，首先构造包含财政冲击、市场主体信心与国民产出在内的 p 阶
SVAR 模型（7—7）式，其中 X 为模型中包含的 k 个内生变量，B 为对
角线元素都为 1 的系数矩阵，Γ_0 为 $k \times 1$ 阶常数矩阵，$\Gamma_i(i=1, \cdots, p)$
为 $k \times k$ 阶滞后项系数矩阵，ε_t 为结构式残差项。通过在（7—7）式两边
同乘以 B^{-1} 将结构式转换成简化式（7—8），其中 $A_0 = B^{-1}\Gamma_0$，$A_i = B^{-1}$
Γ_i，$i=1, \cdots, p$，$e_t = B^{-1}\varepsilon_t$。进一步将（7—8）式作适当调整得到紧凑
式 $A(L) X_t = e_t$，其中 $A(L) = I - A_0(L^0) - A_1(L^1) - A_2(L^2) - \cdots - A_P$

[①] "自然实验"也是一个识别财政政策冲击的方法，该方法最早由 Barro（1981）给出，经
Ramey 和 Shapiro（1998）发展，现在更多被用于区别预期和未预期政策变化，例如 Yang
（2005），Mertens 和 Ravn（2010）以及 Ramey（2010），Romer 和 Romer（2010）等。

[②] 该方法的可靠性一直受到质疑，例如 Benati 和 Surico（2009），Adam（2009）以及
Benati（2010）等认为，基于 SVAR 政策的反事实分析存在一个关键的逻辑缺陷，其结
果应被谨慎看待。

（L^P）为 p 阶滞后矩阵多项式。遵循 Blanchard 和 Perotti（2002）方法，假定财政政策不会对同期国民产出变化作出反应，即在 choleski 分解中将变量 X_t 按财政冲击、市场主体信心和国民产出顺序进行排列。这种排序意味着，财政冲击在当期就会对市场主体信心和国民产出产生影响，而市场主体信心和国民产出至多在滞后一期对财政政策产生反馈效应。为获得各变量对财政冲击的脉冲反应式，在紧凑式 VAR 模型两边乘以 A^{-1}（L）将其转换成无限 MA 形式，即得到 $X_t = \mu_t + \sum_{h=1}^{\infty} \Theta_{h,t} e_{t-h}$，其中右边第一项 $\mu_t = I + \sum_{h=1}^{\infty} \Theta_{h,t} A_0$。系数矩阵 $\Theta_{h,t} = JA^h J'$，其中 $A = \begin{bmatrix} A \\ I_{k(p-1)} : 0_{k(p-1) \times k} \end{bmatrix}$，$J = (I_k : 0_{k \times k(p-1)})$。经过上述一系列变换，系数矩阵 Θ 就代表脉冲反应函数，结构冲击 ε_t 和简化式残差项 e_t 之间存在 $\varepsilon_t = Be_t$，其中 $E(e_t e'_t) = \Omega$。

$$BX_t = \Gamma_0 + \Gamma_1 X_{t-1} + \cdots + \Gamma_P X_{t-p} + \varepsilon_t \tag{7—7}$$

$$X_t = A_0 + A_1 X_{t-1} + \cdots + A_P X_{t-p} + e_t \tag{7—8}$$

在前述财政冲击、市场主体信心和国民产出排序以及相关假定下，按照递归识别要求，B 是一个下三角形矩阵，并在标准化结构冲击的方差协方差矩阵为单位矩阵下满足 $BB' = \Omega$。接下来我们集中考察矩阵 B 和 $\Theta(L)$ 特征。从（7—7）式可以看出，如果 X 为 $[g_t, t_t, cf_t, gdp_t]'$，四个变量分别为财政支出、税收、市场主体信心和国民产出[①]，则在下三角形矩阵 B 中，就存在 $\begin{bmatrix} \varepsilon_{g_t} \\ \varepsilon_{t_t} \\ \varepsilon_{cf_t} \\ \varepsilon_{gdp_t} \end{bmatrix} = \begin{bmatrix} 1 & 0 & 0 & 0 \\ 0 & 1 & 0 & b_{24} \\ b_{31} & b_{32} & 1 & 0 \\ b_{41} & b_{42} & b_{43} & 1 \end{bmatrix} \begin{bmatrix} e_{g_t} \\ e_{t_t} \\ e_{cf_t} \\ e_{gdp_t} \end{bmatrix}$，其中 b_{24} 为

---

① 四个变量中，财政支出与税收的排序与 Blanchard 和 Perotti（2002）等研究保持一致，以便进行结果的横向比较。市场信心之所以排在财政政策与国民产出之间，这与本章想要考察市场信心的重要角色有关。市场信心排在财政政策之后，表示财政政策对市场信心的影响在先，市场信心对财政政策的反馈在后。而市场信心排在国民产出之前，表示市场信心变化对国民产出的影响在先，国民产出对市场信心变化的反馈在后。这样安排正好可以获得财政政策—市场信心—国民产出这样一个反映财政政策作用机制的传导链条，以及反映市场信心在这个链条中扮演的角色。

国民产出变化的税收反应，以刻画税收的自动稳定器作用。① 根据上述关系，b_{31} 和 b_{32} 就表示市场主体信心对财政支出冲击与税收冲击的即期反应，b_{41} 和 b_{42} 则表示存在市场主体信心作用机制下的国民产出对财政支出冲击与税收冲击的即期反应，也即财政支出和税收的即期乘数。就脉冲反应函数而言，利用分布滞后多项式将无穷阶移动平均式 $X_t = \mu_t + \sum_{h=1}^{\infty} \Theta_{h,t} \varepsilon_{t-h}$ 描述为 $X_t = \Theta(L) \varepsilon_t$。和矩阵 B 类似，$\Theta_{ij}(h)$ 就代表变量 i 在 h 时期对 t 时期变量 j 一个单位冲击的脉冲反应。但和矩阵 B 不同的是，矩阵 B 中的元素表示的都是即期反应，$\Theta_{ij}(L)$ 对应元素则表示变量 i 对 t 时期变量 j 一个单位冲击的累积反应，用其除以财政工具 j 的累积自我反馈效应，就得到财政工具 j 的长期乘数（效应）。

上述财政政策乘数分析都是在市场主体信心充分发挥作用的情况下得到的。为考察市场主体信心在财政政策传导机制中所扮演的角色，需要关闭市场主体信心对财政政策冲击的响应，从而构造一个没有市场主体信心作用下国民产出对财政政策冲击的反应序列。就即期效应而言，构造上述反事实情形可以通过对矩阵 B 作进一步限制得到，即在下三角形矩阵 B 中，设定 $b_{31} = b_{32} = 0$，即市场信心即期没有对财政政策冲击作出响应。通过这种设定可以获得一个没有市场主体信心即期作用下国民产出对财政政策冲击反应序列，比较存在市场主体信心作用和不存在市场主体信心作用下两种反应序列，获得财政政策在两种情形下的即期乘数。就长期效应而言，构造上述反事实情形相对比较复杂，但和即期效应一样，需要对 $\Theta(L)$ 作某种限制。针对前述四个变量排序，h 时期市场主体信心对 t 时期一个单位财政支出冲击的反应强度是 $\Theta_{31}(h)$，对一个单位税收政策冲击的反应强度是 $\Theta_{32}(h)$。为构造没有市场主体信心作用的反事实情形，需要提出一个市场主体信心冲击序列以消除所有时期的反应，即通过递归识别方法得到任意 h 有 $\Theta_{31}(h) = 0$ 和 $\Theta_{32}(h) = 0$。根据 Bachmann 和 Sims（2011），上述要求实际上等价于：对任何 h 时期都存在 $\varepsilon_{3i} = -\Theta_{3i}(0)/\Theta_{33}(0)$ 和 $\varepsilon_{3(i+h)} = (-\Theta_{3i}(h) - \sum_{k=1}^{h} \Theta_{33}(h-k)\varepsilon_{t+h-k})/\Theta_{33}(0)$，其中 $i = 1, 2$。在得到上述反事实市场主体信心冲击时间序列的基础上，就可以获得系统中每个变量 h 时期对 t 时期财政政策一个单位冲击的真

---

① 由于我国失业保险等体现自动稳定器机制的支出水平相对较小，所以这里没有考虑财政支出的自动反馈效应。

实反应序列（7—9）。如果 i 表示国民产出，j 表示财政支出或税收，则（7—9）式就表示不存在市场主体信心作用下国民产出对财政政策冲击反应序列。

$$\widetilde{\Theta}_{ij}(h) = \Theta_{ij}(h) + \sum_{k}^{h} \Theta_{i3}(h-k)\varepsilon_{3(t+k)} \tag{7—9}$$

　　上述是在线性结构下就财政工具总量调控所作的分析，这种分析存在两方面不足：一是在财政政策运用中，除总量调控外，还包括结构调整，那么在财政结构调整中，市场主体信心又会扮演怎样的角色？二是线性结构可能无法真实揭示市场主体信心的重要作用，因为最近一系列研究表明，财政政策对国民产出的影响在经济周期不同阶段存在显著差异，财政政策在经济低迷时期的调控效果更好（Christiano，Eichenbaum and Rebelo，2009；Woodford，2010）。出现这种现象可能与市场主体信心在其中扮演的角色有关，因为大量研究表明，在经济低迷时期，市场主体信心往往很低，较低的市场主体信心不仅会延滞经济复苏，而且会因市场信心的感染效应导致经济陷入更深的萧条状态。在这种情况下，财政政策对市场主体信心的影响较经济正常时期会更大。即在经济低迷或萧条时期，市场主体信心在财政政策传导机制中就会发挥更大作用。[①]基于上述两点不足，本章在前述总量调控分析的基础上，对财政结构变化的国民产出效应进行分析。由于受数据约束，财政政策结构仅考虑财政支出中社会性支出与行政管理支出的相对比重和税收结构中直接税与间接税的相对比重。和总量分析一样，在 SVAR 框架下，choleski 脉冲分解的变量排序为 $[es_t, ts_t, cf_t, gdp_t]$，其中 es_t 和 ts_t 分别表示财政支出结构与税收结构。理论上，社会性支出与行政管理支出相对比重越大，市场主体因更为完善的社会保障体系而对未来的信心就越强。直接税与间接税相对比重越高，短期内因负担感受更为直接，对未来的信心会越弱，延滞消费和投资的现象就会越严重，对经济产生的抑制效应就会越强，但在长期内将可能因资源配置效率的改善而对经济产生正向促进作用。

　　为揭示市场主体信心在经济低迷时期对财政的调控作用是否更大，

---

　　① 当然，在经济低迷时期财政政策调控效果是否更好，已有文献给出的结论还非常模糊。有关财政政策非凯恩斯效应的研究表明，经济低迷时期，扩张性财政政策在理性预期机制下不但不会刺激市场信心复苏，反而会造成消费支出下降，扩张性财政政策的产出效应为负。所以经济低迷时期财政政策的调控效果还是个经验问题，不同国家的样本，结论可能不同。

我们在前述线性结构模型基础上引入非线性 SVAR 模型。分析遵从已有类似研究的惯用方法（Auerbach and Gorodnichenko，2010；Bachmann and Sims，2011；等等），并参照 Enders（2004），设定非线性 SVAR 模型为（7—10）式，其中 z 为四个季度的国民产出增长率移动平均，并经标准化使其满足 $\mathrm{var}(z_t)=1$ 和 $E(z_t)=0$。这样设置使得 z 实际上代表了经济周期变化指数，其值小于 0，表示经济处于低迷时期，反之则表示经济处于非低迷时期。$f(z_t)$ 等于 $\exp(-\gamma z_t)/[1+\exp(-\gamma z_t)]$，取值范围在 0 和 1 之间，$\gamma$ 遵从已有文献取值 1.5。e_t 服从均值 0 方差为 Ω_t 分布，和线性结构不同的是，（7—10）式中 e_t 的方差实际上是经济低迷时期方差与经济非低迷时期方差的加权平均，即 $\Omega_t=\Omega_{uR}(1-f(z_{t-1}))+\Omega_R f(z_{t-1})$。在非线性结构式（7—10）中，为避免当期反馈效应影响，f 函数中 z 取滞后一期值。依据（7—10）式与线性结构中 choleski 识别的变量排序和反事实构造方法，就可以比较市场主体信心在经济不同周期阶段的作用差异。

$$X_t=(1-f(z_{t-1}))\Theta_{uR}(L)X_{t-1}+f(z_{t-1})\Theta_R(L)X_{t-1}+e_t \qquad (7—10)$$

四、数据说明与实证结果

在前述 SVAR 模型中，财政支出、税收、国民产出以及市场主体信心的数据主要来自中经网。在中经网上，国民产出是累积数，国民产出季度增长率也是累积增长率。为从中获得各季度真实国民产出及其增长率，我们将 1995 年定为基期，基于国民产出季度累积增长率，计算出国民产出季度缩减指数，利用缩减指数和季度国民产出名义值计算出每个季度以 1995 年为基期的实际值与同比真实增长率。中经网和中财政数据都是按月度名义值进行统计，季度数据是通过月度数据加总得到，并利用国民产出季度缩减指数将财政数据名义值转换成实际值。财政结构数据则是通过归并相关支出项目得到，其中社会性支出通过加总科教文、社会保障、医疗卫生三项支出得到，行政管理支出在 2007 年之前即为行政管理费，2007 年及之后为一般公共服务支出减去国债利息支出得到。直接税通过加总企业所得税和个人所得税得到，间接税则通过加总增值税、营业税、消费税和出口退税得到。[①] 所有名义值都通过国民产出季度

[①] 财政分项数据加总时受现有统计限制，存在一定问题，但这个问题不会对本书实证结论产生较大影响，因为本书所统计的分项数据基本上反映了这类支出的变化趋势。

缩减指数转换为真实值。市场信心数据则是来自国家统计局编制的消费者信心指数和企业信心指数。由于我国这两个数据的编制时间最早是 1999 年，所以本章实证分析的所有数据时限也只选自 1999 年第 1 季度到 2011 年第 1 季度。实证中所有绝对数都采用 $\ln(x_t - x_{t-4})$ 形式，以尽可能消除季度因素影响。为剔除自动稳定器对财政政策冲击度量结果的影响，参照李永友和丛树海（2005）方法计算出我国经济变化对税收的反馈效应 b_{24}，但考虑到税制结构差异，我们仅计算直接税（只包括企业所得税和个人所得税）和间接税（仅包括增值税、营业税、消费税和出口退税）弹性，b_{24} 为这两类税弹性的加权，权重为两类税各占其总和的比重。

　　利用上述数据和前述实证策略，表 7—2 和表 7—3 分别获得了消费者信心与企业信心在财政政策传导机制中所扮演的角色。从表 7—2 财政工具总量调控看，在线性结构下，财政政策呈现出明显的凯恩斯效应，支出乘数为正，相对规模较小，仅约 0.5 上下，税收乘数为负，相对规模较大，超过了 1，所以相比较，增税对国民产出的乘数影响在绝对水平上要大于支出扩张对国民产出的影响。通过对同一个财政工具的长期乘数和短期乘数大小比较，可以获得两个非常重要结论：一是财政冲击对国民产出的影响大部分在 1 年内得到反映，这说明我国财政政策的反应时滞较短，财政调控收效很快。二是财政支出冲击和税收冲击的影响存在明显差异，财政支出的长期影响在 10% 的水平上并不显著，相比较而言，税收的长期乘数不仅绝对水平更高，而且也非常显著。这意味着我国财政支出冲击对国民产出的影响是短暂的，而税收的影响是持久的。这一点与已有理论文献得到的结论基本一致，财政支出主要从需求层面影响国民产出，税收则是从供给层面影响国民产出。和总量调控不同，财政结构调控对国民产出的影响需要通过较长时间得到体现。例如，社会性支出相对于行政管理支出比重上升，短期对国民产出的影响虽然为正，但不显著，长期对国民产出的影响不仅绝对水平更大，而且也显著为正。直接税相对于间接税比重上升，短期内对国民产出会产生不显著的负面影响，但长期看对国民产出的影响却显著为正。这一结论说明，直接税融资比例上升在长期对经济是有利的，这种情况与直接税和间接税的作用机制有关，后者会改变市场的相对价格体系，从而对资源配置产生较大扭曲效应。所以从长期着眼，以直接税为主的融资结构和以社会性项目为主的支出结构对经济增长是有利的。

表7—2　　　　　　**市场信心在财政政策总量调控中扮演的角色**

财政工具	消费者信心	线性结构	反事实情形	低迷时期	反事实情形
支出	短期乘数	0.595*** (0.026)	0.623*** (0.035)	2.457*** (0.040)	1.425* (0.152)
	长期乘数	0.214 (0.154)	0.213 (0.149)		
税收	短期乘数	−1.194*** (0.014)	−1.205*** (0.026)	−2.134*** (0.143)	−0.930*** (0.042)
	长期乘数	−1.402*** (0.054)	−1.402*** (0.048)		
财政工具	企业信心	线性结构	反事实情形	低迷时期	反事实情形
支出	短期乘数	0.477*** (0.163)	0.531*** (0.154)	2.166*** (0.162)	1.460*** (0.121)
	长期乘数	0.168 (0.158)	0.168 (0.156)		
税收	短期乘数	−0.589*** (0.015)	−0.621*** (0.014)	−1.139*** (0.043)	−0.341*** (0.045)
	长期乘数	−1.320*** (0.029)	−1.320*** (0.026)		

　　说明：表中乘数是估计结果与财政支出或税收占同期国民产出比重平均值的乘积得到。考虑到政策时滞因素，短期乘数并不是书中所说的即期乘数，而是国民产出对财政政策当期一个单位冲击在最初4个季度中的最大脉冲反应，长期乘数则是前16个季度脉冲反应加总与同期财政工具自我反馈效应加总之商，即 $\sum_{h=1}^{16} gdp_h / \sum_{h=1}^{16} fiscal_{i\,h}$，其中 $fiscal_i$ 为财政工具 i。这种选择并没有特别的科学依据。括号内为估计的标准差，***、**、*分别代表在99%、95%和90%的水平上显著。表中第6列的反事实情形针对的是经济低迷时期。

表7—3　　　　　　**市场信心在财政结构调控中扮演的角色**

财政工具	消费者信心	线性结构	反事实情形	低迷时期	反事实情形
支出结构	短期效应	0.233 (0.168)	0.275 (0.249)	0.461*** (0.118)	0.170 (0.143)
	长期效应	0.812*** (0.168)	0.813*** (0.151)		
税收结构	短期效应	−0.030 (0.154)	−0.028 (0.150)	−0.309** (0.143)	−0.130*** (0.035)
	长期效应	0.176** (0.076)	0.165** (0.063)		

续前表

财政工具	企业信心	线性结构	反事实情形	低迷时期	反事实情形
支出结构	短期效应	0.217 (0.123)	0.203 (0.156)	0.431*** (0.107)	0.124* (0.063)
	长期效应	0.481*** (0.168)	0.461*** (0.163)		
税收结构	短期效应	0.040 (0.152)	−0.028 (0.149)	−0.356** (0.150)	−0.131*** (0.048)
	长期效应	0.173** (0.076)	0.174** (0.069)		

说明：和表 7—2 相同，短期效应和长期效应的定义同表 7—2。括号内为标准差，***、**、* 分别代表在 99%、95% 和 90% 的水平上显著。表中第 6 列的反事实情形针对的是经济低迷时期。

从市场主体信心的作用效果看，企业信心和消费者信心在税收总量调控中的作用似乎存在较大差异，消费者信心方程中税收增加对国民产出增长的抑制效应更强，税收乘数绝对水平超过了 1，而企业信心方程中税收增加对国民产出增长的抑制效应相对较弱，乘数绝对规模大约仅有前者的一半。这种影响差异在财政结构调整方程中却有所不同。在财政结构调整中，在财政支出结构调整对经济增长的影响上，消费者信心方程较企业信心方程更强。上述实证结论与现实基本一致。国内外一系列研究表明，在以间接税为主的融资结构下，税收增加的大部分由消费者承担，消费者信心对增税的反应更为强烈。而增加社会性支出，消费者得到的实惠肯定高于企业，这使得社会性支出比重的相对上升会通过提振消费者信心，对国民产出产生较大乘数效应。在上述比较基础上，我们进一步考察市场主体信心在财政政策传导机制中所扮演的角色。首先看线性结构，表 7—2 和表 7—3 第 3 列、第 4 列数据对比说明，是否关闭市场主体信心反应，基本不影响财政工具乘数大小。以财政支出总量调控为例，是否关闭市场主体信心反应，短期乘数基本在 0.6 左右，长期乘数基本都不显著。这一实证结论证明，在线性结构假定下，市场主体信心在财政政策传导机制中并不扮演非常重要角色，市场主体信心对财政调控效果不会产生显著影响。然而和此形成强烈对比的是，表 7—2 和表 7—3 第 5 列、第 6 列说明，在经济衰退时期，在是否关闭市场主体信心反应上，财政政策调控效果差异非常大。就财政总量调控而言，在经济衰退时期，不关闭市场主体信心反应，财政支出乘数大约为 2.2～2.5，税收乘数大约为 −1～−0.3；但关闭市场主体信心反应，支出乘数大约仅为 1.5，税收乘数则高达 $-2.2\sim-1.2$。两种情形比较，财政乘数相差接近 1。就财政结构调整而言，在经济衰退时期，不关闭市场主体信心反应，财政结构调整对国民产出的影响都非常显著；关闭市场主体信心反应，财政结构调整不仅对国民产出的影响有显著程度的下降，而且对国民产出的扩张效果更弱、抑制作用更强。

上述实证结论说明，线性结构假定并不能真实反映财政政策调控效果，财政调控对国民产出的乘数效应在经济周期不同阶段存在较大差异，在经济低迷时期，财政调控效果相对更好。出现上述现象的原因在于，市场主体信心在经济周期不同阶段所扮演的角色是非线性的。大量有关市场主体信心与经济周期关系的研究表明，在经济低迷时期，市场主体信心显得更为重要，增强市场主体信心是经济走出低迷状态的关键。所以在经济低迷时期，财政调控不仅需要对经济产生直接影响，而且需要通过提振市场信心加快经济复苏步伐。上述事实说明，在经济低迷时期，市场主体信心在我国财政政策传导机制中扮演了一个非常重要的角色。这一实证结论与 Bachmann 和 Sims（2011）的研究基本一致，但在我国财政政策传导机制中，市场主体信心的重要性较后者估计要小。

五、进一步分析

前述分析表明，经济低迷时期，在是否关闭市场主体信心对财政冲击反应上，财政冲击对国民产出的乘数效应存在显著差异。尽管在理论部分，(7—4)～(7—6) 式表明这种差异源于财政冲击不仅对国民产出产生直接影响，而且可能通过提振市场主体信心对国民产出产生间接影响。换句话说，在经济低迷时期，市场主体信心有放大财政冲击乘数效应的作用。然而，这种理论推测仅通过上述实证分析无法得到印证，因为市场主体信心变化可能不是直接源于财政冲击，而是受其他因素影响，比如经济有转好迹象，这种先兆会对市场主体信心产生反馈效应，所以市场主体信心变化可能源于经济变化的反馈机制。为能够确定经济低迷时期财政冲击的较大乘数是否源于财政冲击对市场主体信心的提振效应，我们在控制其他因素影响的基础上对财政冲击是否具有直接市场主体信心提振效应作进一步研究。为此，我们在 Ludvigson（2004），De Boef 和 Kellstedt（2004）以及 Konstantinou 和 Tagkalakis（2011）等的文献基础上建立市场主体信心决定方程式 $cf_t = cf_t(fispol_{t-i}, z_{t-i})$，$i=0$，…，$p$，其中 $fispol$ 为需考察的财政政策工具，z 为除财政政策工具以外一系列影响市场主体信心的因素，p 为滞后阶数。

　　在市场主体信心决定方程式中，控制变量 z 的选择非常重要，选择不当可能会高估或低估财政冲击的市场主体信心提振效应。根据第三部分有关市场主体信心的理论描述，虽然市场主体信心是一个极其主观的情感变量，但其变化也总是基于一些客观因素，比如前面提到的经济状况、政府调控、市场变化等。结合消费者信心和企业信心的已有文献，我们选择的控制变量 z 包括货币政策、通胀水平、财富变化、经济发展，其中财富变化根据消费者信心和企业信心代理指标有所不同，前者选择房产价格指数，后者选择股票市场综合指数。考虑到市场主体信心的感染性和各种因素影响的滞后效应，不仅在控制变量中包括市场主体信心滞后项，而且方程中其他影响变量都包括 p 阶滞后，滞后阶数根据 AIC 选择。经过上述工作，我们最后确定的市场主体信心决定方程式为（7—11）式，其中 v_t 为误差项，满足独立同分布条件。$\phi_n(L) = \sum_{i=0}^{p} \phi_n L^i$、$\phi_j(L) = \sum_{i=0}^{p} \phi_j L^i$ 和 $\chi(L) = \sum_{i=1}^{p} \phi_j L^i$ 为 p 阶滞后多项式系数，n 为财政政策工具。需要说明的是，根据李永友（2011）的研究，消费者信心和企业信心之间并不是各自独立的，两者因劳动力市场和商品市场而相互感染。所以尽管（7—11）式是对两者分别进行估计，但考虑到这种感染性，在消费者信心决定方程式中，控制变量包括企业信心；在企业信心决定方程式中，控制变量包括消费者信心。

$$cf_t = \alpha_0 + \sum_{n=1}^{m} \phi_n(L) fispol_{nt} + \sum_{j=1}^{n} \phi_j(L) z_{jt} + \chi(L) cf_t + v_t$$

$$(7\text{—}11)$$

　　接下来对（7—11）式进行估计，然而直接对其估计会产生很多问题。第一，方程右边变量及其滞后项之间可能存在较高相关性，简单回归估计会导致系数的高估或低估。第二，由于制度和统计数据之间往往并不存在完全对应关系，从而导致解释变量和残差项之间并不是各自独立的，如果采用简单回归，会导致估计结果不一致。第三，随着滞后阶数 p 的增加，估计方程的自由度损失会很大，简单回归分析会伤害估计结果的有效性。为解决第一个和第三个问题，我们在（7—11）式估计中采用了阿尔蒙变换，以尽可能降低多重共线性，提高方程自由度。对于第二个问题，我们采用 GMM 估计代替 OLS，工具变量为所含变量的高阶滞后项。除上述统计问题外，为考察各个决定因素对市场主体信心的影响在经济低迷时期是否有所不同，我们在方程（7—11）基础上对其作了进一步扩展，即根据第三部分 z 的取值，设置了一个虚拟变量，该虚拟变量在经济低迷时期取 1，否则取 0，通过虚拟变量与影响因素之间的交互获得经济低迷时期的影响。具体结果见表 7—4 和表 7—5。

表 7—4　　　　　　　　　财政工具选择对消费者信心的长短期影响估计

	短期		长期		经济低迷时期	
	模型 1	模型 2	模型 3	模型 4	模型 5	模型 6
企业信心	0.128 2*** (0.033 6)	0.087 6** (0.033 8)	0.199 2*** (0.040 2)	0.213 8*** (0.043 7)	0.157 8*** (0.029 9)	0.046 3** (0.018 3)
财政支出	0.060 2 (0.069 6)		0.065 6 (0.081 7)		0.116 3** (0.054 1)	
社会性支出		0.016 8 (0.026 6)		0.0713 1 (0.063 0)		0.065 4*** (0.017 1)
行政费用支出		−0.107 3*** (0.015 5)		−0.114 9*** (0.018 9)		−0.146 8*** (0.018 3)
税收	0.007 0 (0.043 3)		−0.209 9*** (0.068 9)		−0.273 7*** (0.041 3)	
直接税		−0.016 8** (0.007 6)		0.015 0 (0.019 0)		−0.031 9*** (0.009 3)
间接税		0.055 4 (0.043 9)		−0.211 8*** (0.077 6)		0.034 2 (0.027 8)
货币供给	−0.366 7*** (0.109 2)	−0.354 3*** (0.094 8)	−0.257 2*** (0.112 4)	−0.253 3* (0.127 9)	−0.379 9*** (0.075 1)	−0.395 3*** (−0.037 6)
利率	−0.832 8 (0.642 2)	−0.615 8 (0.626 7)	1.834 1*** (0.878 4)	1.707 7* (0.958 0)	1.495 2*** (0.498 4)	1.282 8*** (0.397 2)
通货膨胀	−0.243 0 (0.166 3)	−0.321 5* (0.161 0)	−0.012 4 (0.030 6)	0.099 4 (0.311 1)	−0.393 0*** (0.193 5)	−0.911 8*** (0.117 8)
房产市场	0.194 5* (0.105 6)	0.180 0* (0.103 3)	0.602 5*** (0.190 5)	0.525 9*** (0.186 1)	0.174 5* (0.093 1)	0.234 5*** (0.053 0)
经济增长	0.640 4*** (0.222 8)	0.644 47*** (0.229 8)	0.063 1 (0.264 6)	0.048 5 (0.298 3)	0.645 5*** (0.214 7)	0.628 9*** (0.279 2)
A-R	0.736	0.738	0.738	0.732	0.856	0.953
D. W	1.801	1.796	1.784	1.951	1.885	2.420
J	0.891	2.171	1.684	2.053	0.970	1.102

说明：长期影响根据式（7—11）即为 $\phi(L)/(1-\gamma(L))$，其中 $\phi(L)$ 为对应变量的系数多项式，短期影响为 $\phi(1)$。表中括号内为标准差，***、**、* 分别代表在 99%、95% 和 90% 的水平上显著。

从表7—4消费者信心决定方程式估计结果看，大部分变量的系数估计与理论预期基本一致。企业信心对消费者信心无论是短期还是长期，都会产生显著影响。但就影响程度而言，长期影响要大于短期影响。这一实证结论说明，企业信心对劳动力市场，进而对消费者信心的影响有一个逐步增强的时滞效应。这一现象与经济学直觉基本吻合，因为企业调整生产和雇用决策是一个渐进过程。在控制变量中，货币政策对消费者信心的影响在大部分情况下至少在90%的水平上显著，货币供给增加无论在短期还是长期都会对市场主体信心产生不利影响，其中在短期，尤其是经济低迷时期的影响更为明显。货币供给增加造成市场主体信心下降可能与货币供给增加通胀压力有关，因为从通货膨胀的估计系数看，虽然大部分情况都不显著，但影响方向却都是负的，尤其在经济低迷时期，通胀对消费者信心的影响可能与劳动力市场的不景气相互叠加，进一步侵蚀消费者信心。作为货币政策的另一重要工具，利率对消费者信心的影响与货币供给完全不同，前者在短期虽然影响为负，但并不显著，在长期不仅显著，而且影响为正。这一结论说明，紧缩性货币政策对消费者信心是有利的，扩张性货币政策反而会伤害消费者信心。就财富效应而言，房产价格指数变化对消费者信心的影响非常显著。房产价格指数上升，财富效应增强，消费者信心提高。就经济发展水平而言，经济增长水平提高短期内对消费者信心的影响非常显著，但长期看不显著。出现这种情况可能源于我国还不甚发达的信贷市场，经济增长对消费者信心产生了较大收入效应。

现在转向财政政策。表7—4显示，财政总量调控虽然短期内对消费者信心不会产生显著影响，但从长期看，税收增加对消费者信心会产生显著伤害。从经济低迷时期财政政策对消费者信心的影响看，尽管财政支出增加有助于提高消费者信心，但如果财政支出增加是通过增税途径实现的话，财政总量调控对消费者信心的综合效应却是负的。由于在这里我们并没有考察不同融资方式，比如经济低迷时期通过发债增加支出，所以难以就经济低迷时期财政总量调控对消费者信心的全部影响作进一步分析。从财政结构调整的消费者信心效应看，面对不同财政工具，消费者信心的反应存在很大区别。社会性支出无论在短期还是长期，对消费者信心都不产生显著影响，不过在经济低迷时期，增加社会性支出还是有助于提振消费者信心的。行政管理支出的增加在任何时候都会对消费者信心产生不利影响。就税收结构而言，直接税增加在短期内对消费者信心的负面影响是显著的，尽管在长期这种影响为正。和直接税不同，间接税因为转嫁相对容易，所以短期内对消费者信心影响不显著，但长期看，因其会阻碍经济效率，所以会给消费者信心造成不利影响。如果我们综合考察财政政策对消费者信心的影响，可以看出，无论是在短期还是长期抑或是经济低迷时期，财政政策对消费者信心的综合影响都为负。

表7—5　　　　　　　　　　　财政工具选择对企业信心的长短期影响估计

	短期		长期		经济低迷时期	
	模型1	模型2	模型3	模型4	模型5	模型6
消费者信心	1.323 0*** (0.418 7)	1.484 7*** (0.444 5)	0.648 5* (0.343 0)	0.541 6 (0.335 7)	0.929 6** (0.374 8)	0.823 8* (0.433 9)
财政支出	−0.443 2** (0.187 6)		0.161 9 (0.244 3)		−0.178 1 (0.137 8)	
社会性支出		0.196 5** (0.096 1)		0.173 2* (0.087 7)		−0.027 6 (0.065 3)
行政费用支出		−0.085 0* (0.045 9)		−0.359 0* (0.182 6)		−0.012 4 (0.077 6)
税收	−0.143 0 (0.123 6)		−0.671 5*** (0.234 3)		−0.020 8 (0.081 3)	
直接税		−0.041 8* (0.021 7)		−0.031 9 (0.050 4)		−0.113 0*** (0.029 3)
间接税		0.291 0** (0.118 1)	−1.006 4*** (0.259 4)			0.073 2 (0.080 6)
货币供给	1.215 9*** (0.301 7)	1.412 6*** (0.317 1)	0.853 1** (0.363 9)	1.455 7*** (0.309 8)	−0.154 8 (0.362 1)	−0.397 5 (0.338 1)
利率	−2.583 9 (2.228 9)	−1.142 1 (2.022 8)	−2.209 9 (1.972 0)	−2.196 9 (1.820 6)	−10.719 8*** (2.285 2)	−7.854 8*** (2.336 2)
通货膨胀	−0.987 0** (0.480 6)	−1.136 4** (0.483 9)	−4.224 1*** (0.895 8)	−3.269 9*** (0.793 6)	−1.286 2*** (0.449 5)	−1.175 6** (0.483 8)
资本市场	0.115 4*** (0.028 8)	0.081 6** (0.032 8)	0.110 1** (0.051 5)	0.102 8* (0.052 1)	0.173 7*** (0.039 8)	0.201 8*** (0.037 1)
经济增长	1.980 6** (0.759 7)	0.675 5 (0.784 3)	0.593 7 (0.761 6)	0.049 4 (0.720 1)	3.740 1*** (1.046 4)	3.391 6*** (0.938 3)
A-R	0.870	0.887	0.850	0.907	0.950	0.966
D.W	1.830	1.567	1.832	1.966	1.871	1.740
J	1.706	1.080	0.944	0.862	1.910	2.312

　　说明：长短期影响计算和表7—3一样，括号内为标准差，***、**、*分别代表在99%、95%和90%的水平上显著。

　　从表7—5企业信心估计结果看，企业信心和消费者信心的相互影响是不对称的，后者对前者的影响要明显大于前者对后者的影响，尤其是在短期。在控制变量中，大部分变量对企业信心的影响也不同于对消费者信心的影响。其中利率的差异最为明显，不仅方向完全相反，而且程度也较大。在经济低迷时期，利率上升对企业信心的伤害是非常大的，如果结合货币供给，可以看出，货币政策收紧总体上会对企业信心产生不利影响。不过和消费者信心方程一样，经济增长对企业信心的影响，在短期尤其是经济低迷时期是非常明显的。就财政政策而言，其对企业信心的作用模式也不同于消费者信心，财政总量调控对企业信心的影响，长短期的综合效应都为负。财政结构调整中，偏重于社会性支出和间接融资方式的财政结构调整，短期内对企业信心会产生正向作用，但从长期看，这种结构调整对企业信心的综合作用效果却为负。综合上述分析，和消费者信心一样，财政政策无论在短期还是长期，抑或是经济低迷时期，对企业信心的综合影响都是负的。如果将这一结论和上一节分析结合在一起，我们可以得出：在经济低迷时期，市场主体信心在财政政策传导机制中所扮演的重要角色，并不是源于财政政策对市场主体信心的直接提振效应，而可能是源于其他机制，比如经济增长等中间反馈机制。

六、本章小结

1998 年的东南亚金融危机使我国经济失衡增长问题凸显出来。为摆脱失衡增长局面，提高增长质量，政府采取了以财政政策为主的宏观调控策略，然而十多年的宏观调控并没有收到预期效果。虽然每次经济遭遇外生冲击后财政刺激会很快产生预期效应，但长期看财政调控效果却并不理想，最典型的表现就是，虽然财政支出不断增加，财政收入不断上升，但增长结构失衡问题却依然如故，甚至在某些领域还有进一步恶化的趋势。为何在经济遭遇冲击时财政调控效果很显著，而在整体上却不尽如人意？本章基于 SVAR 模型和反事实分析，从市场主体信心角度对财政调控出现的这种非线性特征给出了不同于已有文献的新解释。研究认为，我国财政调控出现的这种非线性特征与市场主体信心变化有很大关系，在经济遭遇外生冲击时，市场主体信心急剧下降，因而在经济遭遇外生冲击后，无论消费还是投资抑或是国民产出，都会在短期内经历瞬间下降过程。而在每次经济遭遇外生冲击时，我国政府总会在较短时间采取较大力度的应对措施，并辅以各种宣传。政府应对危机的决心和信心在危机时期不仅会感染市场主体，而且会有效阻断市场主体悲观情绪的扩散。所以短期内市场主体信心在经历短暂下降后将会快速恢复。市场主体信心恢复使经济很快从低均衡状态调整到高均衡状态。由于在危机期间，市场主体更多关注政府应对危机的力度和决心，所以对高税负的容忍度上升。因而在经济遭遇外生冲击期间，支出对经济的正面促进作用将会因市场主体信心恢复而放大，税收增加对经济的抑制效应将会因市场主体信心提高而降低。然而随着危机的逐步淡去，市场主体信心开始恢复正常，这时支出增长的正向促进作用开始减弱，而税收负担上升的负面影响开始上升，不仅如此，在边际支出增长效应递减和边际税收抑制效应递增的作用下，财政调控的综合效果从长期看将变得越来越差。

本章研究的中心结论表明，市场主体信心在财政政策传导机制中所扮演的重要角色，并不是线性的，而是非线性的，即市场主体信心只在经济遭遇外生冲击时发挥重要作用。正是因为这一原因，每次应对危机，中央政府总是特别强调恢复市场信心的重要性。这一点从全球范围看也是如此。市场主体信心的重要性意味着，面对经济危机，任何复苏计划都应将恢复市场主体信心作为应有之义。然而本章的实证分析表明，尽管市场主体信心在经济低迷时期扮演着重要角色，但我国以增支增税为主要特征的财政总量调控策略对市场主体信心的提振效应却是非常有限的。虽然在财政结构调整中，社会性支出增加在一定程度上可以提高市场主体信心，但以政府支出替代私人部门支出的结构调整策略无论短期还是长期都显著伤害了市场主体信心。虽然过去十多年以直接税融资替代间接税融资从长期看对经济增长有利，但短期因市场主体税负感受上升而伤及市场主体信心。本章研究结论的政策含义非常明确。面对两次金融危机冲击，政府实施以扩大支出为主的积极财政政策有其合理性和必要性，因为这对提振市场主体信心、打破经济协调失灵均衡具有非常重要的作用，所以就这点而言，两次积极的财政政策对经济较快走出危机阴影功不可没。由于支出必然需要有相应融资支持，尽管不同融资方式会有不同影响，但无论哪种融资方式对市场主体来说都意味着负担增加，所以增加支出的需求管理调控策略只能在特殊时期短期使用，长期使用必然会因支出边际增长效应递减和税收边际抑制效应增加而伤及市场主体信心与经济增长。这一结论隐含着：基于需求管理的积极财政政策只能在短期内用于经济稳定，不能长期被使用，要实现经济平衡增长，只能通过供给管理和采取合理的结构调整策略。

　　然而，本章上述结论是在 SVAR 模型框架下获得的，这种结构缺乏充分的理论支撑，所以无法摆脱卢卡斯批判。尽管本章在使用 SVAR 模型时尽可能根据变量间相互作用机制和内在逻辑关系对模型结构作了识别限制，但并不能完全消除估计结果中出现的一些不合理情形。所以，作为本章研究的一个延伸，我们将在新凯恩斯模型框架下利用 DSGE 模型对我国市场主体信心与财政乘数效应的非线性特征间关系作模拟分析，以验证本章研究结论的科学性。除此之外，本章在利用 SVAR 模型识别财政冲击时没有考虑市场主体预期的影响。根据 Ramey 和 Shapiro（1998），Lawrence 等（2009）以及 Ramey（2010）等的研究文献，基于 SVAR 模型的财政冲击识别实际上是有偏的，换句话说，SVAR 识别出的财政冲击并不是完全外生的，有部分可能被市场主体预期到，在这种情况下，依据 SVAR 模型将会产生有偏估计结果。所以作为本书研究的一个改进，在后续研究中我们将参照已有文献提供方法，基于事件主观描述控制预期因素的影响。

第 8 章　居民消费意愿下降与财政政策效应

本章提要：通过居民消费率结构分解、情形模拟以及居民边际消费倾向估计探究了我国居民消费率持续下降之谜。研究表明，我国居民消费率持续下降主要源于居民边际消费倾向的下降，在过去十多年中，我国居民边际消费倾向平均下降了近 20%。在此基础上，本章利用地区面板数据分析了居民边际消费率下降与财政政策的关系。实证结论表明，居民边际消费倾向下降与财政政策调控策略密切相关，我国以扩大财政支出为主的内需扩张政策对居民边际消费倾向的影响呈显著非凯恩斯效应。虽然财政收入政策的作用效果表现为凯恩斯效应，但在过去十多年中，我国财政收入政策总体上却是紧缩的。财政政策变动对居民边际消费倾向的上述影响不仅在经济好坏时期存在显著差异，而且与居民对未来经济预期和具体支出策略有关。

一、问题导出

跨国证据表明，在发达国家，居民消费需求占国民产出比重平均高达 55% 以上，世界平均水平也基本保持在 50% 左右。如此高的比重决定了居民消费需求对一国经济发展的重要意义。居民消费需求的变化不仅影响着经济运行状态，而且也决定着经济发展质量。居民消费需求的重要性使其不仅成为自凯恩斯以来经济学研究的一个重要领域，而且也是各国政府宏观调控的重要监测指标。根据发达国家经验，居民消费需求占国民产出比重虽随经济周期变化呈现出一定波动性，但在水平趋势上保持相对稳定。居民消费需求变化的上述特征使得，在宏观调控中，需求管理一直被认为是一项短期政策。反观我国改革开放以来经济增长的需求结构，居民消费需求在 20 世纪 90 年代前，和大部分国家一样，基本稳定在 50%左右，但自 1991 年开始，尤其是自 21 世纪初，居民消费需求却呈现出持续下降趋势，到 2009 年已下降至 37%以下。居民消费需求的单边下降不仅与我国经济持续高速增长不相适应，无法用传统经济周期理论加以解释，而且也使我国经济增长结构出现严重失衡，成为经济可持续发展的重要瓶颈。我国居民消费需求变化的上述特征隐含着：需求管理在我国不仅是一项短期政策，更是一项长期战略。那么我国居民消费率为何会持续下降？作为需求管理的主要手段，财政政策为何在过去十多年未能扭转居民消费率持续下降的局面？财政政策如何操作才能收到较好效果，从而尽快促成经济回归均衡增长轨道？

二、关于居民消费需求不足的一些讨论

在我国，消费需求不足在 20 世纪 90 年代东南亚金融危机期间就引起了公众广泛关注，到今天已成为一个家喻户晓的经济问题。虽然关于消费需求不足问题的讨论自东南亚金融危机爆发以来就一直未曾间断过，但关于这一问题的研究还远未充分。从已有文献看，关于消费需求不足的讨论主要涉及三方面问题。一是如何判断消费需求不足，即确定消费需求不足的依据，这是提出消费需求不足命题的逻辑起点，已有文献关于这一问题的立论依据基本是跨国经验。但众所周知，跨国证据的最大问题就是命题真伪对统计口径非常敏感。例如，张军（2010）曾撰文指出，由于统计方面的原因，我国居民消费需求可能被低估，如果考虑到居民的服务消费支出，居民消费需求不足可能就是一个伪命题。[①] 类似的观点还包括孙立平（2010）[②] 等。虽然相对而言，质疑我国居民消费不足的声音还较小，但这也足以引起决策者重视，因为对居民消费是否不足的判断直接影响宏观政策的应用与评估。即使居民消费不足真是个问题，通过需求管理扩大居民消费需求也被认为是合理的政策取向，但扩大居民消费到什么程度依然因标准缺失而成为一个难题，因为根据世界经济发展的历史经验和我国当前所处的发展阶段，消费支出扩张不可能成为经济持续增长的动力，消费过度甚至因伤及必要的资本积累而影响经济长期增长。

---

① 参见张军：《为什么消费不足可能是个伪命题?》，载《经济观察报》，2010-01-30。
② 参见孙立平：《内需不足的中国悖论》，载《经济观察报》，2010-02-11。

二是消费需求为何不足。在大部分人看来，我国居民消费不足是个不争的事实。所以更多文献是在探讨居民需求不足的原因，这方面的讨论也最为充分。综合消费需求的相关理论和经验证据，消费者支出决策主要决定于消费者收入水平、消费平滑能力和外部冲击特征。当然，除了这些主要因素，像消费心理、消费文化等也会对消费者支出决策产生影响。而关于我国消费需求不足的讨论基本上是依据传统需求理论，围绕上述原因展开分析。例如余永定、李军（2000）研究认为，我国居民不是以一生为时间跨度计划消费，而是消费支出具有显著的阶段性特征，由于缺乏充分可接近的私人消费信贷市场，消费者会根据不同阶段支出需要确定储蓄目标。基于这一消费行为特征，其研究构建了典型居民的两期消费模型，并通过实证分析得出，我国居民消费支出受当期收入影响非常显著。方福前（2009）在评述相关研究之后，构建了一个包含 8 个解释变量的消费者支出决定方程式，在实证分析基础上指出，我国人均可支配收入与人均消费高度相关，消费需求不足主要源于居民收入份额的持续下降。类似证据在 Louis Kuijs（2006）的研究中也曾出现过。不过，潘彬、徐选华（2009）通过引入阈值模型对不同经济状态下居民消费行为的研究却认为，收入对居民消费的影响在经济繁荣时期并不显著，我国居民消费行为更符合持久收入—生命周期模型的特征。然而，上述这些文献都面临一个共同问题：虽然我国居民消费水平因种种原因受制于收入水平，但就相对增长率而言，我国居民收入自改革开放以来就一直保持较高增长速度，在其他因素保持相对稳定的情况下，居民消费支出相对份额不可能自 20 世纪 90 年代初起处于持续下降状态。所以已有文献中所提到的长期因素难以充分解释居民消费率持续下降。

上述情况说明，居民消费在受到收入制约的同时，一定还受到其他因素的影响。实际上，根据我国居民消费行为分析，由于特殊的金融体系，居民消费的平滑能力并不完美，面对流动性约束，理性消费者会为不确定收入风险进行必要储蓄以应对特定支出需要或不测事件。所以消费者谨慎消费动机和不完美消费平滑能力将会促成消费倾向下降。例如袁志刚、宋铮（1999）就曾利用预防性储蓄假定与流动性约束假说解释过我国居民消费倾向下降和消费需求疲软。万广华等（2001）通过测试霍尔消费函数及其扩展模型，分析流动性约束和不确定外生冲击在我国居民消费行为演变中所起的作用，研究得出，受流动性约束导致的消费者比例上升以及不确定因素增多造成了我国低消费增长和内需不足，两者间相互作用则进一步放大了上述不利影响。罗楚亮（2004）通过城镇住户调查数据分析指出，收入不确定性、失业风险、医疗支出不确定性及教育支出等因素对城镇居民消费行为产生显著负面影响。邰秀军（2009）应用扎根理论和农户访谈资料分析了我国农户应对风险的消费策略，研究表明，不确定性和农户应对风险的策略对农户消费行为具有重大影响，这种影响使得农户形成了谨慎性消费策略。Chamon 和 Prasad（2010）在分析我国居民高储蓄倾向时也指出，由于居民私人支出负担预期的上升，使得在欠发达金融市场中居民出现较强预防性储蓄行为，从而延滞了消费。类似证据还包括万广华等（2003），等等。经验上，上述文献关于流动性约束和预防性储蓄动机对我国居民消费不足的解释有较强说服力，尤其在我国 20 世纪 90 年代中后期推进社会事业领域市场化改革后，未来支出预期明显提高。但上述文献依然存在一个问题，即在实践上，我国居民受流动性约束的确很强，但这在我国同样是一个长期因素，更何况，随着金融衍生品不断开发，流动性约束不是强化而是逐步放松。Tullio Jappelli 和 Luigi Pistaferri（2010）研究表明，信用卡的广泛使用大大降低了流动性约束强度。显然，这些因素也很难给出居民消费率持续下降的圆满解释。

实际上，根据消费支出理论，支出水平主要受两大因素影响，即能力和意愿，前者主要指收入或财富水平，后者主要指消费倾向。在凯恩斯需求理论中，这两者之间并不是各自独立的，而是呈逆向运动关系，这样，即使不改变社会的收入总量或财富水平，不同收入或财富分配状态也会出现不同消费水平。上述逻辑关系暗含着：收入分配关系可能是社会消费率变化的重要原因。尽管这一理论的经验证据还比较模糊，但在我国，不断扩大的收入分配差距导致居民消费率不断下降的观点得到了诸多文献的经验支持。例如袁志刚、朱国林（2002）在总结消费理论的各种发展之后提出收入分配确实会影响总消费，所以合理的转移支付和收入再分配政策有助于提高总消费。朱国林等（2002）在理论和经验上对这一结论进行了推演。吴晓明、吴栋（2007）在个体短视模型和总量消费模型基础上，通过计量分析也得出，城镇居民收入分配差距扩大造成了居民平均消费倾向下降。杨汝岱、朱诗娥（2007）通过理论分析指出，当收入分配呈正态分布且边际消费倾向与收入分配呈倒 U 形关系时，缩小收入差距能提高总消费需求，而基于实证分析的结论支持了这一观点。娄峰、李雪松（2009）通过使用分省份数据和动态半参数面板模型对我国城镇居民收入分配差距与消费变动轨迹的刻画得出，收入差距对城镇居民消费具有显著负向影响。应该说，如果独立考察我国收入分配差距与居民消费之间的关系，则上述文献的确具有很强说服力，但如果将这一关系放在全球背景下，我们会发现这一解释显得有点脆弱。因为大量证据表明，收入分配差距扩大并非中国特有现象，这一现象也同时出现在印度、巴西等国，但我们并没有发现这些国家的居民消费率出现持续下降现象。

三是如何扩大消费需求，实现经济均衡增长。应该说，居民消费是一种市场自发行为，是居民在一系列约束条件和激励结构下作出的最优选择，所以居民消费需求正是微观理性的宏观表现。在这种情况下，财政手段在多大程度上刺激居民消费增长，就取决于财政工具如何改变居民消费决策的约束条件和激励结构。所以不同财政策略刺激居民消费的效果可能存在较大差异。同样，策略在不同环境下产生的效果也可能差异悬殊。例如 Giavazzi 和 Pagano（1996）就曾研究过财政预算变化的规模与持续时间如何改变财政策略对私人消费决策的影响。Shapiro 和 Slemrod（2003，2009）；Johnson，Parker 和 Souleles（2006）等曾对美国税收返还的支出刺激效果进行过研究。从我国财政政策作用效果看，胡书东（2002）根据财政支出总量和结构对居民消费需求影响的实证结果指出，我国以扩大基础设施为重点的积极财政政策对民间消费起到了拉动作用。但李广众（2005）、王立勇和高伟（2009）的研究却指出，财政支出与居民消费之间的关系往往是非线性的，但从长远看，财政支出与居民消费之间是替代关系。苑德宇等（2010）基于居民消费与政府支出动态模型实证分析认为，财政支出不同项目对居民消费的刺激效应存在明显差异，同一支出项目在不同地区的消费支出刺激效应也不同。从已有文献看，我国财政政策对居民消费需求的刺激效果还相当模糊。出现这种情况的原因可能是多方面的，但这与财政策略及其着力点肯定存在关系。正如前文所述，居民消费支出主要取决于能力和意愿，在消费意愿稳定的情况下，能被居民直接感受到的额外收入能力将会显著提高支出水平，所以税收返还和收入转移要比其他财政策略效果更明显，但在我国，以流转税为主的收入结构不可能具备上述功能，所以刺激居民消费的财政策略主要是财政支出，然而我国财政支出体系中又缺乏充分的收入转移计划，所以财政支出对居民消费能力的提高总是间接的，并使刺激效果充满了诸多不确定性。

三、居民消费率结构分解及其持续下降之谜

　　由于缺乏客观的经验标准和充分的统计数据，本章并不想就我国居民消费需求是否不足展开讨论，本章想要关注的问题是我国居民消费率为何自 20 世纪 90 年代初一直下降，财政政策在其中充当何种角色？不过，与已有文献不同的是，本章分析居民消费率持续下降的原因不是建立在微观消费支出理论基础上，而是从宏观角度，通过对居民消费率的结构分解，探究居民消费率下降的可能原因。当然，任何宏观现象都有其微观原因，所以本章在宏观现象的分析中也会寻求其微观解释。直观上，居民消费率 a_t 可以简化为（8—1）式，其中 $\bar{c}_t$ 为人均消费，N_t 为人口总数，Y_t 为国民产出。（8—1）式两边取对数得到（8—2）式，继续对（8—2）式进行微分处理可以得到（8—3）式和（8—4）式。根据（8—4）式，可以看出居民消费率的变化实际上取决于人均消费增长率与国民产出增长率之差 $\bar{c}_t - g$ 和人口增长率 n。从这三个因素中，我们可以直观地推断居民消费率下降的原因。就相对水平而言，表 8—1 的计算结果表明，我国居民的消费增长率虽然比俄罗斯稍低，但要比巴西和印度高，更比美国、欧盟高，所以说我国居民消费率持续下降不可能是因为居民消费增长率过低。但如果将居民消费增长率和国民产出增长率进行对比，我们发现，只有我国、印度和欧盟是负的，但和印度、欧盟相比，我国居民消费增长率与国民产出增长率间的差距最大。当我们将这种差距与居民消费率变化进行跨国比较时，进一步发现，只要人均消费增长赶不上国民产出增长，居民消费率一般都呈下降趋势。从上述结构分析中可以看出，我国居民消费率较低不是因为人均消费增长率较低，而是因为人均消费增长赶不上国民产出增长，而且差距较大。从人口增长情况看，Modigliani 和 Cao（2004）曾在研究我国储蓄困惑时指出，我国居民消费率较低与我国的人口因素有关。这一结论在（8—4）式中也很明显。根据表 8—1 的计算结果，虽然我国人口增长始终在 0 之上，但增长率的下降趋势最明显。这样即使在其他因素不变的情况下，我国居民消费增长率也会随人口增长率的下降而下降，消费增长乏力的趋势不可避免。更何况在这一过程中，人均消费率与国民产出间的差距在扩大，从而使得 a_t 始终小于 0。就在人口增长率下降的同时，我国人口结构还发生了很大变化，其中老

年人比重上升幅度在表8—1所列地区中最大。虽然我们还缺乏老年人消费支出倾向是否普遍低于其他人群的数据，但从经验上可以想象老年人消费支出一般要比老年前低。

$$a_t = \frac{\bar{c}_t N_t}{Y_t} \tag{8—1}$$

$$\ln a_t = \ln \bar{c}_t + \ln N_t - \ln Y_t \tag{8—2}$$

$$d\ln a_t = d\ln \bar{c}_t + d\ln N_t - d\ln Y_t \tag{8—3}$$

$$\dot{a}_t = \bar{c}_t + n - g = (\bar{c}_t - g) + n \tag{8—4}$$

表8—1　　　　　　　　　　居民消费率变化原因的跨国比较

	中国	巴西	印度	俄罗斯	美国	欧盟
居民消费率下降（%）	25.68	0.00	19.40	−13.21	−4.41	0.08
居民消费平均增长率（%）	6.78	3.28	5.92	7.26	3.32	2.04
人口增长率下降（%）	60.92	42.15	40.26	0.00	0.00	3.27
居民消费与GDP增长率之差	−2.44	0.59	−0.41	6.48	0.24	−0.02
老年人口占比增长（%）	33.33	25.12	25.00	30.00	0.00	16.67

说明：由于表中所列指标时间序列表现的变化趋势比较稳定，所以就采用了2008年与1991年两年数据的变化特征描述1991年以来所列国家的指标变化情况。表中中国数据根据2009年《中国统计年鉴》相关数据计算得到，其他国家根据WDI数据库数据计算得到。其中欧盟数据为英国、法国、德国、意大利四国的平均水平。表中第二行数据前的负号表示该指标不是下降了，而是上升了。

（8—1）至（8—4）式的分析表明，人均消费增长赶不上GDP增长应该是我国居民消费率持续下降的主要原因。但（8—1）至（8—4）式中的人均消费仅是一个平均值，所以我们对其作了进一步分解，分解方法有两个，一是按照城乡结构分解为城镇居民人均消费支出与农村居民人均消费支出的加权平均，二是按照相同人口比重的收入分组平均消费水平的加权平均。首先看城乡结构分解。之所以这么分解，主要源于我国的二元发展结构，由于二元治理结构，我国城镇居民和农村居民无论在经济上还是在公共品收益上都存在巨大差异，这种差异造成了城乡居民不同的消费行为。（8—5）式将（8—1）式中的人均消费水平分解为城镇居民人均消费水平 $\bar{c}_{Tt}$ 和农村居民人均消费水平 $\bar{c}_{Ct}$ 的加权，权重分别为 $\frac{N_{Tt}}{N_t}$ 和 $\frac{N_{Ct}}{N_t}$，其中 N_{Tt} 和 N_{Ct} 分别代表城镇居民人口和农村居民人口。在（8—5）式基础上我们对其作了进一步分解，得到（8—6）式。从（8—6）式右边等号看，在城乡居民人均消费水平差距基本稳定的情况下，城镇人口比例，即通常意义上的城市化率 n_{Tt}，对人均消费水平的影响非常大，城市化率越高，人均消费也会越高。所以有研究建议，通过提高城市化率改变我国目前居民消费率较低的局面。然而，这一建议至少在两个方面难以解释我国居民消费率持续下降的事实，一是虽然从横向看我国城市化率相对于巴西、俄罗斯、美国等处于较低水平，城市化空间还有很大余地，但从纵向看，我国城市化速度还是较快的，几乎每年提高1％。二是我国城市化率虽处于较低水平，但比印度高，而印度居民消费率虽然较低，但并没有出现持续下降现象。为了解释居民消费率与城乡居民人均消费率差异的关系，我们对（8—6）式进行重新表述得到（8—7）式，从（8—7）式右边第二个等式看，在城镇居民人均消费水平和城市化率一定的情况下，城乡居民人均消费水平差异越大，人均消费就越低。所以，根据（8—7）式我们可以得到这样的结论，即尽可能赋予城乡居民同等的国民待遇可以缓解我国居民消费率下降的局面。然而当我们按照上述两种情况对居民消费率变化趋势进行模拟时（见图8—1），发现这些因素虽然可以提高我国居民消费率，但不可能改变居民消费率下降趋势。模拟结果说明，无论是城市化率还是城乡居民国民待遇差异，都很难为我国居民消费率持续下降提供充分解释。

$$\bar{c}_t = \bar{c}_{Tt} \times \frac{N_{Tt}}{N_t} + \bar{c}_{Ct} \times \frac{N_{Ct}}{N_t} \tag{8—5}$$

$$\bar{c}_t = \bar{c}_{Tt} \times n_{Tt} + \bar{c}_{Ct} \times (1 - n_{Tt}) = n_{Tt}(\bar{c}_{Tt} - \bar{c}_{Ct}) + \bar{c}_{Ct} \tag{8—6}$$

$$\bar{c}_t = \bar{c}_{Tt} - (1 - n_{Tt})(\bar{c}_{Tt} - \bar{c}_{Ct}) = \bar{c}_{Tt} - (1 - n_{Tt})\Delta\bar{c}_{(T-C)t} \tag{8—7}$$

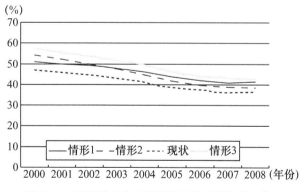

图8—1　不同城市化率的居民消费率模拟结果①

① 情形1是根据韩俊（2010）对进城农民工数量估算情况作为城市化率计算得到的中国居民消费率，情形2是根据世界城镇人口占总人口比重的平均水平计算得到的中国居民消费率。情形1使中国居民消费率平均上升约4.90％。情形2使中国居民消费率平均上升约4.36％。情形3是在保持城乡二元结构不变的情况下，如果能尽可能缩小城乡居民人均消费支出的差距，使其一直保持在历史最低水平上，能使居民消费率提高大约10％。

　　（8—8）式是在（8—5）式基础上按照收入五等分分组计算的居民消费率。其中$\bar{\alpha}_{Tit}\bar{y}_{Tit}$代表城市居民$i$收入组人均消费水平，$\bar{\alpha}_{Cit}\bar{y}_{Cit}$代表农村$i$收入组人均消费水平，$\bar{y}_{jit}$代表$i$收入组人均收入水平，$\bar{\alpha}_{jit}$代表$i$收入组平均消费倾向。由于每组的人口比例都是20%，所以权重都为20%。表8—2是根据中国统计年鉴收入分类方法计算得到的各指标数值。根据表8—2的计算结果，与凯恩斯需求理论预测基本一致，消费倾向在不同收入组之间存在明显差异，收入水平越低，消费倾向越高。但与农村居民消费倾向不同的是，城镇居民消费倾向自1995年以来呈持续下降趋势，尤其是较低收入组以上的城镇居民，消费倾向下降都超过了20%，这一下降幅度与居民消费率下降幅度基本相当。从各收入组之间的收入差距看，相对于城镇居民，农村居民各收入组之间的差距比较稳定，相反，城镇居民不同收入组之间的收入差距自1995年以来呈持续扩大趋势。这意味着，即使假定居民消费倾向稳定，收入差距的持续扩大因高收入群体较低的消费倾向而导致居民消费率下降。但相对于消费倾向下降，收入差距扩大的相对重要性较低，因为从跨国经验看，自20世纪90年代以来，世界上许多国家不同收入组之间的收入差距都呈不断扩大趋势，到2008年，按五等分划分的不同收入组之间的平均收入比世界平均水平已上升到1∶1.70∶2.45∶3.51∶7.52，这与我国城镇居民不同收入组的收入差距基本相当。为了进一步考察收入差距扩大与消费倾向下降对居民消费率下降影响的相对重要性，我们假定两者在保持1995年水平的基础上模拟了居民消费率的变化轨迹（见图8—2），可以看出，虽然居民收入差距缩小可以提高居民消费率，但并不能改变其下降趋势，而消费倾向就不同，如果保持1995年消费倾向不变，即使收入差距扩大，居民消费率也基本稳定。

$$\bar{c}_{jt} = \sum_i n_{jit}\bar{\alpha}_{jit}\bar{y}_{jit} = \frac{1}{5}\left(\sum_i \bar{\alpha}_{Tit}\bar{y}_{Tit} + \sum_i \bar{\alpha}_{Cit}\bar{y}_{Cit} \right) \qquad (8\text{—}8)$$

表8—2　　　　　　　　　不同收入组别相关消费收入指标

	低收入组	较低收入组	中等收入组	较高收入组	高收入组
	城镇居民				
平均消费倾向	0.96	0.85	0.81	0.78	0.69
边际消费倾向	0.81	0.72	0.68	0.64	0.61
平均消费倾向下降（%）	10.99	18.74	20.61	22.86	22.11
可支配收入平均增长率	7.51	9.87	10.86	11.88	14.56

续前表

	低收入组	较低收入组	中等收入组	较高收入组	高收入组
	城镇居民				
1995 年相对收入差距	1.00	1.33	1.62	1.97	2.64
2008 年相对收入差距	1.00	1.90	2.61	3.59	7.56
	农村居民				
平均消费倾向	1.35	0.90	0.79	0.70	0.60
边际消费倾向	1.80	0.98	0.81	0.73	0.62
平均消费倾向下降（%）	−29.49	−9.03	−3.62	−3.11	−2.36
可支配收入平均增长率	8.95	10.57	11.10	11.48	11.14
2002 年相对收入差距	1.00	1.81	2.52	3.54	6.88
2008 年相对收入差距	1.00	1.96	2.80	3.95	7.53

说明：由于数据可获得性差异，城镇居民相关指标为 1995—2008 年的平均值，农村居民相关指标为 2002—2008 年平均值。平均消费倾向下降是指 1995 年以来直到 2008 年年底下降百分比。某年相对收入差距是该年各收入组平均收入水平是最低收入组平均收入的倍数。低收入组消费倾向下降百分比包含了最低收入和低收入两组消费倾向下降百分比的简单平均，但实际上最低收入组平均消费倾向变化不到 6%，如果剔除最低收入组，低收入组平均消费倾向下降百分比实际上约为 16.21%。表中数据根据历年《中国统计年鉴》数据计算得到。各收入组按照 20% 人口家庭人均可支配收入均值进行分组。表中边际消费倾向采用凯恩斯消费函数进行粗略估计，在估计中我们曾加入当期消费滞后变量，但在农村各收入水平组，滞后项的影响并不显著；在城镇各收入水平组中，除较高收入组外，在其他收入水平组影响也不显著。

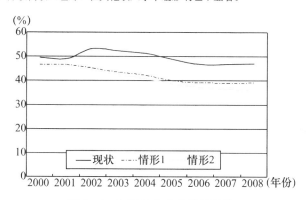

图 8—2　居民消费率模拟结果①

四、城乡居民消费意愿估计及其趋势特征

应该说，居民消费意愿一直是各种消费理论的核心变量，不同消费

---

①　情形 1 为只改变城镇居民不同收入组收入差距，使其保持在 1995 年水平上，居民消费率的变化。情形 2 为只改变平均消费倾向，使其保持在 1995 年水平上，

理论的差异本质上就是对消费意愿的不同判断，例如在凯恩斯消费需求理论中，消费意愿随收入增加有一种下降趋势，正是这个原因，在凯恩斯看来，消费相对不足总是一种必然，所以凯恩斯的消费理论中实际上隐含了收入再分配的重要性。[1] 而在弗里德曼的持久收入、莫迪利安尼的生命周期以及霍尔的随即游走理论中，一个重要结论就是居民关于临时性收入冲击的消费意愿为 0。即使后来出现的包括 Deaton（1991）和 Carroll（1992）等在内各种扩展的消费理论，同样是围绕消费意愿展开分析。

　　消费意愿之所以备受重视，除了消费意愿对经济均衡增长的影响非常大之外，另一个原因是居民消费意愿也是政府需求管理的重要基础和政策效果的决定机制。然而，尽管在理论上，居民消费意愿被广泛讨论，但很少有文献直接研究如何估计消费意愿。已有文献关于消费意愿的估计，都是在研究消费函数时通过收入变量的估计系数实现的，这些研究都有一个共同假定，即代表性消费者的消费意愿保持稳定。显然用这一假定估计我国居民消费意愿并不合适，因为我国在转型过程中，影响消费的许多制度变量发生了很大变化，这些变化必然会反映到居民消费意愿上。除了这些研究之外，近年在一些讨论财政政策调控效果的文献中，也出现有关消费意愿的估计，例如 Shapiro 和 Slemrod（2003，2009）；Souleles（2002）；Johnson，Parker 和 Souleles（2006）；Andrew Leigh（2009）；等等。这些研究的一个共同特征是通过两个或多个时期消费意愿的比较静态分析，探讨财政政策的动态效果。然而这类研究所估计的消费意愿仅是消费对政策冲击的反应，并没有讨论政策冲击对消费意愿本身的影响。

　　真正探讨如何估计消费意愿的文献，Trygve Haavelmo（1947）的研究文献算是其中较早的一篇。该研究文献曾讨论过消费意愿的估计方法，其方法假定消费意愿与乘数的关系是稳定的，在此基础上利用乘数推导消费意愿，然而这种方法忽视了变量的内生决定问题。在其之后，也出现过一些研究居民消费意愿的文献，例如 Carroll（2000，2009）就曾在考虑消费习惯、预防性储蓄基础上估计过持久收入的消费意愿，但两篇文献都是理论推演和模拟。Luengo-Prado 和 Sørensen（2008）也曾基于缓冲存货模型估计过美国各州的消费意愿，但该研究是基于制度相对稳定的美国，预防性储蓄动机主要源于收入的不确定性。在国内，专门估

---

[1]　在凯恩斯需求管理理论提出之后，消费意愿曾一度被经济学家广泛讨论。

计居民消费意愿的文献主要包括谢子远等（2007）、古炳鸿等（2009）和
贺京同等（2010）的文献。谢子远等利用时变参数模型对我国农村居民
消费意愿进行估计，古炳鸿等利用家计调查收支变化估计消费意愿，贺
京同等基于前景理论消费需求模型估计了我国 2002—2008 年城乡居民消
费意愿。但这些文献都是一种时间序列分析，并没有讨论居民消费意愿
的地区差异，更重要的是上述文献并非基于消费决策，所以缺乏充分的
理论基础。

　　鉴于上述分析，本章将在消费者最优消费决策基础上对我国居民消
费意愿进行估计。为了避免宏观数据难以反映消费意愿的变化趋势和地
区差异，家计调查数据难以采用适当模型加总和解决异质性等问题，本
章采用了 1991 年以来的省级面板数据。[①] 为了不至于使问题过于复杂，
我们遵循消费理论研究的传统设定只考虑代表性消费者的消费意愿，而
将消费者之间的异质性问题留在居民消费意愿持续下降的财政政策因素
中加以考虑。为此我们首先遵循 Luengo-Prado 和 Sørensen（2008），Car-
roll（2009），将代表性消费者的消费决策设定为一系列约束条件下的优

化问题，其中 $\underset{c_t}{Max}E_t\left[\sum_{s=t}^{\infty}\beta^{t-s}u(c_{t-s})\right]$ 为目标函数，β 为贴现因子，约束条
件为 $S_t=(1+r_t)S_{t-1}+Y_t-C_t$。其中 S，Y 和 C 为累积资产、非资产性
收入和消费，r 为资产边际回报率。设定效用函数为 CRRA 型，即 $u(C)=$
$C^{1-\rho}/(1-\rho)$，其中 ρ 为相对风险规避系数。在约束条件中，考虑到我国大
规模制度变化对收支可能同时产生影响这一事实，我们设定不确定性不
仅来自收入方面，也来自支出方面，其中收入方面的不确定因素表示为
ζ_t，即 $Y_t=P_t\zeta_t$，P_t 为持久收入，由于 ζ 冲击造成实际收入偏离持久收
入增长路径。在 ζ_t 冲击之外，还有可能存在一种对持久收入产生影响的
冲击 φ_t，该冲击将会使持久收入处于不同增长路径，所以我们可以将这
种冲击描述为 $P_t=P_{t-1}g_t\varphi_t$，其中 g_t 为持久收入增长率，服从持久系数
为 γ_i 的 AR（1）过程。因制度变动对未来支出造成的不确定因素表示为
$C_t=C_{t-}k_t\psi_t$，k_t 为支出增长率，ψ_t 为支出冲击。无论是收入冲击还是支
出冲击，所有冲击都遵循正态分布。根据 Luengo-Prado 和 Sørensen

---

　　① 因西藏和重庆数据不全，所以分省份数据中不包括这两个地区，为了消除通胀因素对收
　　　入支出的影响，城镇居民家庭人均可支配收入、农村家庭人均纯收入以及城镇居民家庭
　　　人均消费性支出和农村家庭人均消费性支出均采用居民消费价格指数（以 1990 年为
　　　100）计算得到的缩减指数进行了缩减。

（2008），上述设定在最优化时无法获得闭式解。但尽管如此，我们还是可以采用 $C_t = f(p_t, g_t, \zeta_t, \varphi_t, k_t, \psi_t)$ 将消费的最优解表达为持久收入和各种冲击的函数。由于消费意愿只是针对收入而言的，所以我们可以通过分别求 C_t 关于 P_t 和 ζ_t 的一阶导数获得消费者关于持久收入及其冲击的消费意愿，即对代表性消费者而言，我们总可以将不同地区居民消费表达成（8—9）式的形式，其中 C_0 为基本消费，μ_i 和 υ_t 分别表示地区与时间变化对基本消费的影响，α_{it} 表示消费对持久收入及其冲击的综合边际反应，其大小为（φ_{it}，ψ_{it}，ρ）的函数。

$$C_{it} = C_0 + \mu_i + \upsilon_t + \alpha_{it}(\varphi_{it}, \psi_{it}, \rho) P_{it} \zeta_{it} + \varepsilon_{it} \qquad (8—9)$$

　　根据（8—9）式，求出消费意愿首先需要对收入过程进行分析，但关于如何将实际收入拆分成持久收入及其冲击部分，已有文献存在较大差异。按照弗里德曼提出的条件，P_{it} 和 ζ_{it} 必须正交，且为平稳序列并满足 $E(\zeta_{it}) = 0$。基于这一要求，国内一些文献就通过收入建模的方式得到持久收入。例如苏良军等（2005）就通过实际收入与 GDP 的回归分析得到持久收入，罗楚亮（2004）等则是通过户主或家庭一些特征变量建立收入模型识别收入的持久部分。除此之外，一些文献利用收入数据自身特征识别收入的持久部分和冲击。例如高梦滔等（2008）在分析了 ARIMA 方法的缺陷后采用了非参数频谱平滑方法对收入进行了持久与冲击部分的拆分。黄静等（2009）则依据收入排名的稳定性推算家庭的持久收入。[①] 考虑到本章的数据特征和研究需要，我们采用 Luengo-Prado 和 Sørensen（2008）的方法。该方法认为各地区的持久收入服从 AR(1) 过程，这样，根据前述对收入过程的刻画我们可以将各地收入过程描述为 $y_{it} = g_{it} + x_{it}(\sigma_{\zeta_i})$ 和 $g_{it} = \gamma_i g_{it-1} + \varepsilon_{it}(\sigma_{\varphi_i})$。其中 σ_{ζ_i} 和 σ_{φ_i} 表示 i 地区临时收入冲击和持久收入冲击标准差，y_{it} 为实际真实收入增长率，ε_{it} 为白噪音残差项。

　　根据上述收入过程的刻画，首先采用居民消费价格指数将收入名义值缩减为 1990 年为基期的真实值 Y_{it}[②]，即 Y_{it} 表示 i 地区 t 期城镇居民真

---

① 对收入过程的考察，也有文献采用考察期内均值代表持久收入，例如施建淮、朱海婷（2004）。

② 利用城镇消费价格指数和农村消费价格指数，以 1990 年为基期消除名义收入中的通胀因素，获得真实收入。后续涉及的所有名义变量都采用类似方法折算成以 1990 年为基期的真实值。

实人均可支配收入（对农村而言就是农村家庭真实人均纯收入），在此基础上根据公式 $y_{it} = \Delta Y_{it}/Y_{it-1}$ 计算得到真实增长率。其次对 y_{it} 进行单位根检验，结果表明 y_{it} 符合弗里德曼的平稳性要求。最后对各地区收入过程进行估计。为了避免地区间过大差距对估计结果可能造成的影响，估计时剔除了直辖市和西藏地区。表 8—3 的估计结果表明，无论是在城镇还是农村，不同地区居民的收入过程存在较大差异。就持久性收入平均情况而言，经济越发达，持久收入增长的稳定性越高，这一点与持久收入冲击特征基本一致：经济越发达，外生冲击 σ_{φ_i} 对持久收入的影响相对越小。从临时性冲击 σ_{ζ_i} 的大小看，不仅冲击造成收入波动的程度要比持久性冲击大，而且在不同发展水平地区之间的差异也比后者大。从比较的结果可以看出，我国居民收入波动主要源于临时性收入冲击。从城乡之间的比较结果看，农村居民人均收入的持久系数都要小于城镇居民，但两者间的差异程度在不同发展水平地区间相差很大，在东部地区两者间相差约为 0.07，但在中部地区两者相差却超过了 0.30；西部地区虽然差异也高于东部地区，但要远小于中部地区。出现这种情况的主要原因在于西部地区一般会得到来自中央政府的更多关照。

表 8—3　　　　　　　　我国城乡居民收入过程的估计结果

	城镇居民			农村居民		
	收入持久系数 γ	σ_{φ_i}	σ_{ζ_i}	收入持久系数 γ	σ_{φ_i}	σ_{ζ_i}
河北	0.85 (0.11)	3.20	5.09	0.80 (0.15)	5.65	6.20
山西	0.90 (0.11)	2.02	3.67	0.59 (0.19)	3.94	6.18
内蒙古	0.92 (0.07)	3.50	4.41	0.29 (0.22)	2.66	8.44
辽宁	0.97 (0.08)	0.74	3.22	0.65 (0.19)	3.24	5.87
吉林	0.85 (0.11)	3.50	4.41	0.42 (0.21)	3.88	8.86
黑龙江	0.92 (0.11)	2.65	3.52	0.24 (0.23)	1.82	7.62
江苏	0.82 (0.11)	3.94	6.18	0.76 (0.16)	4.31	5.66
浙江	0.95 (0.08)	3.69	3.52	0.86 (0.13)	2.45	4.13
安徽	0.89 (0.10)	3.25	4.27	0.39 (0.20)	3.50	7.28
福建	0.91 (0.13)	2.86	4.21	0.93 (0.10)	3.10	3.30
江西	0.85 (0.14)	3.32	5.16	0.78 (0.16)	3.33	5.08
山东	0.98 (0.06)	2.85	2.21	0.91 (0.10)	2.85	3.41
河南	0.83 (0.13)	3.75	5.91	0.87 (0.13)	3.85	4.68
湖北	0.83 (0.17)	3.52	4.85	0.63 (0.19)	4.05	5.81
湖南	0.81 (0.20)	3.24	4.72	0.77 (0.17)	3.43	4.55
广东	0.86 (0.12)	3.67	3.52	0.94 (0.09)	2.31	2.32
广西	0.78 (0.14)	4.34	6.19	0.67 (0.20)	3.23	5.31
海南	0.66 (0.15)	3.94	6.74	0.75 (0.18)	2.78	4.71

续前表

	城镇居民			农村居民		
	收入持久系数 γ	σ_{φ_i}	σ_{ζ_i}	收入持久系数 γ	σ_{φ_i}	σ_{ζ_i}
四川	0.92 (0.08)	2.74	2.81	0.69 (0.18)	3.27	5.44
贵州	0.78 (0.15)	3.41	5.08	0.74 (0.18)	3.01	4.31
云南	0.74 (0.14)	2.54	5.01	0.75 (0.17)	4.14	4.74
陕西	0.85 (0.15)	4.00	4.97	0.77 (0.16)	4.00	4.41
甘肃	0.75 (0.16)	4.07	5.90	0.36 (0.23)	1.87	5.84
青海	0.64 (0.26)	3.74	6.72	0.78 (0.16)	2.57	3.06
宁夏	0.89 (0.12)	3.95	4.24	0.31 (0.23)	2.61	8.72
新疆	0.65 (0.12)	3.19	5.92	0.43 (0.23)	2.73	6.18

说明：表中括号内为持久系数估计标准差，估计时间跨度为 1991—2009 年。

接下来根据（8—9）式估计居民消费意愿。不过，在估计居民消费意愿之前，我们需要对（8—9）式的消费变量按照真实收入的转换方式进行转换，即 $c_{it}=\Delta C_{it}/C_{it-1}$，其中 C_{it} 和真实收入一样也是以 1990 年为基期的真实消费支出。在此基础上，对 c_{it} 进行平稳性检验，结果表明符合平稳性要求。根据前述对代表性消费者消费行为的分析，我们在进行消费意愿估计时暂不考虑其他影响消费意愿的因素，而将这些因素留在下一节分析财政政策的影响时作为控制变量纳入消费意愿决定方程中进行分析。这样，本节只针对（8—9）式估计收入与支出的关系。而在收入支出的估测方程中，考虑了收入持久特征与各种收入冲击对收入的边际支出倾向的影响。除此之外，由于我国地区间不论在经济发展水平还是文化习俗等方面都表现出明显的异质性，所以我们推定各地居民支出对收入变化的反应可能存在差异，这种差异表现在估计模型中就是可能出现模型的截距和解释变量的系数在不同地区是不同的。为此，在对（8—9）式进行估计之前对估计模型的选择进行了设定检验。首先利用 F 统计量对截距与系数在所有样本点和时期都相同这一假设进行检验，结果驳斥了同截距同系数的原假设，在此基础上再对系数在不同样本点不同时期是否都相同进行考察，但截距不同这一假定进行 F 统计量检验，结果同样拒绝原假设。鉴于上述两步检验，我们选择变系数面板模型，为此我们将最终估计模型设定为（8—10）式，其中等式（8—10）的右边三、四两项是度量不同性质的冲击对居民收入支出决策的影响。（8—10）式的具体估计结果整理在表8—4中。

$$c_{it}=\alpha_0+\alpha_t(\gamma_i\times y_{it})+\alpha_3(\sigma_{\varphi_i}\times y_{it})+\alpha_4(\sigma_{\zeta_i}\times y_{it})+\varepsilon_{it} \qquad (8—10)$$

表 8—4　　　　　　　　　　居民消费意愿模型的估计结果

	城镇居民	农村居民
C	0.983 54（0.139 83）	2.648 88（0.206 14）
α_3	−0.000 89（0.010 40）	−0.019 90（0.018 19）
α_4	0.041 22（0.006 24）	0.035 32（0.006 10）
α_{1991}	0.954 43（0.100 17）	0.872 41（0.195 14）
α_{1992}	0.988 75（0.295 64）	0.814 25（0.120 57）
α_{1993}	0.615 63（0.054 45）	0.843 50（0.149 41）
α_{1994}	0.777 11（0.062 46）	0.884 47（0.122 85）
α_{1995}	0.892 27（0.063 73）	0.772 52（0.160 07）
α_{1996}	0.788 37（0.191 32）	0.807 01（0.116 90）
α_{1997}	0.673 50（0.070 19）	0.848 23（0.114 37）
α_{1998}	0.862 44（0.330 68）	0.898 71（0.136 69）
α_{1999}	0.811 45（0.094 96）	0.851 24（0.179 69）
α_{2000}	0.873 87（0.064 77）	0.917 17（0.281 77）
α_{2001}	0.841 58（0.109 08）	0.941 96（0.163 48）
α_{2002}	0.813 66（0.062 75）	0.653 04（0.139 21）
α_{2003}	0.791 36（0.071 22）	0.767 17（0.229 18）
α_{2004}	0.635 88（0.048 56）	0.606 69（0.126 92）
α_{2005}	0.792 97（0.045 49）	0.763 13（0.228 72）
α_{2006}	0.606 26（0.066 44）	0.770 12（0.147 21）
α_{2007}	0.672 91（0.065 19）	0.714 65（0.099 98）
α_{2008}	0.619 45（0.058 42）	0.809 49（0.102 86）
α_{2009}	0.882 98（0.049 73）	0.731 53（0.181 39）
AR-squared	0.840	0.492
F 统计量	124.21	23.69
D-W	1.99	2.05

说明：括号内为标准差。

根据表 8—4 的估计可以计算出城镇和农村居民消费支出与收入变化的弹性。以河北省城镇居民为例，1991 年持久收入弹性为 0.954 43，利用这个弹性与收入持久特征相乘可以得到 c_{it} 和 y_{it} 之间的弹性为 0.954 43×0.85，约 0.811。这个弹性并没有考虑各种收入冲击对支出收入弹性的影响。从表 8—4 看，实际上临时性收入冲击的影响是非常显著的，尽管持久性收入冲击的影响为负，但并不显著。这一点无论对城镇居民还是农村居民都一样。临时性收入冲击的显著影响使得城镇居民的支出收入弹性大约上升 0.21，农村居民的支出收入弹性大约上升 0.22。这样考虑了收入冲击的影响，1991 年河北省城镇居民的支出收入综合弹性约为

1.01。从不同时间弹性的变化路径看，城镇居民的支出收入弹性总体呈下降趋势，而农村居民在 2001 年前后有明显差异，2001 年之前，虽然有过时段性的上升和下降，但总体上相对稳定，而在 2002 年出现跳跃性下降后，基本保持一种缓慢上升趋势。这种时间变化趋势和图 8—4 平均消费意愿的趋势基本一致。在获得支出收入弹性后，接着就可以利用 $\frac{\Delta C_{i,t}}{C_{i,t-1}} = \psi_{i,t}\frac{\Delta Y_{i,t}}{Y_{i,t-1}}$ 公式计算居民消费意愿，其中 $\psi_{i,t}$ 即为支出收入弹性。经过上述一系列步骤，图 8—3 和图 8—4 列出了城镇与农村居民消费意愿。从图中看出，城镇居民的消费意愿总体上要比农村居民高，这一结论与刘建国 (1999) 等的研究基本一致。[①] 在趋势上，城镇与农村也存在一定差异，城镇居民消费意愿总体趋势呈逐步下降，尤其是自 1999 年之后，下降趋势更为明显，所有地区的平均水平从 2000 年的约 0.73 下降到 2009 年的 0.54，下降约 26％。农村居民消费意愿整体趋势呈 U 形变化特征，以 2004 年为分界线，2004 年之前整体呈下降趋势，从 1991 年平均约 0.67 下降到 2004 年 0.44，自 2004 年开始转向上升。从不同地区居民消费意愿看，地区之间的差异相对比较稳定，但城镇相对于农村，地区间差异更小。

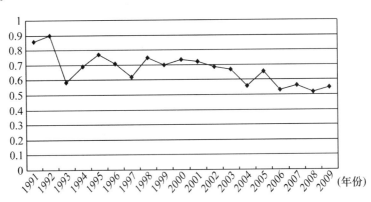

图 8—3　城镇居民平均消费意愿的趋势特征

---

① 这一现象虽与消费意愿随收入递减这一传统认识相反，但与近年来一些学者的发现相互一致。造成这种情况的原因很复杂。在我国城镇居民消费意愿平均高于农村居民可能与两大因素有关，一是城镇居民的社会保障相对农村更好；二是农村居民的收入结构与消费习惯，随着农村居民大量外出务工，工资性收入的份额越来越大，但其消费习惯并没有随之改变。当然这仅是一种推测。

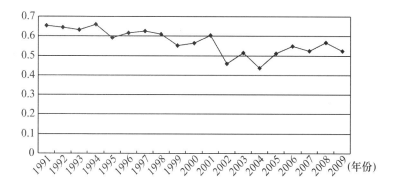

图 8—4　农村居民平均消费意愿的趋势特征

五、居民消费意愿趋势变化的财政政策因素

从前面实证结果看，我国城乡居民消费意愿的趋势变化存在一定差异，城镇居民消费意愿总体呈下降趋势，而农村居民总体呈先下降后缓慢上升趋势。虽然已有文献在传统消费函数中引入了预防性储蓄动机、流动性约束等变量对消费意愿的上述趋势变化加以解释，但这些解释并不充分，因为已有研究都忽视了一个非常重要的变量，即宏观政策。尽管一些文献考虑了社会事业领域市场化改革引发居民预防性储蓄动机，但这也只能解释居民消费意愿的短期表现，无法解释居民消费意愿长期趋势特征。之所以在居民消费决策中需要考虑宏观政策因素，不仅是因为大量研究证实前者对后者有重要影响，而且是因为我国转型经济实践和应对需求结构失衡的调控策略。首先，我国居民消费决策是在一个大规模制度变迁下作出的，这完全不同于西方成熟市场经济国家情形；其次，我国应对需求结构失衡问题主要采用财政支出工具，这同样与成熟市场经济国家主要采用税收工具有很大区别。鉴于上述考虑，本节将在已有研究基础上通过引入财政调控策略这个宏观政策变量对居民消费决策进行研究。不过，和已有研究不同的是，本节主要研究财政调控策略对居民消费意愿的影响。实际上，笔者在前期研究中也曾讨论过财政政策与居民消费意愿的关系（李永友，2010a、2010b），但前期研究仅是一种实证描述和逻辑推理，并没有对影响程度和机理进行深入分析。所以作为前期研究的一个延伸，本节利用省级面板数据对这一问题作进一步

研究。①

　　尽管本章是在分权框架下分析地方政府财政调控策略与居民消费意愿的关系，但在现行体制下，地方政府缺乏充分的融资自主权和税收决策权，所以对地方政府而言，严格意义上的财政调控工具只有支出。不过大量证据表明，地方政府虽缺乏财政收入工具，但会通过各种其他方式使用财政收入工具。基于上述事实，本节在分析财政调控策略对居民消费意愿作用效果时并不选择财政政策姿态这个综合指标，而是根据不同财政工具特征独立考察财政收入和财政支出变动的政策效应。在此基础上，考虑到我国财政调控工具主要以支出为主的事实，对财政支出政策作进一步结构分解，重点考察维持性支出、社会性支出（包括社会保障、福利以及科教文卫支出）对居民消费意愿的影响②，对农村居民的估计，我们还增加了支农支出。另外，大量证据表明，居民消费行为不仅对不同财政政策工具可能有不同反应，对预期到的和未预期到的财政政策的冲击反应也会有很大差异，所以为尽可能反映这一情况，我们在Laumas 和 McMillin（1984）等建议的方法基础上将财政政策工具按照（8—11）式分解为预期到和未预期到两部分，其中，$fisp$ 为财政政策工具；ϕ 为经济正常运行状态下的财政政策调整系数，以反映自动稳定器的作用；u 为经济非正常运行时期被消费者预期到的财政政策变化，例如，当经济遭遇外生冲击时，消费者会预期政府将采取财政措施降低冲击影响；ε 为消费者未预期到的财政政策变化。为了获得（8—11）式定义的财政工具序列数据，考虑到财政收支与经济变化之间的相互作用关系，将财政收支与经济变化作为一个经济系统采用 VAR 方法对（8—12）式进行估计，其中滞后阶数根据 SW 准则确定，通过估计得到消费者未预期到的财政政策部分 ε_t^{fisp}，在此基础上，再计算消费者预期到的财政政策

---

①　财政政策与居民消费之间的关系一直是宏观经济学研究的一个持续不断而又极具争辩色彩的主题，尽管已有研究从不同角度，基于不同假定得出了不同的结论，却很少对财政政策影响居民消费决策的内在机理进行过细致考察，尤其是在决定居民消费需求的能力与意愿方面。这种研究在指导宏观调控实践方面存在一定缺憾，因为虽然可以肯定财政政策影响了居民消费需求，但对究竟是通过何种途径影响的却所知甚少，而这对于采取针对性调控策略至关重要。这一点在我国利用财政政策调控居民消费需求方面尤为突出。

②　维持性支出包括行政支出（2007 年之后为一般公共服务减去利息支出）与公共安全支出（2007 年之前为公检法支出，2007 年及之后为公共安全支出）以及其他部门事业费，社会性支出包括行政事业单位离退休费、政策性补贴、社会保障补助支出、社会抚恤和救济费。之所以未考虑经济性支出，主要源于数据原因。

部分（(8—11) 式右边前两项）。其中（8—12）式中的 GDP 为以 1990 年为基期的真实 GDP。[1]

$$\Delta fisp_t = \phi \Delta fisp_{t-1} + u_t^{fisp} + \varepsilon_t^{fisp} \tag{8—11}$$

$$\Delta fisp_t = \alpha_{11} + \alpha_{12}\Delta fisp_{t-1} + \alpha_{13}\Delta GDP_{t-1} + \alpha_{14}\Delta GDP_{t-2} + \varepsilon_t^{fisp} \tag{8—12}$$

消费者消费行为除了受消费者是否预期到财政冲击所影响外，近年来的一些研究也表明，消费者基于初始财政状况对政策调整的未来预期也会影响消费者当期消费行为。然而，这种情况在本章地方政府财政政策分析中很难实现，一方面因为我国《预算法》曾明确规定地方政府必须实现收支平衡，这意味着，在现行预算统计中，我们很难找到足以说明地方政府财政初始状况的统计数据，尽管地方政府债务问题非常严重。虽然方红生、张军（2010）等的一些研究参照国外文献讨论过地方政府的财政好坏时期，但仅就预算内收支进行的分析难以反映现实问题。为了慎重起见，本章未就这种影响进行分析。除了预期因素外，Blanchard 和 Perotti（2002），Perotti（1999），Tagkalakis（2008）等最近的研究还表明，在经济周期不同阶段消费者的消费行为对财政政策的反应并不完全相同。在经济低迷时期，由于受流动性约束，消费者比例增加，消费者消费对当期收入变化过度敏感。消费者消费行为的上述特征隐含着：财政政策对消费意愿的影响在经济萧条和高涨时期可能存在差异。为了充分反映不同经济时期财政政策对消费意愿的不同影响，我们需要设定一个虚拟变量。然而在不同经济时期的度量方法上，已有文献存在很大差异。例如 Perotti（1999）等利用初始债务与预期税收定义经济好坏时期，Gavin 和 Perotti（1997）使用经济增长率与平均增长率的比较定义经济坏时期，Tagkalakis（2008）使用 HP 滤波技术也给出过四种定义萧条或扩张的方法。显然，相对于后两者，Perotti（1999）的定义描述的是财政状态好坏，而非经济状态好坏。通过比较，本章参照 Tagkalakis（2008）方法，同样利用 HP 滤波技术，通过比较真实 GDP 与潜在 GDP

---

[1]　本章估计预期到的政策和未预期到的政策变化方法与 Laumas 和 McMillin（1983）并不完全相同，这篇文献实际上是参照了 Mishkin（1982a，1982b），将预期到的财政政策变化设定为包括失业率、通胀率、经济增长率等变量的函数，但这篇文献并没有考虑财政自动稳定器的影响。不仅如此，该文献使用的失业率和通货膨胀率等数据在我国现有统计上还存在欠缺。估计结果因篇幅所限未予报告，感兴趣的读者可向作者索取。

定义经济不同时期，其中潜在 GDP 采用郭庆旺等（2004）的建议，取 λ 为 25，真实 GDP 采用 1990 为基期的 GDP 缩减指数得到，在此基础上，设置虚拟变量 D_b，当潜在产出缺口占潜在产出比重低于 -0.5 时被定义为经济萧条时期并赋值为 -1，当潜在产出缺口占潜在产出比重高于 0.5 时被定义为经济高涨时期并赋值为 1，其他时期赋值为 0。[①]

　　基于上述分析，将待估模型设定为（8—13）式，其中 FP 为财政调控策略，包括财政总量调控、财政结构调控，其中所考虑的结构调控变量采用社会性支出、维持性支出、支农支出占地方一般预算支出比重表示。考虑到消费意愿在不同时期和地域可能存在差异，所以采用了变截距模型。增加 $D_b \times FP$ 一项是为了检验财政调控策略对消费意愿的影响是否在经济周期不同阶段存在显著差异，如果系数 γ_i 显著为正，则说明不仅影响是显著的，而且在经济高涨时期，财政调控策略对消费意愿将会产生较经济低迷时期更大的影响，反之则反是。X 为一组控制变量，根据已有文献和数据可获得性，控制变量的选择仅包括收入分配差距、支出预期、通胀水平和经济发展程度。其中对城镇和农村居民而言，收入分配差距利用最高收入 20% 人口平均收入与最低收入 20% 人口平均收入之比表示。对于支出预期，本章采用人口总负担比表示，即 15 岁以下和 60 岁以上人口占总人口比重。之所以选择这一指标，主要依据支出冲击特征，无论在城市还是农村，对居民支出会造成较大冲击的主要是未成年子女抚养和老年人照料，这两类支出预期在保障体系还不是非常健全的现实国情下，直接导致了居民预防性储蓄动机，降低了居民当期消费倾向。[②] 对于通胀水平，之所以考虑这一因素，主要源于物价水平的变化与人们规避风险的消费心理。在通货膨胀时期，人们的消费意愿可能与正常时期有所不同，不同群体消费行为差异将会更加明显。该指标分别采用城镇居民消费物价指数和农村居民消费物价指数表示。对于经济发展水平，本章根据城乡差

---

　① 本章的定义与已有文献不同的是，已有文献定义经济好坏时期，但本章认为，经济好坏时期中的坏不仅应包括萧条时期也应包括高涨时期，因为两个时期都是经济严重偏离均衡增长路径，对资源配置和社会福利都会产生负面影响。但即使是坏时期，市场主体决策也是存在较大差别的，以消费者消费决策而言，经济低迷时期，流动性对消费者消费决策的约束就会很强，而在经济高涨时期，这种情况就会相对较轻。为了区分两种坏时期，本章对经济不同时期的刻画采用了不同于已有文献 0、1 的赋值方法。另外需要说明的是，受数据所限，本章并没有采用失业率这个指标。

　② 对于支出预期的度量，一些文献还考虑了健康或医疗支出、教育支出等，但这些文献数据来源都是调查数据，这一点表现为在本章省级样本中没有相应的完整统计数据。

异分别选用城镇居民人均可支配收入和农村居民家庭人均纯收入为各自均值的比例反映地区间相对发展水平。在控制变量的选择上，流动性约束一直非常重要，但在如何刻画流动性约束程度，尤其是使用省级数据上存在很大困难。尽管已有文献在研究居民消费决策时考虑了流动性约束，但都没有一个独立量化指标，在本章实证估计时我们曾试图采用樊纲、王小鲁（2004）提到的信用卡发行量，也曾试图采用低收入群体占比表示一个地区的流动性约束程度①，但这些指标与本章选择的经济发展水平高度相关，鉴于上述原因，本章的控制变量中没有考虑流动性约束这一因素。

$$pmc_{it} = c + u_i + v_t + \sum_j \alpha_j FP_{jit} + \sum_j \gamma_j (D_b \times FP_{jit}) + \sum_k \beta_k X_{kit} + \varepsilon_{it}$$

$$(8\text{—}13)$$

　　由于本章是以各省（区）为考察样本，这样全国性的宏观调控必然对地方政府的中观调控效果产生系统性影响，为了控制这种影响，我们在实证模型（8—13）式基础上作了两点扩展，一是增加了中央的宏观财政调控策略，设定虚拟变量 D_{cf}，积极财政政策实施期间各年取值1，具体包括 1999—2004 年和 2009 年，其他年份取值为 0。二是增加了中央关于财政工具的选择偏好，即增加中央财政社会性支出（包括科教文卫、社会保障和福利）和支农支出分别占其本级财政支出比重的一阶差分项，以控制中央政策偏好的影响。实证估计所需数据除本章估计得到之外，都是根据历年《中国统计年鉴》、历年《中国人口统计年鉴》、历年《中国财政年鉴》、历年《中国税务年鉴》以及各省区历年统计年鉴。其中 2009 年财政数据根据各省（区）2009 年公布的预算执行情况和 2009 年中央财政预算执行情况相关数据计算得到。为了避免结构变化对估计结果造成影响，本章将考察的时间段确定为 1996—2009 年，所有相关名义的变量都和收入、消费一样转换成 1990 年为基期的实际值。表 8—5 对各变量的描述性统计特征进行了刻画。

表 8—5　　　　　　　　　各变量名称及其描述性统计结果

变量名称	均值	标准差	变量名称	均值	标准差
农村居民消费意愿（NPM）	0.548	0.117	经济周期状态（D_b）	−0.115	0.862

---

①　之所以选择低收入群体占比（以城镇居民可支配收入或农村人均纯收入平均水平的50%作为标准），主要依据居民向银行借贷一般需要出具收入证明或财产抵押，低收入群体一般很难达到这一信贷要求。

续前表

变量名称	均值	标准差	变量名称	均值	标准差
城镇居民消费意愿（UPM）	0.647	0.086	预期到的财政支出（YQCZZ）	0.169	0.056
农村居民支出预期（NZC）	0.460	0.094	未预期到的财政支出（WYQCZZ）	0.006	0.074
城镇居民支出预期（UZC）	0.335	0.052	预期到的财政收入（YQCZS）	0.137	0.072
农村通胀水平（NTZ）	2.503	3.168	未预期到的财政收入（WYQCZS）	0.020	0.080
城镇通胀水平（UTZ）	2.199	3.041	维持性支出（GOV）	0.222	0.028
农村收入分配差距（NSF）	5.950	1.682	社会性支出（SH）	0.397	0.045
城镇收入分配差距（USF）	5.123	1.601	支农支出（ZN）	0.081	0.020
农村经济发展程度（NGDP）	1.000	0.369	中央社会性支出（ZYSHZC）	0.156	0.021
城镇经济发展程度（UGDP）	1.000	0.230	中央支农支出（ZYZNZC）	0.020	0.004

说明：财政总量调控各变量都是指预期到的财政支出变化占总支出比重、未预期到的财政支出变化占总支出比重。

根据经济系统的内在逻辑关系，（8—13）式右边的财政调控策略与居民消费意愿可能存在某种内生关系，所以对其内生性进行 Hausman 检验，结果表明：城镇居民的估计方程中，预期到的财政变量存在显著内生性（p 值小于 0.05）；农村居民的估计方程中，预期到的财政变量呈弱内生性（值接近 0.09）。基于上述检验结果，对（8—13）式的估计采用GMM 方法，其中工具变量采用估计模型中各变量的二阶和三阶滞后项。在此基础上，我们进一步利用了 F 检验和 Hausman 检验对模型采用混合估计还是面板估计、固定效应还是随机效应进行了检验。不过在我们对残差的相关性进行检验时发现模型存在明显的一阶序列相关，这一结论说明居民消费倾向存在某种惯性作用。所以，为了消除其中的相关性，在（8—13）式右边增加了因变量的一阶滞后。从滞后项的估计结果看，惯性作用非常显著，同时相关性检验结果也表明相关性已被消除。经过上述一系列的模型设定检验，我们按照如下顺序对财政调控策略影响居民消费意愿的程度进行了估计（见表8—6）：模型1在未考虑控制变量的情况下考察财政总量调控对消费意愿的影响，以及这种影响是否在经济周期不同阶段存在差异；模型2在未考虑控制变量的情况下考察财政总量调控和结构调控对居民消费意愿的影响，以及总量调控与结构调控是否存在交互作用关系；模型3将控制变量引入模型考察，在控制了相关变量影响后，考察财政总量调控对居民消费意愿的影响是否会发生变化；模型4将所有因素纳入模型中，对估计结果进行考察。需要说明的是，由于控制变量中经济周期变化与通胀水平的相关系数超过了 0.6，所以模型3和模型4的控制变量中，两者只取一个。具体估计结果见表8—6和表8—7。

表 8—6　财政调控策略对城镇居民消费意愿的作用效果

	模型 1	模型 2	模型 3	模型 4
C	0.391 7 (9.014 2)	0.368 5 (2.657 8)	0.417 3 (3.261 9)	0.630 6 (2.698 1)
UPM (−1)	0.467 9 (9.081 0)	0.438 7 (8.039 0)	0.241 8 (3.800 1)	0.258 3 (3.895 0)
YQCZZ	−0.442 4 (−2.578 9)	1.092 5 (0.432 1)	−0.146 1 (−0.794 5)	0.139 2 (0.061 8)
YQCZS	−0.112 8 (−0.854 0)	−1.008 7 (−0.492 8)	−0.247 8 (−1.689 6)	−1.166 8 (−0.664 3)
WYQCZZ	0.101 5 (1.781 8)	0.014 0 (1.834 9)	0.027 1 (1.841 3)	0.086 6 (2.180 7)
WYQCZS	−0.107 4 (−1.755 0)	−0.012 5 (2.017 9)	−0.055 8 (2.019 6)	−0.646 9 (−2.105 0)
GOV		−0.628 2 (−2.908 0)	−0.077 9 (−2.607 8)	−0.177 4 (−2.332 0)
SH		1.134 1 (2.623 1)	1.007 4 (2.087 1)	0.970 0 (2.689 5)
D_b * YQCZZ	−0.216 4 (−1.641 8)			−0.109 4 (−1.646 4)
D_b * YQCZS	0.113 7 (0.767 8)			0.119 8 (0.877 8)
D_b * WYQCZZ	−0.034 3 (−0.521 0)			−0.002 8 (−0.049 6)
D_b * WYQCZS	−0.087 6 (−1.246 6)			−0.075 6 (−1.235 3)
GOV * YQCZZ		0.166 8 (0.657 7)		0.967 1 (0.695 3)
GOV * YQCZS		0.671 5 (0.684 3)		0.811 3 (0.575 2)
GOV * WYQCZZ		0.109 5 (1.286 2)		−0.901 5 (−0.664 5)
GOV * WYQCZS		−0.097 2 (1.664 3)		−0.014 0 (2.636 2)
SH * YQCZZ		−0.635 5 (−1.408 6)		−0.228 7 (−0.783 3)
SH * YQCZS		0.564 7 (0.161 5)		0.236 4 (0.740 4)
SH * WYQCZZ		0.243 4 (2.229 0)		0.367 7 (2.143 2)

续前表

	模型 1	模型 2	模型 3	模型 4
SH*WYQCZS		-0.490 2 (-1.083 5)		-0.465 0 (-0.413 0)
UZC			0.014 3 (0.193 3)	0.070 8 (0.906 7)
UTZ			-0.014 5 (-7.980 1)	-0.013 4 (-3.188 8)
USF			-0.012 1 (-2.993 0)	-0.034 9 (-1.628 2)
UGDP			-0.027 0 (-1.720 2)	0.007 4 (2.814 9)
ZYSHZC			0.009 0 (3.633 0)	0.018 3 (2.408 9)
D_f			0.036 7 (2.984 9)	-0.013 6 (-3.772 3)
D_b				
R-squared	0.481	0.502	0.666	0.691
D-W	2.094	2.049	2.050	2.058
J-statistic	5.037	11.201	9.899	17.477

说明：表中第一列中 D_f 表示中央宏观调控，积极财政政策实施期间该变量赋值为 1，其他为 0。括号内为 t 值。

表8—7 财政调控策略对农村居民消费意愿的作用效果

	模型 1	模型 2	模型 3	模型 4
C	0.3679 (10.2827)	0.1225 (5.5059)	0.1367 (5.5619)	0.1205 (6.2088)
NPM (−1)	0.7508 (16.3573)	0.8274 (22.4981)	0.8720 (27.5685)	0.8578 (24.8105)
YQCZZ	−0.1739 (−1.2265)	−0.2101 (−0.0805)	−0.3108 (−1.6049)	−0.6205 (−0.2539)
YQCZS	0.0955 (0.7410)	0.1463 (0.0680)	−0.0779 (−0.5025)	−1.6822 (−0.8433)
WYQCZZ	0.0697 (2.1487)	0.4032 (2.5558)	0.0975 (1.9219)	0.2120 (2.3185)
WYQCZS	0.0828 (2.4594)	1.4768 (1.9560)	0.2573 (4.3377)	0.2797 (0.3957)
GOV		−0.4971 (−1.1568)		−0.1762 (−0.4368)
SH		0.6354 (1.1111)		0.1913 (0.3459)
ZN		0.1170 (1.1582)		0.5645 (0.7406)
GOV* YQCZZ		−0.8073 (−0.2764)		−0.3578 (−0.6802)
GOV* YQCZS		−0.1090 (−0.1857)		−0.0732 (1.0438)
GOV* WYQCZZ		−0.0217 (−2.1531)		−0.0598 (−1.9813)
GOV* WYQCZS		0.0363 (0.0204)		1.7315 (1.0292)
SH* YQCZZ		0.6695 (0.5693)		−0.7091 (−0.5689)
SH* YQCZS		−0.4221 (−0.1207)		0.0383 (0.0310)
SH* WYQCZZ		0.6779 (0.4963)		0.7103 (0.1671)
SH* WYQCZS		−0.8626 (−0.6260)		−0.0245 (−0.0077)
ZN* YQCZZ		−2.6720 (−0.3682)		−2.9080 (−0.3893)
ZN* YQCZS		2.1970 (0.3387)		4.9204 (0.7534)

续前表

	模型 1	模型 2	模型 3	模型 4
ZN*WYQCZZ		0.332 2 (2.916 7)		0.278 8 (2.458 4)
ZN*WYQCZS		0.049 4 (3.478 1)		0.074 9 (1.819 6)
GDPZ*YQCZZ	0.037 0 (0.562 7)			0.256 3 (1.361 3)
GDPZ*YQCZS	-0.051 5 (-0.693 6)			-0.211 8 (-1.414 1)
GDPZ*WYQCZZ	0.042 9 (1.252 6)			-0.037 8 (-0.602 6)
GDPZ*WYQCZS	-0.033 2 (-0.907 3)			-0.042 4 (-0.610 3)
NZC			0.059 0 (1.391 2)	0.029 9 (0.587 1)
NTZ			0.003 8 (2.226 4)	
NSF			-0.022 2 (-4.197 4)	-0.017 7 (-2.950 8)
NGDP			0.006 0 (0.550 0)	0.013 8 (0.881 1)
ZYSHZC			0.000 5 (0.224 2)	-0.001 0 (-0.386 3)
ZYZNZC			0.079 7 (4.865 7)	0.092 5 (4.777 9)
D_{cf}			-0.081 9 (-6.743 5)	-0.088 5 (-6.414 7)
GDPZ				0.004 8 (2.509 0)
R-squared	0.949	0.737	0.775	0.804
D-W	1.826	2.048	2.012	2.164
J-statistic	3.164	7.321	6.000	3.740

说明：括号内为 t 值，D_{cf} 定义同表 8—6。

　　表 8—6 的估计结果表明，城镇居民消费意愿具有一定惯性，一阶滞后影响非常显著。从控制变量的影响看，支出预期虽然估计系数为正，但并不显著，这一结论与已有文献有很大差异，例如李勇辉、温娇秀（2005），杨汝岱、陈开斌（2009）等的研究得出支出预期显著增强了居民的预防性储蓄动机，降低了当期消费水平。造成这种差异可能源于本章对支出预期的定义以及研究对象的不同。通胀水平对城镇居民消费意愿有负面影响，这一点与我们目前的消费统计口径以及人们规避通胀损失有关，目前被统计的居民消费支出没有包括兼有投资特征的消费类项目支出，比如住房等，而对消费性生活需求或改善型消费支出基本得到满足的城镇居民而言，规避通胀损失的比较理想的方法就是增加对住房等兼具投资特征的消费类项目支出。所以从统计上看，消费性支出倾向在通胀时期下降是必然的。收入分配差距对消费意愿的影响与传统预期一致，收入分配差距扩大将会造成整体消费意愿的下降。这一结论与经济发展程度对消费意愿的影响估计基本一致，经济发展程度的估计系数虽然显著度不及收入分配差距，但同样为负，即经济发展水平越高，消费意愿将会越低。这两个估计结果一定程度上证明了适当收入分配的必要性。从中央政府的财政调控行为的估计系数看，积极财政政策实施期间，居民消费意愿显著高于其他时期，这一实证结论至少证明宏观调控对提高城镇居民消费需求是有积极意义的。中央政府财政决策选择偏好虽然相对于宏观调控而言，积极作用有所下降，但显著程度更高。

　　就本章考察的关键变量财政调控策略而言，表 8—6 的估计结果显示，预期到的财政收支变化对消费意愿的影响除个别模型显著外，大部分模型的影响是不显著的。这一结论显然与凯恩斯的宏观财政理论完全不同。相比较预期到的财政收支变化，未预期到的财政收支变化对消费意愿的影响在所有估计模型中至少在 10% 的水平上是显著的。这一结论一定程度上支持了理性预期学派的观点。从影响方向看，未预期到的财政收支变化对消费意愿的影响完全不同，财政支出的未预期增加将会有助于提高居民消费意愿，而财政收入的未预期增加却会导致居民消费意愿下降。从影响程度看，财政收入的未预期增加对消费意愿的影响程度在大部分估计模型中都要高于财政支出的未预期增加。这一实证结论意味着，如果财政收支的未预期增加都为 1%，那么对消费意愿的综合效应实际上是负的。如果结合我国自 1996 年以来的财政收支变化情况，我们不难理解居民消费需求为何在积极财政政策实施初期有过小幅上升然后基本处于下降状态的现象。从财政结构调控的估计系数看，财政支出项目的选择性偏好对消费意愿的影响非常显著。如果财政增加维持性项目支出，则会导致居民消费意愿的下降；如果财政增加社会性项目支出，则会显著提高居民消费意愿。从财政总量调控与结构调控的交互项估计系数看，总量调控与结构调控存在某种交互作用关系。如果维持性支出比重的上升是以未预期的财政收入增加进行融资的，对居民消费意愿将会产生负面影响，未预期的财政支出增加如果用于社会性支出项目，将会有助于提高居民消费意愿。从财政总量调控与经济周期变化的交互项估计系数看，只有个别模型最多在 10% 的水平上显著，这说明财政调控对消费意愿的影响在经济周期不同阶段并不存在显著差异。

　　和城镇居民消费意愿有很大不同，表 8—7 中农村居民消费意愿的惯性作用更强，一阶滞后项的估计系数都在 0.75 以上，这远远高于城镇居民消费意愿一阶滞后项 0.24～0.46 的估计系数。之所以消费倾向的惯性作用在城乡之间存在如此大的差异，与城乡居民所处的消费环境存在较大差异有关。从控制变量的影响看，通胀水平对农村居民消费意愿的影响和城镇居民完全不同，前者的影响系数是正的。出现上述结果与城乡居民的消费结构差异有密切关系，农村居民在基本生活类消费需求和改善类消费需求方面与城镇居民存在较大差异，在预期通胀时，农村居民倾向于增加当期消费以规避价格上涨导致消费支出增加的风险。除了上述不同，在积极财政政策实施期间，农村居民消费意愿不仅没有上升，反而有所下降，造成这种情况主要源于积极财政政策的实施策略。从两次积极财政政策的内容看，积极财政政策主要是增加经济类基础设施投入，这些支出又主要偏向城市，所以在一定程度上挤占了财政对农村、农业和农民的投入。这种以城市为偏向的财政支出结构对农村居民消费意愿的影响在中央政府社会性支出的估计系数上也能得到部分反映，该系数虽然为正，但并不显著，这进一步说明农民从财政的社会性支出中并没有得到太多的好处。就财政调控策略而言，和城镇居民一样，未预期的财政收支变化对农村居民的消费意愿的影响基本上都是显著的，但不同的是，未预期财政收入的增加对农村居民消费意愿的影响不是负的而是正的。这一结果与我国税制结构有关，我国预算内财政收入主要以税收，尤其是工商税收为主，农村居民基本上没有构成法定意义上的纳税人，所以财政收入的未预期增加对农村居民来说不仅未构成直接负担，反而为政府增加三农投入提供了资金支持。从财政总量和结构调控及其交互作用关系看,增加支农支出将会有助于提升农村居民消费意愿。

六、本章小结

自20世纪90年代中期我国走出短缺经济开始,居民消费需求增长的相对滞后就开始凸显出来,并成为我国失衡增长的重要表现。居民消费需求的相对不足不仅与我国经济的快速增长不相适应,而且也有悖于经济增长促进公众福祉的发展目标。应该说,和世界大部分经济体,尤其和发达经济体相比,自20世纪90年代以来,我国居民消费平均增长率不仅不低,而且还相对较高,但居民消费率却呈现出持续下降趋势。出现这种现象的原因有很多,正如许多学者和本章实证结论所指出的,收入分配差距扩大、居民收入份额下降、居民的预防性储蓄动机增强等,都在一定程度上降低了社会的消费意愿,但这些因素虽然可以解释我国较低的平均消费率,但对近十年来居民消费率递减现象的解释却并不充分。为了弥补这一不足,本章在已有文献基础上引入了财政调控这一宏观变量。之所以将财政调控策略引入分析框架,主要源于我国应对居民消费不足的宏观调控策略。为了扩大内需,我国政府主要采用了财政政策,尤其是以扩大支出为主的财政调控策略。但从数据的表现看,财政政策扩大内需的效果并不明显,居民消费意愿在过去十多年中不仅没有上升,反而呈继续下降趋势。

本章的实证结果表明,造成这种情况的原因主要与我国采取的财政调控策略有很大关系。在财政总量调控中,无论是城镇居民还是农村居民,消费意愿仅对未预期到的财政收支变化作出反应,虽然未预期到的财政支出增加对消费意愿的影响显著为正,但未预期到的收入增加对城镇居民消费意愿的负向作用却更强。虽然对农村居民消费意愿的影响为正,但收入增加所支持的财政支出项目对农村居民消费意愿的影响却是不显著的。如果结合我国近十年的财政收支变化特征,可以看出,尽管支出增长较快,但支出增加是以更快的收入增长为其融通资金的,收支变化的综合效应一定程度上降低了居民消费意愿。除了财政总量调控,财政支出的结构安排对居民消费意愿的影响同样非常重要。社会性支出增加对居民消费意愿有促进作用,但维持性支出增加对居民消费意愿却会产生负面影响。财政支出结构除了独立对居民消费意愿产生影响外,也会通过其与总量调控的交互作用对居民消费意愿产生影响。如果财政收入增加主要是为维持性支出进行融资，则支出结构偏向会增强收入总量调控对居民消费意愿的负面效应，但如果是为社会性支出进行融资，则支出结构安排有助于增强支出总量调控对居民消费意愿的积极影响。由于本章主要考察地方财政的中观调控对居民消费意愿的影响，但实际上中央的财政政策偏好也会对居民消费意愿产生显著影响，所以中央政府增加社会性支出比重将会对居民消费意愿产生积极效应。

　　本章实证结论的政策含义是相当明确的。第一，我国居民消费率持续下降虽然有收入分配等因素的影响，但主要源于居民消费意愿的持续下降，所以要扩大内需，财政首先需要明确其政策着力点，即以居民消费意愿为政策作用点，着力改善居民消费意愿。当然，这一结论并不意味着收入分配等问题不重要，尤其在维护社会稳定方面，保持合理的收入分配差距总是非常重要的。第二，我国居民消费意愿持续下降，虽然原因很多，但财政调控策略不能不说是个重要因素，扩大内需，需要重塑财政调控思路，改变以支出政策为主的调控策略为以收入政策为主的调控策略。当然，在实现这种转换之前，需要重构我国的财政收支制度，通过上述调整逐步实现由单纯的需求管理向需求和供给协同管理转变。第三，在财政收支制度短期无法改变的情况下，提升居民消费意愿，扩大居民消费需求，应利用结构化财政支出策略，提高居民直接受益的支出项目投入力度，降低与居民直接受益无关的支出项目投入。

参考文献

[1] 周其仁. 中国经济增长的基础. http://zhouqiren.org/archives/828.html.

[2] 李永友，沈坤荣. 中国粗放式增长的成因与强化. 学术月刊，2009 (2).

[3] 卫战胜. 出口对我国 2009 年经济贡献的测算分析. http://www.chinavalue.net.2009-02-28.

[4] 周黎安. 晋升博弈中政府官员的激励与合作：兼论我国地方保护主义和重复建设问题长期存在的原因. 经济研究，2004 (6).

[5] 郭庆旺，贾俊雪. 地方政府行为、投资冲动与宏观经济稳定. 管理世界，2006 (5).

[6] 赵志耘，吕冰洋，郭庆旺，贾俊雪. 资本积累与技术进步的动态融合：中国经济增长的一个典型事实. 经济研究，2007 (11).

[7] 蒋云赟，任若恩. 中国工业的资本收益率测算. 经济学季刊，2004 (7).

[8] 卫兴华，侯为民. 中国经济增长方式的选择与转换路径. 经济研究，2007 (7).

[9] 白重恩，钱震杰. 谁在挤占居民的收入——中国国民收入分配格局分析. 中国社会科学，2009 (5).

[10] 肖泽忠，邹宏. 中国上市公司资本结构的影响因素和股权融资偏好. 经济研究，2008 (6).

[11] 黄少安，张岗. 中国上市公司股权融资偏好分析. 经济研究，2001 (11).

[12] 周业安. 投资冲动的财政根源. 中国投资，2008 (1).

[13] 刘树成，韩朝华. 民营企业盲目投资冲动根源何在. 学习月刊，2004 (11).

[14] 魏明海，柳建华. 国企分红、治理因素与过度投资. 管理世界，2007（4）.

[15] 林毅夫. 抑制政府投资冲动. 浙商网，2006-08-03.

[16] 厉以宁. 中国经济需要摆脱投资冲动怪圈. http://finance. jrj. cong. cn. 2009-12-26.

[17] 邹卫星，房林. 为什么中国会发生投资消费失衡？管理世界，2008（12）.

[18] 顾保国. 发展大企业　增强竞争力——2007 中国企业 500 强调查. 求是，2008（13）.

[19] 张军. 改革以来中国的资本形成与经济增长：一些发现及其解释. 世界经济文汇，2002（1）.

[20] 郭立场. 地方政府债务风险暴露发展困境. 中国信用报，2009（12）.

[21] 贺大兴，姚洋. 平等与中性政府：对中国三十年经济增长的一个解释. 世界经济文汇，2009（1）.

[21] 韩朝华，戴慕珍. 中国民营化的财政动因. 经济研究，2008（2）.

[23] 沈坤荣，付文林. 税收竞争、地区博弈及其增长绩效. 经济研究，2006（6）.

[24] 陶然，陆曦，苏福兵，汪晖. 地区竞争格局演变下的中国转轨：财政激励和发展模式反思. 经济研究，2009（7）.

[25] 方红生，张军. 中国地方政府竞争、预算软约束与扩张偏向的财政行为. 经济研究，2009（12）.

[26] 傅勇，张晏. 中国式分权与财政支出结构偏向：为增长而竞争的代价. 管理世界，2007（3）.

[27] 乔宝云，范剑勇，彭骥鸣. 政府间转移支付与地方财政努力. 管理世界，2006（3）.

[28] 张恒龙，陈宪. 政府间转移支付对地方财政努力与财政均等的影响. 经济科学，2007（1）.

[29] 马拴友，于红霞. 转移支付与地区经济收敛. 经济研究，2003（3）.

[30] 曾军平. 政府间转移支付制度的财政平衡效应研究. 经济研究，2000（6）.

[31] 马骏. 中央向地方的财政转移支付. 经济研究，1997（3）.

[32] 刘溶沧，焦国华. 地区间财政能力差异与转移支付制度创新. 财贸经济，2002（6）.

[33] 江新昶. 转移支付、地区发展差距与经济增长——基于面板数据的实证检验. 财贸经济，2007（6）.

[34] 张伦伦. 我国地区间财政努力度差异研究. 财经问题研究，2006（5）.

[35] 李永友，沈坤荣. 辖区间竞争、策略性财政政策与 FDI 增长绩效的区域特征. 经济研究，2008（5）.

[36] 解垩. 财政分权、公共品供给与城乡收入差距. 经济经纬，2007（1）.

[37] 郭庆旺，贾俊雪. 稳健财政政策的非凯恩斯效应及其可持续性. 中国社会科学 2006（5）.

[38] 王立勇，刘文革. 财政政策非线性效应及其解释——兼论巴罗-格罗斯曼宏观一般非均衡模型在中国的适用性. 经济研究，2009（7）.

[39] 方红生，张军. 中国财政政策非线性稳定效应：理论和证据. 管理世界，2010（2）.

[40] 余永定，李军. 中国居民消费函数的理论与验证. 中国社会科学，2000（1）.

[41] 方福前. 中国居民消费需求不足原因研究——基于中国城乡分省数据. 中国社会科学，2009（2）.

[42] 潘彬，徐选华. 资金流动性与居民消费的实证研究——经济繁荣的不对称性分析. 中国社会科学，2009（4）.

[43] 袁志刚，宋铮. 城镇居民消费行为变异与我国经济增长. 经济研究，1999（11）.

[44] 万广华，张茵，牛建高. 流动性约束、不确定性与中国居民消费. 经济研究，2001（11）.

[45] 罗楚亮. 经济转轨、不确定性与城镇居民消费行为. 经济研究，2004（4）.

[46] 邰秀军，李树苗，李聪，黎洁. 中国农户谨慎性消费策略的形成机制. 管理世界，2009（7）.

[47] 万广华，史清华，汤树梅. 转轨经济中农户储蓄行为：中国农村的实证研究. 经济研究，2003（5）.

[48] 袁志刚，朱国林. 消费理论中的收入分配与总消费——兼对中国消费不振的分析. 中国社会科学，2002（2）.

[49] 朱国林，范建勇，严燕. 中国的消费不振与收入分配：理论和数据. 经济研究，2002（5）.

[50] 吴晓明，吴栋. 我国城镇居民平均消费倾向与收入分配状况关系的实证研究. 数量经济技术经济研究，2007（5）.

[51] 杨汝岱，朱诗娥. 公平与效率不可兼得吗？——基于居民边际消费倾向的研究. 经济研究，2007（12）.

[52] 娄峰，李雪松. 中国城镇居民消费需求的动态实证分析. 中国社会科学，2009（3）.

[53] 胡书东. 中国财政支出与民间消费需求之间的关系. 中国社会科学，2002（6）.

[54] 李广众. 政府支出与居民消费：替代还是互补. 世界经济，2005（5）.

[55] 王立勇，高伟. 财政政策对私人消费非线性效应及其解释. 世界经济，2009（9）.

[56] 苑德宇，张静静，韩俊霞. 居民消费、财政支出与区域效应差异——基于动态面板数据模型的经验分析. 统计研究，2010（2）.

[57] 谢子远，王合军，杨义群. 农村居民消费倾向的变参数估计及其演化机理分析. 数量经济技术经济研究，2007（5）.

[58] 古炳鸿，李红岗，叶欢. 我国城乡居民边际消费倾向变化及政策含义. 金融研究，2009（3）.

[59] 贺京同，侯文杰. 边际消费倾向的非对称性与消费增长——一个基于前景理论的消费需求模型. 中南财经政法大学学报，2010（3）.

[60] 方福前. 中国居民消费需求不足原因研究——基于中国城乡分省数据. 中国社会科学，2009（2）.

[61] 李扬，殷剑峰. 中国高储蓄率问题探究——1992—2003 年中国资金流量表的分析. 经济研究，2007（6）.

[62] 汪同三. 改革收入分配体系：解决投资消费失衡. 金融纵横，2007（11）.

[63] 吴晓明，吴栋. 我国城镇居民平均消费倾向与收入分配状况关系的实证研究. 数量经济技术经济研究，2007（5）.

[64] 袁志刚，宋铮. 城镇居民消费行为变异与我国经济增长. 经济

研究，1999 (11).

[65] 万广华，张茵，牛建高. 流动性约束、不确定性与中国居民消费. 经济研究，2001 (11).

[66] 罗楚亮. 经济转轨、不确定性与城镇居民消费行为. 经济研究，2004 (4).

[67] 邰秀军，李树苗，李聪，黎洁. 中国农户谨慎性消费策略的形成机制. 管理世界，2009 (7).

[68] 杨汝岱，陈开斌. 高等教育改革、预防性储蓄与居民消费行为. 经济研究，2009 (8).

[69] 杜海韬，邓翔. 流动性约束和不确定性状态下的预防性储蓄研究. 经济学季刊，2005 (1).

[70] 樊纲，王小鲁. 消费条件模型和各地区消费条件指数. 经济研究，2004 (5).

[71] 谢子远，王合军，杨义群. 农村居民消费倾向的变参数估计及其演化机理分析. 数量经济技术经济研究，2007 (5).

[72] 贺京同，侯文杰. 消费意愿的非对称性与消费增长——一个基于前景理论的消费需求模型. 中南财经政法大学学报，2010 (3).

[73] 苏良军，何一峰，金赛男. 暂时收入真正影响消费吗？——来自中国农村居民面板数据的证据. 管理世界，2005 (7).

[74] 高梦滔，毕岚岚，师慧丽. 流动性约束、持久收入与农户消费——基于中国农村微观数据的经验研究. 统计研究，2008 (6).

[75] 黄静，屠梅曾. 房地产财富与消费：来自于家庭微观调查数据的证据. 管理世界，2009 (7).

[76] 施建淮，朱海婷. 中国城市居民预防性储蓄及预防性动机强度：1999—2003. 经济研究，2004 (10).

[77] 刘建国. 我国农户消费倾向偏低的原因分析. 经济研究，1999 (3).

[78] 李永友. 失衡的增长结构与财政制度安排. 经济理论与经济管理，2010 (9).

[79] 李永友. 需求结构失衡的财政因素：一个分析框架. 财贸经济，2010 (11).

[80] 方红生，张军. 中国财政政策非线性稳定效应：理论与证据. 管理世界，2010 (2).

[81] 郭庆旺，贾俊雪. 中国潜在产出与产出缺口的估算. 经济研究，2004（5）.

[82] 李勇辉，温娇秀. 我国城镇居民预防性储蓄行为与支出的不确定关系. 管理世界，2005（5）.

[83] 孙烽，寿伟光. 最优消费、经济增长与经常账户动态——从跨期角度对中国开放经济的思考. 财经研究，2001（5）.

[84] 袁志刚，何樟勇. 20 世纪 90 年代以来中国经济的动态效率. 经济研究，2003（7）.

[85] 史永东，齐鹰飞. 中国经济的动态效率. 世界经济，2002（8）.

[86] 吕冰洋. 中国资本积累的动态效率：1978—2005. 经济学（季刊），2008（2）.

[87] 吴忠群. 中国经济增长中消费和投资的确定. 中国社会科学，2002（3）.

[88] 国家发展改革委综合司. 关于消费率的国际比较. 中国经贸导刊，2004（16）.

[89] 许永兵，南振兴. 当前消费率讨论的两个重要误区. 经济学家，2005（3）.

[90] 郭兴方. 我国消费率高、低的判定——基于宏、微观层面的数据分析. 上海经济研究，2007（2）.

[91] 王子先. 世界各国消费率演变的趋势、比较与启示. 求是，2006（4）.

[92] 李建伟. 投资率和消费率的演变规律及其与经济增长的关系. 经济学动态，2003（3）.

[93] 晃钢令，王丽娟. 我国消费率合理性的评判标准——钱纳里模型能解释吗?. 财贸经济，2009（4）.

[94] 蔡跃洲，王玉霞. 投资消费结构影响因素及合意投资消费区间——基于跨国数据的国际比较和实证分析. 经济理论与经济管理，2010（1）.

[95] 黄飞鸣. 中国经济动态效率——基于消费—收入视角的检验. 数量经济技术经济研究，2010（4）.

[96] 顾六宝，肖红叶. 基于消费者跨期选择的中国最优消费路径分析. 统计研究，2005（11）.

[97] 周泳宏，唐志军. 投资率门限特征、消费促进与经济增长：1995—2007. 统计研究，2009（12）.

[98] 吴忠群，张群群. 中国的最优消费率及其政策含义. 财经问题研究，2011（3）.

[99] 许月丽，战明华，史晋川. 消费决定与投资结构调整：中国的经验及其含义. 世界经济，2010（5）.

[100] 霍利斯·钱纳里，莫尔塞斯·塞尔昆. 发展的格局：1950—1970，北京：经济科学出版社，1989.

[101] ［美］库兹涅茨. 现代经济增长：速度、结构与扩展. 北京：北京经济学院出版社，1989.

[102] Phelps E.. The Golden Rule of Accumulation：A Fable for Growth. The American Economic Review，1961，51（4）：638-643.

[103] Andrew B. Abel，N. Gregory Mankiw and Richard J. Zeckhauser. Assessing Dynamic Efficiency：Theory and Evidence. Review of Economic Studies，1989，56：1-20.

[104] Willem Buiter，Minggao Shen. Global Economics View Prospects for Household Consumption Growth in China. Working Paper，2010.

[105] Louis Kuijs. How Will China's Saving-investment Balance Evolve？The World Bank Working Papers，2005.

[106] Louis Kuijs. Investment and Saving in China. The World Bank Working Papers，2005.

[107] Marcos D. Chamon and Eswar S. Prasad. Why Are Saving Rates of Urban Households in China Rising？Macroeconomics，2010，2（1）：93-130.

[108] Tullio Jappelli and Luigi Pistaferri. The Consumption Response to Income Changes. The Annual Review of Economics，2010，2：479-506.

[109] Angus Deaton. Saving and Liquidity Constraints. Econometrica，1991，59（5）：1221-1248.

[110] Christppher D Carroll. The Buffer Stock Theory of Saving：Some Macroeconomic Evidence. Brookings Papers on Economic Activity，1992，61-156.

[111] Matthew D. Shapiro and Joel Slemrod. Consumer Response to Tax Rebates. American Economic Review, 2003, 93 (1): 381-396.

[112] Matthew D. Shapiro and Joel Slemrod. Did the 2008 Tax Rebates Stimulate Spending? American Economic Review, 2009, 99 (2): 374-379.

[113] David S. Johnson, Jonathan A. Parker and Nicholas S. Souleles. Household Expenditure and the Income Tax Rebates of 2001. American Economic Review, 2006, 96 (5): 1589-1610.

[114] Trygve Haavelmo. Methods of Measuring the Marginal Propensity to Consume. Journal of the American Statistical Association, 1947, 42 (3): 105-122.

[115] Andrew Leigh. How Much Did the 2009 Fiscal Stimulus Boost Spending? Evidence from a Household Survey. CAMA Working Papers, 2009.

[116] Nicholas S. Souleles. Consumer Response to the Reagan Tax Cuts. Journal of Public Economics, 2002, 85 (1): 99-120.

[117] Christopher D. Carroll. Risky Habits and the Marginal Propensity to Consume out of Permanent Income or How Much Would a Permanent Tax Cut Boost Japanese Consumption. NBER Working Papers 7839, 2000.

[118] Christopher D Carroll. Precautionary Saving and the Marginal Propensity to Consume out of Permanent Income. Journal of Monetary Economics, 2009, 56 (6): 780-790.

[119] Maria Luengo-Prado and Bent E. Sorensen. What Can Explain Excess Smoothness and Sensitivity of State-Level Consumption? The Review of Economics and Statistics, 2008, 90 (2): 65-80.

[120] G. S. Laumas and Douglas W McMillin. Anticipated Fiscal Policy and Real Output. The Review of Economics and Statistics, 1984, 66: 468-471.

[121] Perotti R. Fiscal Policy in Good Times and Bad. Quarterly Journal of Economics, 1999, 114 (4): 1399-1436.

[122] Blanchard O. and Perotti R. An Empirical Characterization of the Dynamic Effects of Changes in Government Spending and Taxes on

Output. Quarterly Journal of Economics, 2002, 117 (4): 1329-1368.

[123] Athanasios Tagkalakis. The Effects of Fiscal Policy on Consumption in Recessions and Expansions. Journal of Public Economics, 2008, 92 (5-6): 1486-1508.

[124] Frederic S Mishkin. Does Anticipated Monetary Policy Matter? An Econometric Investigation. Journal of Political Economy, 1982, 90: 22-51.

[125] Frederic S Mishkin. Does Anticipated Aggregate Demand Policy Matter? American Economic Review, 1982, 72: 788-802.

[126] Gavin M. and Perotti R. Fiscal policy in Latin America. NBER Macroeconomics Annual, 1997, 12: 11-61.

[127] Krugman P. The Myth of Asia's Miracle. Foreign Affairs, 1994, 73 (6).

[128] Alwyn Young. The Razor's Edge: Distortions and Incremental Reform in the People's Republic of China. Quarterly Journal of Economics, 2000, 115 (4).

[129] Jorgenson, Dale W., Frank M. Gollop and Barbara M. Fraumeni. Productivity and U. S. Economic Growth. Cambridge MA: Harvard University Press, 1987.

[130] Bai Chong-En, Chang TaiHsieh and Yingyi Qian. The Return of Capital in China. NBER Working Paper no. 12755, 2006.

[131] Rawski, G. Thomas. Recent Developments in China's Labor Economy. Geneva: International Labor Office, November 2003.

[132] Erin Lett and Judith Banister. China's Manufacturing Employment and Compensation Costs: 2002-06. Monthly Labor Review, 2009, 4.

[133] Tsui, Kai-yuen. Local Tax System, Intergovernmental Transfers and China's Local Fiscal Disparities. Journal of Comparative Economics, 2005, 33: 173-196.

[134] Kiril Tochkov. Interregional Transfers and the Smoothing of Provincial Expenditure in China. China Economic Review, 2007, 18: 54-65.

[135] Raiser, M. Subsiding Inequality: Economic Reforms, Fiscal Transfers and Convergence across Chinese Provinces. Journal of Development Studies, 1998, 34: 1-26.

[136] Knight, J. and Li, S. Fiscal Decentralization: Incentives, Redistribution and Reform in China. Oxford Development Studies, 1999, 27: 5-32.

[137] Bradford, David F. and Oates, Wallace E. The Analysis of Revenue Sharing in a New Approach to Collective Fiscal Decisions. Quarterly Journal of Economics, 1971, 85 (3): 416-439.

[138] Bradford, David F. and Oates, Wallace E. Towards a Predictive Theory of Intergovernmental Grants. American Economic Review, 1971, 61 (2): 440-448.

[139] Dougan, W. R. and Kenyon, D. A. Pressure Groups and Public Expenditure: The Flypaper Effect Reconsidered. Economic Inquiry, 1988, XXVI, 159-170.

[140] Knight, B. Endogenous Federal Grants and Crowd-Out of State Government Spending: Theory and Evidence from the Federal Highway Program. American Economic Review, 2002, 92: 71-92.

[141] Turnbull, Geoffrey K. Fiscal Illusion, Uncertainty, and the Flypaper Effect. Journal of Public Economics, 1992, 48 (2): 207-223.

[142] Turnbull, G. K. and Djoundourian S. S. The Median Voter Hypothesis: Evidence from General Purpose Local Governments. Public Choice, 1994, 81: 223-240.

[143] Rune J. Sorensen. The Demand for Local Government Goods. European Journal of Political Research, 1995, 27: 119-141.

[144] Timothy Besley and Anne Case. Unnatural Experiments? Estimating the Incidence of Endogenous Policy. 1994, NBER Working Papers no. 4965.

[145] Becker, E. The Illusion of Fiscal Illusion: Unsticking the Flypaper Effect. Public Choice, 1996, 86: 85-102.

[146] Worthington, Andrew C. and Dollery, Brian E. Fiscal Illusion and the Australian Local Government Grants Process: How Sticky Is the Flypaper Effect? Public Choices, 1999, 99 (1-2): 1-13.

[147] Gordon, N. Do Federal Grants Boost School Spending? Evidence from Title I. Journal of Public Economics, 2004, 88 (9-10): 1771-1792.

［148］ Dahlberg, M, E Mork, J Rattso and H Agren. Using a Discontinuios Grant Rule to Identify the Effect of Grants on Local Taxes and Spending. Journal of Public Economics, 2008, 92: 2320-2335.

［149］ Gramlich, E. M. Federalism and Federal Deficit Reduction. National Tax Journal, 1987, 40: 299-313.

［150］ Moisio, A. Essays on Finnish Municipal Finance and Intergovernmental Grants. Government Institute for Economic Research Working Paper, 2002.

［151］ Gamkhar, S. and Oates, W. Asymmetries in the Response to Increases and Decreases in Intergovernmental Grants: Some Empirical Findings. National Tax Journal, 1996, 59: 501-512.

［152］ Heyndels, Bruno. Asymmetries in the Flypaper Effect: Empirical Evidence for the Flemish Municipalities. Applied Economics, 2001, 33 (10): 1329-1334.

［153］ Karlsson, M. Do Municipalities Respond Asymmetrically to Increases and Decreases in Intergovernmental Grants? Empirical Evidence from Sweden, Conference Paper, 2006.

［154］ Sam Bucovetsky and Michael Smart. The Efficiency Consequences of Local Revenue Equalization: Tax Competition and Tax Distortions. Journal of Public Economics Theory, 2006, 8 (1): 119-144.

［155］ Bucovetsky, Sam. Federalism. Equalization and Risk Aversion. Journal of Public Economics, 1998, 67 (3): 301-328.

［156］ Kothenburger, M. Tax Competition and Fiscal Equalization. International Tax and Public Finance, 2002, 9: 391-408.

［157］ Mikael Witterblad. Income Heterogeneity and the Flypaper Effect. 2007. www. econ. umu. se.

［158］ Sharkansky, I. Some More Thoughts about the Determinants of Government Expenditures. National Tax Journal, 1967, 20: 171-179.

［159］ Baicker, Katherine. The Spillover Effects of State Spending. Journal of Public Economics, 2005, 89 (2-3): 529-544.

［160］ Case, Anne C. , Rosen, Harvey S. and Hines, James Jr. Budget Spilovers and Fiscal Policy Interdependence: Evidence from the

States. Journal of Public Economics，1993，52（3）：285－307.

［161］Bernanke BS. Stabilizing the Financial Markets and the Economy. Speech Presentation at the Economic Club of New York. New York，2008，October 15.

［162］J. E. Stiglitz. The Fruit of Hypocrisy. www. guardian. co. uk/commentisfree/2008/sep/16/economics. wallstreet.

［163］Katona，G. Psychological Economics. New York：Elsevier，1975.

［164］Gottfried von Haberler. Prosperity and Depression：A Theoretical Analysis of Cyclical Movements. Geneva：League of Nations，1937.

［165］Oh Seonghwan and Michael Waldman. The Macroeconomic Effects of False Announcements. The Quarterly Journal of Economics，1990，1017－1034.

［166］Oh Seonghwan and Michael Waldman. The Leading Indicators as a Source of Expectational Shocks. UCLA and Cornell Working Papers，1993.

［167］Yew-Kwang Ng. Business Confidence and Depression Prevention：A Mesoeconomic Perspective. American Economic Review，1992，85（2）：365－371.

［168］Woodford Michael. Three Questions about Sunspot Equilibria as an Explanation of Economic Fluctuations. American Economic Reviews，1987，77（2）：93－98.

［169］Cooper Russel and Andrew John. Coordinating Coordination Failures in Keynesian Models. The Quarterly Journal of Economics，1988，8：441－463.

［170］Shapiro H. T. and Angevine G. E. Consumer Attitudes，Buying Intentions and Expenditures：An Analysis of the Canadian Data. The Canadian Journal of Economics，1969，2（2）：230－249.

［171］Angevine G. E. Forecasting Consumption with a Canadian Consumer Sentiment Measure. The Canadian Journal of Economics，1974，7（2）：273－289.

［172］Denise Côté and Marianne Johnson. Consumer Attitudes，Uncertainty, and Consumer Spending. Bank of Canada Working Papers no. 16, 1998.

[173] Sydney C. Ludvigson. Consumer Confidence and Consumer Spending. Journal of Economic Perspectives, 2004, 18 (2): 29-50.

[174] Souleles N. S. Expectations, Heterogeneous Forecast Errors and Consumption: Micro Evidence from the Michigan Consumer Sentiment Surveys. Journal of Money, Credit and Banking, 2004, 36 (1): 39-72.

[175] Carroll C. D. , J. C. Fuhrer and D. W. Wilcox. Does Consumer Sentiment Forecast Household Spending? If So, Why? American Economic Review, 1994, 84 (5): 1397-1408.

[176] Bodo G. , Golinelli R. and Parigi G. Forecasting Industrial Production in the Euro Area. Empirical Economics, 2000, 25 (4): 541-561.

[177] Taylor K. and McNaab R. Business Cycles and the Role of Confidence: Evidence for Europe. Oxford Bulletin of Economics and Statistics, 2007, 69 (2): 185-208.

[178] Bloom N. The Impact of Uncertainty Shocks. Econometrica, 2009, 77 (3): 623-685.

[179] Bloom N. , Floetotto M. and Jaimovich N. Really Uncertain Business Cycles. mimeo, 2009.

[180] Steffen Elstner, Ruediger Bachmann and Eric R. Sims. Uncertainty and Economic Activity: Evidence from Business Survey Data. NBER Working Paper no. 16143, 2010.

[181] Arellano C. , Bai Y. and Kehoe P. Financial Markets and Fluctuations in Uncertainty. Federal Reserve Bank of Minneapolis Research Department Staff Report, 2010.

[182] Mansoor Dailami and Paul Masson. Measures of Investor and Consumer Confidence and Policy Actions in the Current Crisis. IMF Policy Research Working Paper no. 5007, 2009.

[183] Panagiotis Konstantinou and Athanasios Tagkalakis. Boosting Confidence: Is There a Role Fiscal Policy? Bank of Greece Working Paper no. 113, 2010.

[184] Giuseppe Bertola and Allan Drazen. Trigger Points and Budget Cuts: Explaining the Effects of Fiscal Austerity. American Economic Review, 1993, 83 (1): 11−26.

[185] Alan Sutherland. Fiscal Crises and Aggregate Demand: Can High Public Debt Reverse the Effects of Fiscal Policy? Journal of Public Economics, 1997, 65 (2): 147−162.

[186] Roberto Perotti. Fiscal Policy in Good Times and Bad. The Quarterly Journal of Economies, 1999, 144 (4): 1399−1436.

[187] David B. Gorgon and Eric M. Leeper. Are Countercyclical Fiscal Policies Counterproductive? NBER Working Papers no. 11869, 2005.

[188] Beltran Helena and Durre Alain. The Determinants of Consumer Confidence: the Case of United States and Belgium. CORE Discussion Papers: 2003053, 2003.

[189] Louis Kuijs. How will China's Saving-investment Balance Evolve. The World Bank Working Papers no. 5, 2006.

[190] Marcos D. Chamon and Eswar S. Prasad. Why Are Saving Rates of Urban Households in China Rising? Macroeconomics, 2010, 2 (1): 93−130.

[191] Tullio Jappelli and Luigi Pistaferri. The Consumption Response to Income Changes. The Annual Review of Economics, 2010, 2: 479−506.

[192] Giavazzi F. and Pagano M. Non-keynesian Effects of Fiscal Policy Changes: International Evidence and the Swedish Experience. Swedish Economic Policy Review, 1996, 3: 67−103.

[193] Matthew D. Shapiro and Joel Slemrod. Consumer Response to Tax Rebates: American Economic Review, 2003, 93 (1): 381−396.

[194] Matthew D. Shapiro and Joel Slemrod. Did the 2008 Tax Rebates Stimulate Spending? American Economic Review, 2009, 99 (2): 374−379.

[195] David S. Johnson, Jonathan A. Parker and Nicholas S. Souleles. Household Expenditure and the Income Tax Rebates of 2001. American Economic Review, 2006, 96 (5): 1589−1610.

[196] Modigliani F. and Cao S. Larry. The Chinese Saving Puzzle and

the Life-cycle Hypothesis. Journal of Economic Literature, 2004, 42 (2): 145-170.

[197] Trygve Haavelmo. Methods of Measuring the Marginal Propensity to Consume. Journal of the American Statistical Association, 1947, 42 (3): 105-122.

[198] Nicholas S. Souleles. Consumer Response to the Reagan Tax Cuts. Journal of Public Economics, 2002, 85 (1): 99-120.

[199] Andrew Leigh. How Much Did the 2009 Fiscal Stimulus Boost Spending? Evidence from a Household Survey, CAMA Working Papers, 2009.

[200] Maria Luengo-Prado and Bent E. Sorensen. What Can Explain Excess Smoothness and Sensitivity of State-Level Consumption? The Review of Economics and Statistics, 2008, 90 (2): 65-80.

[201] Charlotte Ostergaard, Bent E. Sorensen and Oved Yosha. Consumption and Aggregate Constraints: Evidence from U. S. States and Canadian Provinces. Journal of Political Economy, 2002, 110 (3): 634-645.

[202] Sydney C. Ludvigson. Consumer Confidence and Consumer Spending. Journal of Economic Perspectives, 2004, 18 (2): 29-50.

[203] Perotti R. Fiscal policy in good times and bad. Quarterly Journal of Economics, 1999, 114 (4): 1399-1436.

[204] Blanchard O. and Perotti R. An Empirical Characterization of the Dynamic Effects of Changes in Government Spending and Taxes on Output. Quarterly Journal of Economics, 2002, 117 (4): 1329-1368.

[205] Athanasios Tagkalakis. The Effects of Fiscal Policy on Consumption in Recessions and Expansions. Journal of Public Economics, 2008, 92 (5-6): 1486-1508.

[206] Gavin M. and Perotti R. Fiscal policy in Latin America, NBER Macroeconomics Annual, 1997, 12: 11-61.

图书在版编目（CIP）数据

财政分权、财政政策与需求结构失衡/李永友著—北京：中国人民大学出版社，2012.11
国家社科基金后期资助项目
ISBN 978-7-300-15564-7

Ⅰ.①财… Ⅱ.①李… Ⅲ.①财政分散制-研究-中国②财政政策-研究-中国③需求结构-结构失衡-研究-中国 Ⅳ.①F812

中国版本图书馆 CIP 数据核字（2012）第 265469 号

国家社科基金后期资助项目
财政分权、财政政策与需求结构失衡
李永友　著
Caizheng Fenquan Caizheng Zhengce yu Xuqiu Jiegou Shiheng

出版发行	中国人民大学出版社		
社　　址	北京中关村大街 31 号	邮政编码	100080
电　　话	010－62511242（总编室）	010－62511398（质管部）	
	010－82501766（邮购部）	010－62514148（门市部）	
	010－62515195（发行公司）	010－62515275（盗版举报）	
网　　址	http://www.crup.com.cn		
	http://www.ttrnet.com（人大教研网）		
经　　销	新华书店		
印　　刷	涿州市星河印刷有限公司		
规　　格	165 mm×238 mm　16 开本	版　次	2012 年 12 月第 1 版
印　　张	14.25 插页 2	印　次	2012 年 12 月第 1 次印刷
字　　数	229 000	定　价	36.00 元